Das hätte uns jemand sagen sollen!

Einfache Wahrheiten für ein gutes Leben

Dritte Auflage – ins Deutsche übersetzt von Katja Symons

Dr. Jack Pransky

Die Originalausgabe „Somebody Should Have Told Us!: Simple Truths for Living Well“ erschien 2011 in dritter Auflage bei CCB Publishing unter ISBN-13 978-1-926918-26-6

ISBN-13: 978-1534821132
ISBN-10: 1534821139

Übersetzung und Umschlaggestaltung: Katja Symons
Illustration: Cover Creator by CreateSpace
Verlag: Herausgegeben mit CreateSpace von Katja Symons, Berlin
Druck: CreateSpace lässt in Großbritannien und auf dem europäischen Festland drucken

Die dritte Auflage dieses Buches ist dem Gedenken an den spirituellen Philosophen Sydney Banks (1931-2009) gewidmet, der dieses Verständnis als Erster in dieser Form ans Licht gebracht hat. Er persönlich hat mich mit der Wahrheit seiner Erkenntnisse völlig umgehauen. Die Dankbarkeit, die ich für diesen bemerkenswerten und doch so gewöhnlichen Mann empfinde, lässt sich nicht mit Worten ausdrücken. Sydney Banks hat dieses „Inside-out"-Verständnis* in die Welt gebracht. Dank seines unentwegten Wirkens wurden so viele Leben berührt und verändert.
Die Welt ist ein weit besserer Ort aufgrund seines Seins.

Dieses Buch ist weiterhin dem Gedenken an Susan A. Smith aus Bemidji, Minnesota (1950-2003) gewidmet, eine gute Freundin, eine exzellente Psychotherapeutin, die viele Menschen berührt hat. Susan war ein großartiger, wundervoller Mensch, deren eigenes Leben durch das in diesem Buch beschriebene Verständnis noch weiter bereichert wurde

---

* „Inside-out"-Verständnis bedeutet die grundlegenden Prinzipien zu verstehen, wie Menschen ihr Leben „von innen heraus" erschaffen. Dies wird im Laufe dieses Buches noch ausführlich dargelegt. (Anm. der Übers.)

Inhalt

		Seite
	Danksagungen	vi
	Vorwort zur deutschen Auflage	viii
	Vorwort	ix
	Anmerkungen des Autors – Einleitung zur dritten Auflage	xi
	Einleitung zur ersten Auflage	xii
	Einführung	1
Kapitel I.	**Unser Denken ist unser Leben**	5
Kapitel II.	**Weisheit ist immer verfügbar, um uns zu leiten, vorausgesetzt wir kennen den Zugang dazu**	19
	Maribels Geschichte	29
Kapitel III.	**Wenn sich das Denken eines Menschen nicht ändert, kann er sich nicht ändern**	33
Kapitel IV.	**Wenn unser Kopf frei wird, erscheint unsere Weisheit**	43
	Die Geschichte von C.	49
Kapitel V.	**Wir müssen uns nicht aus unseren Problemen herausdenken (oder ins Glück hinein)**	57
Kapitel VI.	**Das Gefühl ist entscheidend und es ist absolut verlässlich**	71
	Monicas Geschichte	87
Kapitel VII.	**Wir bekommen, was wir sehen**	93
Kapitel VIII.	**In einem niedrigen Bewusstseinszustand ist es unklug, unserem Denken zu glauben, zu trauen oder zu folgen**	103
	Cristas Geschichte	123
Kapitel IX.	**Anderen (statt unserem Denken) zutiefst zuzuhören gibt uns eine reichhaltigere Erfahrung**	129
Kapitel X.	**Wir wissen nur in dem Maße nicht mehr weiter, wie wir es denken**	145
	Teresas Geschichte	163
Kapitel XI.	**Auf den Punkt gebracht**	169
	Abschließende Zusammenfassung	185

Danksagungen

Erstens danke ich meinen Studenten, Schulungsteilnehmern, Klienten und all jenen Mitmenschen, die mir die Ehre erwiesen haben, sich dem „Inside-out"-Verständnis des Mensch-Seins zu öffnen. Ich habe so viel von euch gelernt.

Neben Sydney Banks, den ich schon in der Widmung gewürdigt habe, danke ich auch Dr. George Pransky (meinem Cousin zweiten Grades), der mich anfangs durch dieses Verständnis geleitet hat.

Danke an alle anderen Lehrer *der drei Prinzipien*, die dieses Verständnis in der Welt verbreiten und dazu beitragen, so viele Leben zum Besseren zu verändern. An diejenigen, mit denen ich bisher das Vergnügen hatte, zusammenzuarbeiten – im besonderen auch Gabriela Maldonado, die diesem Buch wundervolle Geschichten beigesteuert hat – ich bin euch sehr dankbar.

Ich danke Nancy Greystone, die – während sie mir als Medienberaterin für mein Buch *„Parenting from the Heart"* (Kindererziehung vom Herzen) zur Seite stand – mich ganz nebenbei dazu inspirierte, dieses Selbsthilfebuch zu schreiben.

Ich danke Pam Parrish, meiner ersten Lektorin, für die Unterstützung beim Schreiben. Und Judy Pransky, Alison Sharer, Kris Washington, Candy Mayer, Georgina Mavor, Diane McMillen, Stephanie Watson und Amy Dalsimer, die wichtiges Feedback gegeben haben. Ganz spezieller Dank geht an Dr. Todd Schaible und Paul Thomlinson für ihre unschätzbare Unterstützung bei der Erstveröffentlichung.

Nicht zuletzt danke ich all den wunderbaren Menschen, die Worte über ihre persönlichen Erfahrungen beigesteuert haben, wie es für sie war, dieses neue Verständnis zu gewinnen und wie ihr Leben sich dadurch gewandelt hat. Sie sind ein lebendiger Beweis dafür, dass diese Herangehensweise Leben verändert; die Reichhaltigkeit und Tiefe ihrer Geschichten tragen dazu bei, andere zu inspirieren.

... ein Sioux Freund hat mir erzählt:
Der Schöpfer versammelte alles, was er erschaffen hatte und sagte: „Ich möchte etwas vor den Menschen verstecken, bis sie dafür bereit sind. Es ist die Erkenntnis, dass sie ihre eigene Realität erschaffen."
Der Adler sagte: „Gib es mir, ich werde es zum Mond bringen."
Der Schöpfer sagte: „Nein. Eines Tages werden sie dorthin gehen und es finden."
Der Lachs sagte: „Ich werde es auf dem Grund des Meeres vergraben."
„Nein. Auch dort werden sie hingehen."
Der Büffel sagte: „Ich werde es in den großen Weiten der Prärie vergraben."
Der Schöpfer sagte: „Sie werden die Erdoberfläche aufbrechen und es sogar dort finden."...
Dann sagte Großmutter Maulwurf, die keine körperlichen Augen hat, aber mit spirituellen Augen sieht: „Leg es in sie selbst hinein" [denn das ist der letzte Ort, an dem sie suchen werden.]
Der Schöpfer sagte: „Es ist vollbracht."

- Gary Zukav*

---

* Dank an Ed Lemon

Vorwort zur deutschen Auflage

Ich könnte nicht dankbarer sein als für das Verständnis, das dieses Buch mir vermittelt hat. Mitten beim ersten Lesen der amerikanischen Originalausgabe hat sich in mir etwas gewandelt und ich wusste, mein Leben würde nie mehr dasselbe sein. Im selben Moment habe ich Jack angeschrieben und nach einer deutschen Ausgabe gefragt. Es berührt mich tief, dass Sie das Ergebnis unserer daraus resultierenden Zusammenarbeit nun in Ihren Händen halten.

Dieses Buch enthält Inspiration für alles, was ein Mensch für ein gutes Leben braucht. Es ist transformierend. Es macht Hoffnung und hat das Potenzial, unabhängig von den Umständen unglaubliche Erkenntnisse und Einsichten in jedem Menschen auszulösen. Dieses Buch ist wie kein anderes, das ich kenne. Es erweckt die Kraft, die schon im Menschen steckt. Es offenbart den wahren Zugang zum Ursprung aller Dinge, wo jeder Mensch seine eigenen Antworten findet. Es öffnet die niemals versiegende Quelle unserer gesunden Verfassung und allen Wohl-Seins, die tief in unserem Inneren liegt. Es bringt in uns das Beste zum Vorschein, zu unserem eigenen Wohle und zum Wohle der Menschheit.

Erlauben Sie sich, dieses Buch immer wieder wie aus Kinderaugen auf sich wirken zu lassen. Wenn es Ihnen nur annähernd so wie mir ergeht, wandelt sich Ihr Leben mit der Zeit ganz natürlich wie von selbst. In meinem Fall von Depression zu Freude, von Krankheit zu Gesundheit – zu einem entspannten Sein und ein Leben im Fluss. Das wünsche ich mir für Sie. Alles ist möglich.

Danke an Jack und an alle, die mich bei der Übersetzung unterstützt haben, besonders an Martin Sturm, Andrea Wolansky, Catrin McHugh, Claus Munkwitz, Marina Paschen und Veronika Kühn. Ohne Euch wäre dieses Buch so nicht auf Deutsch erschienen.

Katja Symons
www.katjasymons.de
Juli 2016

Vorwort

Burrell Behavioral Health (der ursprüngliche Herausgeber dieses Buches) verbindet eine lange Vergangenheit mit Dr. Jack Pransky. 1991 haben Jack und die Burrel Foundation zusammengearbeitet, um das Buch *„Prevention: The Critical Need"* (Prävention: Die kritische Notwendigkeit) zu veröffentlichen, ein Buch, das viele Personen, Organisationen und Gemeinden in deren Bemühungen unterstützt hat, emotionalen, Verhaltens- und sozialen Problemen vorzubeugen und dessen Inhalt an vielen Universitäten gelehrt wird. Es war also ganz natürlich, dass wir uns wieder an Jack wandten, als wir versuchten unser Unternehmen insoweit zu erweitern, nun auch Quellen des Lebens und des Lernens zu produzieren und zu veröffentlichen. Wir freuen uns, dieses Buch *„Das hätte uns jemand sagen sollen!"* als die allererste Veröffentlichung der Burrel Recources for Learning (BRL) zu präsentieren... Es ist ein kraftvolles Buch, in dem das Verständnis vertieft wird, dass Ihnen nichts fehlt, was nicht durch das Gute in Ihnen in Ordnung gebracht werden könnte.

Ich habe eine Menge Zeit mit *„Das hätte uns jemand sagen sollen!"* verbracht. Ich meine, ich habe viele Stunden, Tage und Wochen mit diesem Buch verbracht, während ich versuchte, ein guter Lektor zu sein. Ich wollte Jack wirklich mit stichhaltigen Informationen versorgen, die er benutzen könnte, um das Buch zu verbessern... Sie wissen schon, Querverweise herstellen zwischen den Lektionen des Buches und alter Weisheitsliteratur, aktueller Theorie und Forschung der Psychologie und vielleicht einem gelegentlichen, prägnanten Gedicht oder Liedtext. Aber etwas Interessantes ist passiert, während ich mit dem Buch gelebt habe: Ich bemerkte, dass die Weisheit dieses Buches langsam begann, in meine Gedanken, Gefühle und Gespräche einzudringen... Ich hatte noch immer den akademischen Redaktionshut auf, merkte aber häufiger, dass meine Aufmerksamkeit dahin gelenkt wurde, die Lektionen des Buches auf mein eigenes Herz und meine eigenen Gedanken anzuwenden, sowohl in persönlicher als auch in beruflicher Hinsicht. Der Inhalt dieses Buches scheint wie selbstverständlich in Ihr Leben einzusickern. Ich finde, dass dies ein sicheres Zeichen für ein großartiges Selbsthilfebuch ist!

Vielleicht wird es Ihnen ergehen wie mir und Sie werden sich anfangs gegen einige der Lektionen von *„Das hätte uns jemand sagen sollen!“* sträuben, einfach nur, weil der Weg zu Wohlbefinden und Zufriedenheit zu bequem erscheint, zu einfach. Wie einfach? Ich habe Jack um eine Zusammenfassung des Wesentlichen gebeten, und das hat er gesagt: „Dieses Buch handelt davon, dass wir alle einen Zustand vollkommenen WOHL-SEINS und Weisheit in uns tragen, der nur durch unser eigenes Denken verdeckt werden kann und davon, wie unsere Gedanken die ‘Realität’ erschaffen, die wir sehen, aus der heraus wir dann denken, fühlen und handeln.“ Tatsächlich klingt das ziemlich richtig, wenn Sie an die alte Weisheit aus dem Buch der Sprichwörter glauben: „Wie ein Mensch in seinem Herzen denkt, so ist er“. Oder wenn Sie glauben, Shakespeare könnte etwas über die menschliche Natur gewusst haben: „An sich ist nichts entweder gut oder böse, das Denken macht es erst dazu...“ (Hamlet). Vielleicht ist es wirklich ganz einfach. Das Ausmaß der darin enthaltenen Macht und Fülle kennt jedoch keine Grenzen. Lesen Sie dieses Buch. Saugen Sie es in sich auf. Und dann entscheiden Sie selbst.

Paul Thomlinson
Burrel Behavioral Health
Springfield, MO
August 2005

Anmerkungen des Autors – Einleitung zur dritten Auflage

Es ist nun sechs Jahre her, seit ich *„Das hätte uns jemand sagen sollen!"* geschrieben habe. Ich könnte nicht dankbarer für die vielen Menschen sein, die mir erzählen, dass ihr Leben sich aufgrund der durch die Lektüre des Buches gewonnenen Erkenntnisse und Einsichten gewandelt hat. Wie sie ihr Leben betrachten und auf welche Art sie es infolgedessen leben, hat sich geändert. Ihre Lebensqualität hat sich dadurch deutlich verbessert. Sie fühlen sich wohler und handeln weiser. Somit scheinen ihnen bessere Dinge zu widerfahren. Vor diesem Hintergrund überkommt mich eine große Demut.

Während dies mein Herz erwärmt, muss ich aber auch sagen, dass mein eigenes Verständnis in den letzten sechs Jahren weiter gewachsen ist. Ironischerweise hat sich sogar mein eigenes Leben verbessert. Ich sehe jetzt alles so viel einfacher, klarer und weitreichender als damals, als ich die erste Auflage des Buches geschrieben habe. Dadurch geriet ich in einen Zwiespalt: Seit ich wusste, dass ich zu einem dritten Verleger wechseln musste, wollte ich sicherstellen, dass das Buch mein tieferes Verständnis widerspiegelt. Da es so, wie es geschrieben war, angesichts des bisherigen Feedbacks jedoch so gut angenommen wurde, war ich zögerlich, zu viele Änderungen vorzunehmen. Dennoch hatte ich das Bedürfnis, die Klarheit und Genauigkeit von einigen Begriffen zu verbessern. Statt also das Buch neu zu schreiben, habe ich mich entschlossen, einen Mittelweg zu finden und das Buch als eine nur leicht aktualisierte dritte Auflage wieder zu veröffentlichen, und in nicht allzu ferner Zukunft dann Teil II zu schreiben.

Wenn Sie dieses Buch nun lesen, wünsche ich Ihnen alles, was Sie sich wünschen, innere Ruhe, Wohlbefinden, Liebe, hochwertige Beziehungen und Leistungsfähigkeit in Ihrem Leben. All das verdienen Sie.

Und es steht uns jederzeit zur Verfügung.

Jack Pransky
Moretown, VT
Januar 2011

Einleitung zur ersten Auflage

Vor 13 Jahren ging ich durch einen Lebensabschnitt, den ich als spirituelle Suche bezeichnen würde. Ich meine damit, dass ich viele spirituelle Bücher las, mir eine Menge Kassetten anhörte, mich mit spirituellen Gruppen traf und Meditation praktizierte. Mitten in dieser Phase stoppte meine Suche plötzlich ohne Vorwarnung und unabhängig von allem, womit ich mich bis dahin beschäftigt hatte. Ich hatte das nicht geplant; ich wollte es noch nicht einmal. Es ist ganz automatisch und mühelos passiert. Ich hatte gefunden, was ich suchte.

Wie ist das passiert? Ich weiß nur, dass ich durch meine Arbeit im Bereich der Prävention von problematischem Sozialverhalten auf ein neues, weitestgehend unbekanntes Paradigma* gestoßen war, das alles, was ich zu wissen glaubte, völlig auf den Kopf stellte. Zuerst konnte ich es nicht recht begreifen, aber ich wusste, dass es wichtig war. Tief in meiner Seele hatte ich etwas gehört, das sich mit meiner eigenen Weisheit verbunden hatte. Infolgedessen begann ich, mit mehr Wohlbefinden zu leben. Ich erlebte weniger Stress. Meine Beziehungen verbesserten sich. Und ich lernte mein neues Verständnis sehr zu schätzen.

Zu meiner Überraschung bemerkte ich dann, dass ich anderen Menschen dabei helfen konnte, das Gefundene für sich selbst zu entdecken. Auch sie fingen an, sich wohler zu fühlen und ihre Probleme lösten sich auf. Ich hatte hier mit etwas zu tun, das stärker wirkte als alles, womit ich bis dahin je in Berührung gekommen war. Es wurde meine Lebensaufgabe und hat vielen Menschen geholfen, ein Gefühl von mentaler und spiritueller Gesundheit, Gleichgewicht und innerem Frieden zu finden.

Das ist nicht mein Verdienst. Das Einzige, was ich mache, ist, Menschen dabei zu helfen, Zugang zu ihrem angeborenen WOHL-SEIN und ihrer Weisheit zu finden. Wie es scheint, lässt sich kaum ein Mensch von seiner eigenen Weisheit leiten.

Ich hätte niemals gedacht, dass ich ein Selbsthilfebuch schreiben würde. Es kam durch eine glückliche Fügung des Schicksals zustande. Während einer Werbekampagne für mein Buch *„Parenting from the Heart"*

* Grundlegende Weltanschauung

verlangte der Presseagent von mir, Unterricht für den Umgang mit den Medien zu nehmen. Ich tendierte dazu, beim Sprechen mit anderen zu langsam zu dem Punkt zu gelangen, an dem ich meine Argumente kraftvoll vorzutragen vermochte. Beim Sprechen mit den Medien konnte ich mir diesen Luxus nicht leisten; bevor ich in Schwung kam, waren meine paar Minuten verstrichen. Der Besuch der „Schlagwort-Schule", wie ich es nannte, schien daher eine gute Idee zu sein. Das dort Gelernte half mir, die wichtigen Punkte der Kindererziehung herauszuarbeiten und vorne anzustellen. Um herauszufinden, welche ich im Einzelnen anbringen wollte, ging ich im Wald spazieren. Ich wollte einen klaren Kopf bekommen und so den Punkten erlauben, von innen heraus zum Vorschein zu kommen. Mir kamen mehr und mehr interessante Gedanken, aber diese schienen für jedermann wichtig zu sein, nicht nur für Eltern. Zugleich wusste ich, dass niemand, der kinderlos war (oder keine Kinder erwartete), ein Buch über Kindererziehung lesen würde. Dann tauchte plötzlich der Gedanke auf: „Du musst ein Selbsthilfebuch schreiben."

Das überraschte mich. Was hätte ich anzubieten, was nicht schon geschrieben wurde? Augenblicklich wusste ich, was dieses Buch von fast allen anderen Selbsthilfebüchern in den Regalen der Bücherläden unterscheiden würde. Die meisten solcher Bücher sagen den Menschen, was sie zu *tun* haben, um ihr Leben zu verbessern. Häufig lesen Menschen ein derartiges Selbsthilfebuch und finden es aufgrund ihrer Gewohnheiten schwierig, die Empfehlungen in die Praxis umzusetzen, und nichts ändert sich. Dann lesen sie in der Hoffnung auf Hilfe das nächste Buch.

Was wäre, wenn Menschen stattdessen auf ihre innere Quelle eigener Antworten aufmerksam gemacht würden? Was wäre, wenn man ihnen dabei helfen würde, den zugrunde liegenden „Mechanismus" zu erkennen, mit dem sie psychologisch und spirituell funktionieren? Was wäre, wenn man sie darin unterstützte, die grundlegenden Prinzipien zu erkennen, wie unsere Erfahrungen im Leben geschaffen werden? Einmal darauf hingewiesen hätten sie den Schlüssel in der Hand, ihre eigene Weisheit zu erschließen, die sie durch jedwede Schwierigkeit leiten würde. Sie könnten dieses Wissen immer bei sich haben, wo immer sie auch hingehen, weil es bereits Teil ihrer Selbst ist. Sie brauchen es nur zu *sehen*! Sobald sie es gesehen haben, brauchen sie keine Selbsthilfebücher mehr – dieses hier eingeschlossen. Ich habe grundlegende Veränderungen im Leben von Menschen beobachtet, denen geholfen wurde, das Leben anders, nämlich von innen heraus zu betrachten. Meine Absicht ist einfach, so vielen Menschen wie möglich zu Diensten zu sein. Daher kann ein Buch wahrscheinlich viel mehr Menschen erreichen, als nur jene, mit denen ich persönlich arbeiten oder die ich in Seminaren ausbilden kann.

Ich glaube aufrichtig, dass mit der Erkenntnis, unsere spirituellen, schöpferischen Gaben zu unseren Gunsten anstatt zu unserem Nachteil nutzen zu können, Hoffnung für die Menschheit besteht. Wenn Weisheit zum Ausdruck kommt, gewinnen wir an Menschlichkeit.

Ich bin nichts weiter als eine kleine Welle, die sich in einem Teich ausbreitet.

Einige Anmerkungen zu diesem Buch und wie man den besten Nutzen daraus zieht:

- Im Gegensatz zu Dr. Phil, Dr. Laura oder Dr. Joy Brown gebe ich in diesem Buch keine Ratschläge. Es vermittelt weder erlernbare Fertigkeiten noch Anwendungsmethoden. Das mag sich anfangs beunruhigend anfühlen, aber Ratschläge, Fertigkeiten und Methoden sind alle Teil der äußeren Welt. Dieses Buch enthält etwas viel Wertvolleres. Wirkliche Veränderung passiert nur durch eigene Einsicht von innen heraus. Es ist viel tröstlicher zu erkennen, dass es nichts zu tun gibt, *weil wir alles, wonach wir suchen, schon in uns tragen*. Und es ist uns immer zugänglich, ganz gleich, in welch schwieriger Lebenssituation wir uns auch befinden mögen – *wenn* wir wissen, wie wir darauf zugreifen können. Ich möchte nicht, dass sich irgendwer an mir orientiert, da doch die Antworten in den Menschen selbst liegt. Dieses Buch zeigt den Weg zu wahrer *Selbst*hilfe.

- Ich gebe nur einen einzigen Rat, damit Sie das Beste aus diesem Buch ziehen können: Es wäre wichtig, aufgeschlossen an das Geschriebene heranzugehen, den Kopf freizumachen und Ihr eigenes Wissen (zumindest für eine Weile) außer Betracht zu lassen. Erlauben Sie sich auch, das Gelesene nicht mit anderen Dingen zu vergleichen. Vergleichen und beurteilen blockiert nur das Verständnis für etwas Neues, und etwas Neues zu verstehen, ist die eigentliche Idee. Wenn Sie das, was dieses Buch anzubieten hat, wirklich in Ihr Leben integrieren wollen, dann empfehle ich Ihnen, es wieder und wieder zu lesen, bis es sich wie etwas Altbekanntes anhört. Dann wissen Sie, dass dieses Verständnis Teil von Ihnen geworden ist, wie die Augen, durch die Sie sehen. Sie werden merken, dass Sie es verstehen, sobald Sie die Resultate selbst sehen.

- Es hat seinen Grund, warum dieses Buch so geschrieben wurde, wie es ist. Es enthält eine Menge Geschichten und Erzählungen. Zum einen, weil Worte das Spirituelle nicht genau und angemessen beschreiben können – die Art und Weise, wie alles in uns wirklich funktioniert – und Geschichten helfen dabei, darauf hinzudeuten, was ich meine. Zum anderen ist es oft hilfreich, Dinge aus der Sichtweise anderer zu betrachten, die bestimmte Umstände durchgemacht haben.* Drittens vergessen wir unsere eigene Situation für eine Weile, während wir uns auf eine Geschichte einlassen. Dadurch haben wir erstaunlicherweise eine bessere Chance, neue Einsichten über uns selbst zu erlangen. Ich weiß, das klingt merkwürdig, aber es ist wahr. Dieses Buch enthält auch Wiederholungen. Ich versuche dieselben Dinge auf verschiedene Art und Weise zu sagen, weil es dazu beiträgt, das Neue zu erfassen. Jedes Kapitel baut auf den vorherigen auf.

- In diesem Buch benutze ich einige Ausdrücke, die für manche Menschen unter Umständen eine andere Bedeutung haben, so zum Beispiel GEIST, BEWUSSTSEIN, GEDANKE, Weisheit, WOHLSEIN, GESUNDHEIT bzw. GESUNDE VERFASSUNG oder Prinzip. Es wäre sinnvoll, Ihre eigenen Definitionen vorübergehend beiseitezulassen. Ich erkläre, was ich meine, wenn ich diese Ausdrücke benutze. An vielen Stellen innerhalb dieses Buches schreibe ich diese Wörter in Großbuchstaben, wenn ich die universelle und nicht die persönliche Bedeutung meine.

- Die Geschichten in diesem Buch sind nicht als Veranschaulichung dessen gedacht, wie man Menschen nach dem „Inside-out"-

---

* Anmerkung: Ich habe die Namen einiger Personen auf ihren Wunsch hin geändert.

Ansatz beraten sollte (zum Beispiel im Rahmen einer Therapie); sie zeigen vielmehr, wie ich damals mit diesen Menschen nach bestem Wissen und Gewissen gearbeitet habe. Heutzutage würde ich es vielleicht anders machen. Die Ergebnisse sprechen jedoch für sich.

Die Gemütsverfassung, die sich ein jeder für sich selbst wünscht, ist schon in uns vorhanden. Meine Hoffnung ist, dass dieses Buch Ihnen dabei helfen wird, den Frieden zu finden, den Sie verdienen und den viele nun für sich selbst entdecken.

Also lehnen Sie sich zurück und entspannen Sie sich, lassen Sie sich auf dieses Buch ein und genießen Sie es. Es macht keinen Sinn, es zu analysieren oder mit Ihrem Verstand begreifen zu wollen. Weisheit kommt aus der entgegengesetzten Richtung: der klaren Anmut eines entspannten Geistes.

Jack Pransky
Cabot, VT
Januar 2005

Einführung

> Ich fühlte eine Explosion von Energie in mir. Es konnte nicht möglich sein, dass ein positives Selbstwertgefühl schon immer da war, das nur von negativen Gedanken verdeckt wurde! ... Ich konnte es nicht glauben, dass ich in den letzten zehn Jahren Selbsthilfebücher gelesen, Seminare besucht, viel Zeit und Geld investiert, aber niemals ein erfolgreiches Mittel gefunden hatte, dieses Problem anzugehen. Ich konnte nicht glauben, dass es so „leicht" sein könnte. Gefühle von Verwunderung, Unglauben, Scham, Wut, Schuld, Erleichterung strömten durch meinen Körper ... Ich war so erleichtert und voller Hoffnung, dass ich wieder atmen konnte, aber gleichzeitig war ich sauer. Warum hatte mir vorher nie jemand davon erzählt?
>
> \- Maribel

Das hätte uns jemand sagen sollen! Wie kommt es, dass uns das nie jemand gesagt hat?

Wie kommt es, dass uns niemand gesagt hat, wie wir Menschen in psychologischer und spiritueller Hinsicht tatsächlich funktionieren? Wie kommt es, dass uns niemand gesagt hat, wie unsere Erfahrungen im Leben erschaffen werden – wie wir für uns selbst ein Leben voller Freude oder voller Unglück erschaffen, ein friedliches oder stressvolles, ein wunderschönes oder deprimiertes Leben, oder ein Leben voller Wut?

Warum? Weil sie es nicht wussten!

Unsere Eltern wussten es nicht. Deren Eltern wussten es nicht. Unsere Lehrer wussten es nicht. Unsere Mentoren und Vorbilder wussten es nicht. Niemand ist schuld. Wenn sie es gewusst hätten, dann hätten sie es uns gesagt.

Die meisten von uns hätten gerne mehr innere Ruhe, weniger Stress und bessere Beziehungen. Das Problem ist nur, dass man uns die falsche Richtung gezeigt hat.

Die meisten Selbsthilfebücher, Seminare zur Persönlichkeitsentwicklung und sogar die meisten Beratungen und Psychotherapien haben uns nicht gesagt, dass innere Ausgeglichenheit, wenig oder kein Stress und wunderbar erfüllende Beziehungen schon in uns sind - unser natürlicher Zustand - und dass wir eigentlich nur uns selbst im Weg stehen. Es hilft uns wenig zu wissen, was wir *tun* können – vielmehr müssen wir etwas *sehen*, wodurch das, was natürlicherweise bereits in uns liegt, ungehindert durch uns fließen kann.

Im Augenblick haben nur sehr wenige Menschen diese Perspektive: Diejenigen, die ein glückliches, gesundes, erfülltes und produktives Leben führen. Aber jeder kann sich dieses einfache und doch enorm wirkungsvolle Verständnis zu eigen machen – weil es schon Teil von uns ist! Wir erkennen das nur nicht – noch nicht.

Wenn wir sehen, wie etwas wirklich funktioniert, und dass es uns von Nutzen ist, dann können wir es zu unserem Vorteil anwenden. Wenn nicht, dann sind wir entweder verwirrt, fühlen uns ausgeliefert oder es ist einfach nur Glück, wenn es funktioniert. Eine Fernbedienung, die den Fernseher, DVD-Player, Videorecorder, das Tivo-System, die X-Box und Stereo-Anlage kontrolliert, ist sehr nützlich. Aber wenn wir nicht wissen, wie sie funktioniert, dann ist sie uns nicht von Nutzen, sondern verwirrt und frustriert uns nur. Dasselbe gilt für unser Wohlbefinden. Wenn wir erkennen, wodurch unser Wohlbefinden in uns zum Leben erweckt wird, wenn uns klar wird, warum wir genau auf diese Art funktionieren und wie wir dies zu unseren Gunsten nutzen können, dann gewinnen wir eine Eintrittskarte fürs Leben. Anstatt sich seiner Umstände ausgeliefert zu fühlen, anstatt verwirrt oder frustriert über das zu sein, was das Leben uns zumutet, entdecken wir, auf welche Art und Weise wir den Grad unseres Wohlbefindens selbst bestimmen.

Wenn ich auf mein Leben zurückblicke, denke ich: „Wenn ich gewusst hätte, was ich jetzt weiß, dann hätte ich mir und anderen so viele Schwierigkeiten ersparen können“. Aber es ist albern, sich selbst für das fertigzumachen, was uns in der Vergangenheit nicht klar war. Mich traf keine Schuld. Ich hätte es einzig und alleine anders machen können, wenn ich es damals anders gesehen hätte. Das gilt für uns alle. Aber hier geht es nicht darum zurückzuschauen, sondern jetzt zu leben, ausgerüstet mit dem Neuem.

Ich sage nicht, dass wir keine Schwierigkeiten haben werden. So ist das auch nicht. Nicht umsonst sagt man, dass das Leben ein Kontaktsport ist. Aber wie wir die sogenannten Schwierigkeiten erleben, ist völlig offen. *Was wir aus diesen Schwierigkeiten machen*, macht den Unterschied in unserem Leben aus.

Die meisten von uns gehen durchs Leben und sind sich nicht bewusst, auf welche Art wir funktionieren, auf welche Weise unsere Erfahrungen erschaffen werden, auf welche Art Menschen sich verändern oder wie sie in Harmonie und Wohlbefinden leben. Aber das muss nicht länger verleugnet werden. Es ist niemals zu spät, für den Rest des Lebens mit diesem neuen Verständnis zu leben.

Folgendes habe ich verstanden: Wenn wir drei spirituelle Fakten oder Prinzipien zutiefst verstünden, und auch, wie sie zusammenspielen und wie ihr Wirken uns jede mögliche Erfahrung im Leben beschert, dann könnten wir von dieser Perspektive aus mit innerem Frieden, Wohlbefinden, mentaler Gesundheit und psychologischer Freiheit durchs Leben gehen. Diese *drei Prinzipien* werden in diesem Buch beschrieben. Die Frage ist: Was müssen wir über diese *drei Prinzipien* wissen? Und wie wirken sie zusammen, um uns in unserem Leben am besten zu helfen? Dabei ist mir aufgefallen, dass die Drei Prinzipien auf zehn kleine (aber gewaltige) Dinge über das Leben und unsere zwischenmenschlichen Beziehungen hindeuten, die zu verstehen für Menschen extrem hilfreich ist. Ich erwarte nicht, dass diese zehn Punkte als solche viel bedeuten. Jeder einzelne will erforscht und betrachtet werden. Daher ist jedem Punkt ein Kapitel gewidmet:

I. Unser Denken ist unser Leben
II. Weisheit ist immer verfügbar, um uns zu leiten, vorausgesetzt wir kennen den Zugang dazu
III. Wenn sich das Denken eines Menschen nicht ändert, kann er sich nicht ändern
IV. Wenn unser Kopf frei wird, erscheint unsere Weisheit
V. Wir müssen uns nicht aus unseren Problemen herausdenken (oder ins Glück hinein)
VI. Das Gefühl ist entscheidend und es ist absolut verlässlich
VII. Wir bekommen, was wir sehen
VIII. In einem niedrigen Bewusstseinszustand ist es unklug, unserem Denken zu glauben, zu trauen oder zu folgen

IX. Anderen (statt unserem Denken) zutiefst zuzuhören, gibt uns eine reichhaltigere Erfahrung

X. Wir wissen nur in dem Maße nicht mehr weiter, wie wir es denken

Die Bedeutung dieser Aussagen zutiefst zu verstehen, heißt in einer anderen Welt zu leben, in einer Welt „von innen heraus". Es könnte bedeuten, dass Sie sich selbst oder die Welt nie mehr so sehen wie zuvor.

Menschen tragen etwas so Kraftvolles in sich. Es ist das gewaltige Ausmaß an Macht zur Veränderung. Menschen haben von Natur aus zu jeder Zeit das Potenzial zur Erneuerung. Sie können ihre Meinung ändern, und auch ihre Gedanken. Menschen sind in der Lage, einen klaren Kopf zu haben. Und aus dieser Klarheit heraus werden Einsichten möglich, die man sich nicht hätte träumen lassen. Solch kraftvolle Einsichten, dass die Welt nie mehr so erscheint wie zuvor; man sieht sein Leben mit ganz anderen Augen. Unser angeborenes WOHL-SEIN* und seine natürliche Intelligenz sind immer in unserem Inneren verborgen und warten nur darauf, an die Oberfläche zu gelangen. Wir müssen nur bereit sein, das, was wir glauben zu wissen, wegfallen zu lassen oder es nicht länger ernst zu nehmen, und dann wird diese Weisheit zu uns sprechen. Sie liegt uns so nahe, dass wir vergessen haben, dass sie da ist – so wie wir die Luft zum Atmen als selbstverständlich ansehen. Dennoch enthält sie den Schlüssel, der dieses Potenzial in uns allen erschließt. Für jedermann besteht Hoffnung auf einen Weg aus der Zerstörungswut, aus der Depression, der Wut, der Angst, der Unsicherheit – aus jeder denkbaren Emotion und dem daraus resultierenden Verhalten. Um Zugang zu diesem Potenzial zu finden, müssen wir nur erlauben, dass die innere Weisheit zum Vorschein kommt, indem wir ihre Kraft in unserem Leben wieder erkennen und ihr vertrauen.

Tausende von Menschen haben dieses neue Verständnis bereits gewonnen und erfahren, wie sich ihr Leben verbessert hat, manche auf dramatische Art und Weise.

Das könnte Ihnen auch passieren.

Die einzige Voraussetzung ist, aufgeschlossen zu sein.

---

* Unser angeborenes Wohl-Sein wird im Laufe dieses Buches oft auch als unsere „gesunde Verfassung" oder auch als „Gesundheit" bezeichnet. (Anm. der Übers.)

I. Unser Denken ist unser Leben

Warten Sie! Bevor Sie anfangen zu lesen... Ich weiß, dass viele von Ihnen mit Gefühlen leben, die Sie lieber nicht hätten. Das ging mir auch so. Wir leben mit Sorgen, mit Stress, mit Frustration, mit Wut, Ärger, Angst, Traurigkeit, Depression, Eifersucht, Schuld, mit „zu viel" im Kopf, mit Sucht oder Abhängigkeit, und vielem mehr. Das muss alles nicht sein. Solche Gefühle müssen uns nicht beherrschen. Das Geheimnis ist zu verstehen, woher diese Gefühle stammen, und ich meine damit nicht, von welchen Ereignissen aus der Vergangenheit. Ich meine damit zu verstehen, wie jede Art von Gefühl in uns erschaffen wird. Und aus Erfahrung weiß ich, dass Sie besser in der Lage sein werden, dies zu erkennen, wenn wir die Sache langsam angehen. Warum? Weil die Information an sich nichts bedeutet; nur Ihre eigenen, diesbezüglichen Erkenntnisse machen einen Unterschied. Der Geist muss darauf vorbereitet werden, das Neue aufzunehmen. Machen Sie sich keine Sorgen, falls Sie es nicht gleich sehen; am Ende des Buches wird es sich bei Ihnen eingeschlichen haben und Sinn machen. Dann können Sie das Buch nochmals lesen und beim nächsten Mal sogar noch mehr Erkenntnisse gewinnen. Wir fangen mit Lisas Geschichte an...

Lisa hatte noch nie einen Berg bestiegen. Nicht dass sie das nicht wollte, aber sie fürchtete, es niemals zu schaffen. Weil sie eine starke Raucherin war, hatte sie Angst, weder genügend Luft noch die Kondition dafür zu haben. Im Laufe ihrer 39 Jahre hatten einige Leute sie gefragt, ob sie mit ihnen wandern wolle. Sie lehnte ab. Sie war von Angst erfüllt – nicht nur im Zusammenhang mit Bergen.

Lisa wurde als Baby im Stich gelassen und hatte selbst im Alter von 39 Jahren bisher nie ihre richtige Mutter kennengelernt. Sie wurde von einer Stiefmutter großgezogen, von der Lisa glaubte, dass sie sie hasste. Als sie noch ein Kind war, wurde sie von ihrem Onkel, den sie liebte und dem sie vertraute, sexuell missbraucht. Aufgrund solcher Erfahrungen hatte Lisa Denkgewohnheiten angenommen, die ihr damals zwar beim Überleben halfen, die sich über die Jahre hinweg aber als immer weniger hilfreich herausstellten. Seit zwölf Jahren brauchte Lisa Antidepressiva, um den

Tag zu überstehen. Sie hatte mehrere unglückliche Beziehungen, wenigstens eine davon mit körperlicher Gewalt. Sie fühlte sich festgefahren. Viele Dinge in ihrem Leben erschienen ihr wie Berge.

Lisa nahm an einem Drei-Prinzipien-Kurs teil. Ich hatte diesen Kurs an der New England School of Addiction Studies (New England Schule für Suchtforschung) gehalten. Während des Kurses hatte sie etwas gehört, das sie zutiefst berührte. Auf ihrem Heimweg wurde ihr klar, dass sie die Farben der Bäume tatsächlich zum ersten Mal wahrnahm. Ehrfürchtig stand sie da und weinte angesichts dieser Schönheit. Während der folgenden Jahre hatte sie sich sporadisch von mir beraten lassen und nahm an einer langfristigen, professionellen Drei-Prinzipien-Schulung teil. Sie fing an zu sehen, dass sie nur aufgrund ihres eigenen Denkens feststeckte.

Durch diese Ausbildung fing Lisa an zu begreifen, dass sie ihr Denken in einer Art und Weise benutzte, die sie hemmte und die sie in ihrer Angst und der Sehnsucht nach einem besseren Leben gefangen hielt. Sie erkannte, *dass ihr nur eins im Weg stand: die Art, wie sie ihre Kraft GEDANKE*[*] *einsetzte; und ihre Gedanken konnten sich ändern*. Mit dieser Einsicht verbesserte sich Lisas Leben dramatisch. Zum ersten Mal fing sie an, Wohlbefinden zu erleben. Sie brauchte keine Antidepressiva mehr. Die vom Psychiater diagnostizierte, jahreszeitlich bedingte Depression hielt sie nicht länger im Griff. Sie stellte sich zur Verfügung, Insassen einer Justizvollzugsanstalt beizubringen, was sie gelernt hatte, und fing an, deren Leben zu berühren.

Weil sich Lisas Leben derart verändert hatte, fragte ich sie, ob sie mit mir zusammen den nächsten Drei-Prinzipien-Kurs an der New England Schule unterrichten wolle, der in jenem Jahr im südlichen New Hampshire stattfand. In der Mitte der Woche hatten wir anlässlich meines 56. Geburtstages einen Nachmittag frei und ich entschied mich, auf den Monadnock zu steigen. Das hatte ich seit meiner Kindheit nicht mehr getan. Ich fragte Lisa, ob sie mich begleiten wolle.

„Ich möchte schon", sagte Lisa, „aber ich weiß nicht, ob ich das schaffe."

---

[*] das Prinzip GEDANKE, dazu später noch mehr

Ich sagte: „Lisa, dies ist der am häufigsten bestiegene Berg der Welt. Menschen in weit schlechterer Verfassung als du haben es schon auf den Gipfel geschafft."

Trotz der vielfältigen Einsichten über ihr Leben saß Lisa in Sachen „Bergsteigen" fest. Warum können andere Menschen Berge besteigen, sie aber nicht? Was war an ihr so anders?

Mit gemischten Gefühlen von Beklommenheit und Anspannung entschied sie, es zu versuchen. „Wenn ich das schaffe", dachte sie, „ist das eine Riesenleistung."

Also gingen wir los. Obwohl der gesamte erste Teil der Wanderung mehr einem einfachen Spaziergang durch schöne Wälder glich, verbrachte Lisa die ganze Zeit mit Nörgeln. Sie beklagte sich darüber, wie unangenehm es sei. Sie wollte eine Pause machen und eine Zigarette rauchen.

„Ist das klug?", fragte ich.

Sie stimmte mir zu, es sei nicht klug. „Aber wenn ich anhalten muss, um eine zu rauchen, dann werde ich das auch tun!"

Lisa wollte schon aufgeben, bevor wir überhaupt am steileren Teil der Wanderung angekommen waren. Obwohl sie weiter vor sich hin grummelte, schaffte sie es doch weiterzulaufen.

Wir schleppten uns beide eine Weile so hin und kamen ins Schwitzen. Schließlich erreichten wir den steilsten Abschnitt der Wanderung, der aus massivem Granit bestand. Plötzlich sah Lisa unsere Wanderung als eine Herausforderung. Die Art, wie sie die Wanderung erlebte, änderte sich, während sie sich an steilen Felsen hinaufzog.

„Das macht Spaß!", lachte sie.

Nachdem wir eine Weile die steilen Klippen hinaufgeklettert waren, waren wir beide müde. Schließlich kamen wir zu dem ersten wunderschönen Ausblick. Lisa hatte noch nie einen Blick wie diesen erlebt. Sie fand es toll. Sie dachte, wir seien auf dem Gipfel.

„Du willst mir sagen, wir sind noch nicht da?", fragte sie mit schmerzverzerrtem Gesicht.

„Noch nicht. Es ist da oben. Siehst du?", deutete ich.

Lisa war entmutigt. Die Art, wie sie die Wanderung erlebte, änderte sich aufs Neue.

„Ich glaube nicht, dass ich auch nur noch einen einzigen Schritt weiter gehe", grummelte sie, setzte sich hin und zündete eine Zigarette an.

„Lisa, schau mal, wir können den Gipfel sehen! Willst du wirklich jetzt aufgeben, obwohl wir fast da sind?“

Lisa grummelte weiter.

Zwei Frauen aus Puerto Rico, die auch zur New England Schule gingen, erschienen auf dem Pfad. Auch sie hatten keine Lust, noch weiter zu gehen. Wir unterhielten uns ein paar Minuten, bis eine Gruppe sehr athletisch aussehender Wanderer auf ihrem Abstieg an uns vorbei kam. Ich fragte sie, wie weit es noch zum Gipfel sei. Sie sagten: „Oh, vielleicht zehn Minuten.“

„Dann werden wir wohl 20 Minuten brauchen“, scherzte ich.

Aus irgendeinem Grunde fanden die Puerto Ricanerinnen das extrem witzig und konnten nicht aufhören zu lachen. Erstaunlicherweise päppelte das uns alle auf und wir erhoben uns zur letzten Etappe.

Widerwillig machte Lisa ihre Zigarette aus und stand auf. „Ich kann nicht glauben, dass ich das mache.“

Zwanzig Minuten später standen wir vier auf der Bergspitze. Lisa erlebte ihren ersten spektakulären 360-Grad-Ausblick. Wieder erstarrte sie in Ehrfurcht. Lisa hatte ihren ersten Berg bestiegen. Sie hatte es zum Gipfel geschafft.

Lisa schaffte es, weil sie aufhörte zu denken, sie könne es nicht.

Den meisten von uns ist nicht klar, wie wir von unserem Denken kontrolliert werden. Wir sind unserem Denken ausgeliefert – *bis wir es durchschauen und selbst feststellen, auf welche Art und Weise unsere Erfahrungen im Leben erschaffen werden*.

GEDANKE ist die größte Gabe, die größte Macht, die wir haben. Es ist unsere kreative Schaffenskraft – die Kraft, mit der wir alles Mögliche mittels unserer Gedanken erschaffen können. Dies ist das erste spirituelle PRINZIP. Es ist eine Tatsache. Wir können jeden beliebigen Gedanken haben. Wir bringen ihn hervor. Wir erzeugen ihn. Wir denken ihn uns aus.

Das zweite PRINZIP ist die Tatsache, dass wir noch eine weitere großartige Gabe besitzen: die Macht *BEWUSSTSEIN*. BEWUSSTSEIN erlaubt uns, das Leben zu erleben. Ohne Bewusstsein hätten wir keine Wahrnehmung, weil wir uns nicht bewusst wären, was da draußen passiert.

Auch wenn es uns gegensätzlich erscheinen mag, können wir die Außenwelt niemals direkt durch unser Bewusstsein erleben. Unser Bewusstsein kann uns nur eine Erfahrung dessen bescheren, was wir über die äußeren Umstände *denken*. Mit anderen Worten: Wir erleben unsere *eigene Interpretation dessen*, was da draußen passiert. Durch unser Bewusstsein können wir nichts als unsere Gedanken wahrnehmen. *Die einzige Erfahrung, die wir jemals haben können, stammt von unserem eigenen Denken*.

Diese Aussage kann verwirrend sein. Dies jedoch wirklich zu verstehen, verändert Leben.

Lassen Sie es mich anders ausdrücken.

Wir nehmen das Leben durch unsere fünf Sinne wahr. Das ist offensichtlich. Es ist jedoch nicht offensichtlich, dass alles, was unsere fünf Sinne wahrnehmen, durch unsere eigenen Gedanken gefiltert werden muss. Wir können niemals eine „reine" oder direkte Erfahrung von der Außenwelt haben. Ein Beispiel: Manche Menschen, die aus einem Fenster schauen, sehen die Zweige eines Baumes sich leicht im Winde wiegen. Andere würden überhaupt keine Bäume oder Zweige wahrnehmen; vielleicht sehen sie einen LKW vorbeifahren. Sie schauen aus demselben Fenster und auf dieselben Dinge im selben Augenblick, haben aber eine ganz andere *Erfahrung* von dem, was im Außen passiert. Sie *sehen* ein anderes „da draußen".

Manche Menschen mögen den Geschmack von Brokkoli; andere nicht. Die meisten Menschen lieben den Duft von Rosen; manche nicht. Manche Menschen lieben Rap-Musik; andere können sie nicht ausstehen. Manche Menschen lieben das Gefühl, Velours anzufassen, weil es sie an Samt erinnert; das Gefühl von Velours hat mich früher auf die Palme gebracht. Ganz gleich, mit welchem Sinnesorgan wir etwas wahrnehmen, es reflektiert einzig und allein, wie wir darüber denken. Es liegt immer *nur* an unseren Gedanken. Immer! *Wir können nur unser eigenes, persönliches Denken über die Außenwelt zur Kenntnis nehmen.* Das ist alles. Mehr können wir nicht wahrnehmen.

Mit anderen Worten, der Berg ist nicht das Problem. Der Berg ist die Außenwelt. Unser eigenes Denken über den Berg ist das Problem. Lisa hatte den Berg anders erlebt als ich, weil wir unterschiedlich darüber dachten und er eine andere Bedeutung für uns hatte. Das war der *einzige* Unterschied! Lisas Erfahrung mit dem Berg hatte sich während der Wanderung mehrere Male geändert. Manchmal war es eine Schufterei und ab und zu erschien es unmöglich. Dann wurde es eine Herausforderung und machte Spaß. Warum? Weil sich unterwegs ihr diesbezügliches Denken veränderte. Der Punkt ist, dass Lisa mit jedweder Erfahrung leben musste, die sie sich zufälligerweise gerade ausgedacht hatte.

Genau das passiert im Leben. Es geht um nichts anderes in unserem Leben. Das ist unser Leben. Punkt, aus, Ende. Wenn wir wahrhaftig erkennen, dass alles, was wir erfahren – unsere Wahrnehmungen, unsere Gefühle, unsere Probleme und alles, was auch immer wir „Realität" oder „gegebene Umstände" nennen – in Wirklichkeit nur ein Produkt unserer Gedanken ist, dann ändert sich alles für uns. Wir erleben unser Leben anders.

Die Außenwelt kann *niemals* Gefühle in uns hervorrufen. Nur unser eigenes Denken kann Gefühle in uns auslösen. Im Eifer des Gefechts oder beim Sport bemerken wir manchmal nicht, dass wir uns verletzt haben – bis wir merken, dass es blutet, und dann denken wir daran. Erst dann tut es weh. Wir spüren die Schmerzen nicht, bis wir darüber nachdenken. Es ist nicht unsere Arbeit, die uns Stress bereitet; unser eigenes Denken über die Arbeit bereitet uns Stress. Es ist nicht Johnny, der uns verrückt macht; unser eigenes Denken über Johnny macht uns verrückt. Es ist nicht unsere Angst, vor einem großen Publikum zu sprechen; es sind unsere eigenen Gedanken darüber, vor einem Publikum zu sprechen. Es liegt nicht am Berg. Unser Denken *ist* der Berg. Was wir für einen Berg halten, ist tatsächlich unser Denken.

Unser Bewusstsein ermöglicht uns ein Erleben dessen, was auch immer unsere Gedanken erschaffen und lässt es *real erscheinen*. Es ist die Aufgabe des Bewusstseins, alles, was wir glauben, real für uns aussehen zu lassen. Wenn uns jemand beim Autofahren den Weg abschneidet, fast einen Unfall verursacht und wir wütend werden, dann scheint es, dass wir wirklich wütend sein sollten. Aber es sind nur unsere Gedanken. Ich sage nicht, dass das Verhalten des Fahrers nicht falsch oder gefährlich war. Ich sage nicht, dass wir nicht manchmal zu viel in zu wenig Zeit zu erledigen haben. Ich sage nicht, dass Johnny nicht eine Menge Menschen verrückt macht. Ich sage nicht, dass es im Publikum nicht wirklich Leute gibt, die uns verurteilen. Ich streite nicht ab, dass der Berg real ist. Aber was unsere *Erfahrung* des Berges angeht – ob wir denken, dass wir ihn besteigen können, ob wir es schaffen können, ob es zu viel für uns ist, ob es uns überfordert oder ob wir es aufregend oder erheiternd finden – wie wir den Berg erleben, ist *immer* bestimmt von unserem eigenen Denken. Unser Denken erschafft den Berg – für uns persönlich. Unser eigenes

Denken bestimmt unser Empfinden. Wenn sich unsere Gedanken ändern, dann verändert sich auch unsere Erfahrung und auf welche Weise wir den Berg erleben.

> Zuerst ist da ein Berg,
> Dann ist da kein Berg,
> Dann ist da.
>
> - Donovan
> *„There Is A Mountain"*
> (Da ist ein Berg)

Ich hatte keine Ahnung, was Donovan mit seinem Liedtext meinte, bis ich es verstanden hatte. Wie mit dem Berg ist jede Erfahrung in unserem gesamten Leben davon bestimmt, wie wir darüber denken – jeder Aspekt des Lebens und jede Situation, in der wir uns befinden. Natürlich werden wir uns Herausforderungen stellen müssen, schwierigen Zeiten, schwierigen Leuten, schwierigen Beziehungen, schwierigen Umständen. Jedoch ist die Art, wie wir diese Herausforderungen erleben, bestimmt durch unser Denken; wir *denken es uns aus* – nicht absichtlich, aber darauf läuft es hinaus.

Unser Denken ist alles. Hätten wir keine Gedanken, würde das Leben uns nichts bedeuten. Ohne unsere Gedanken wäre uns jede unserer Erfahrungen gleichgültig. Gedanken liefern den Inhalt, ob wir etwas als gut oder schlecht erleben, als glücklich, traurig oder verrückt. Mit dieser außerordentlichen Macht GEDANKE können wir alles erschaffen. *Es ist an uns, das Leben zu gestalten, welches wir erfahren.*

Ob wir es nun wissen oder nicht, wir sind ständig dabei, unser Leben fortlaufend zu gestalten. Was auch immer wir gerade im Leben sehen mögen, ändert sich mit unserem nächsten Gedanken. Manche Gedanken scheinen tiefer verwurzelt zu sein als andere, aber auch diese können sich verändern, weil es eben *nur Gedanken* sind.

Nehmen wir einmal an, wir erkennen, dass jede unserer Erfahrungen sich mit neuem Denken ändern kann und wird. Würde das nicht bedeuten, dass wir unsere Erfahrungen jetzt nicht mehr so ernst nehmen müssen? Letzten Endes würde sich alles, was auch immer wir erleben, schließlich ändern. Manchmal erschien Lisa die Angst vor dem Berg real; manchmal nicht. Es könnte sein, dass wir uns gerade über den Autofahrer ärgern, der uns geschnitten hat, aber in einem Monat können wir uns wahrscheinlich noch nicht einmal daran erinnern. Also warum es jetzt so ernst nehmen? Manchmal sind wir vielleicht angesichts der Arbeitsbelastung gestresst, aber manchmal stresst uns dieselbe Menge an Arbeit überhaupt nicht. Manchmal nervt Johnny uns nicht so sehr wie zu anderen Zeiten. Was passiert hier? Der einzige Unterschied ist, dass wir anders denken. Wir müssen unsere momentanen, vorübergehenden Gefühle nicht so ernst nehmen. Unsere Gefühle sind fließend wie unsere Gedanken; sie sind wie ein Fluss, der vorbeiströmt. Warum sich in ihnen verfangen?* Mit anderen Worten, unser Verhältnis zu unserem Denken kann sich ändern – wir haben die Wahl, ob wir unser Denken ernst nehmen oder nicht und ob wir ihm glauben, vertrauen, folgen oder nicht.

GEDANKE fließt ständig in uns. Keine Ahnung, woher manche Gedanken kommen, die in unserem Kopf auftauchen. Über die meisten Gedanken, die uns in den Sinn kommen, haben wir keine Kontrolle. Auch sind wir nicht ständig in der Lage, uns auszusuchen, was wir denken – die Wahl liegt nicht bei uns. Manchmal erscheinen ganz skurrile Gedanken. Wenn ein Gedanke an einen rosa Elefanten auftaucht, der auf der Telefonleitung steht, dann mögen wir eine bildliche Vorstellung davon haben, aber wir würden es nicht ernst nehmen (es sei denn vielleicht, wir wären betrunken); wir werden den Gedanken ganz natürlich verwerfen. Aber wenn wir einen Gedanken haben wie „Diese Person mag mich nicht" oder „Diese Person ignoriert mich", neigen wir bei dieser Art von Gedanken dazu, sie ernst zu nehmen, sogar dann, wenn wir gar keine Ahnung haben, was eine Person in Wirklichkeit denkt.

Wer entscheidet, was wir ernst nehmen?

Tammy hatte Angst vor Spritzen. Das war gar nicht gut, denn aufgrund einer Erkrankung brauchte sie Spritzen vom Arzt, die sie wegen ihrer Angst vermied; dadurch verschlechterte sich ihr Gesundheitszustand. Als wir am Telefon über ihre Angst sprachen, sagte ich so etwas wie: „Es könnte sein, dass es ein bisschen weh tut, wenn du von der Nadel gestochen wirst; etwa so, als wenn du einen Flur entlang läufst und eine Steck-

---

* Bemerkung: Ich meine damit nicht, dass Gefühle nicht wichtig sind. Das *sind* sie! Ich werde deren Bedeutung in Kapitel VI erklären.

nadel streifst, die aus einem Sofa herausragt. Aber ob jemand das voller Angst betrachtet oder nicht, ist seine Entscheidung."

Ich weiß nicht, wie ich in diesem Moment darauf kam, aber mir fiel plötzlich eine Zeit im Jahr 1965 ein, als ich meine damals zukünftige und heute geschiedene Frau Judy zu ihrem ersten Besuch mit nach New York City nahm. Als sie zum ersten Mal mit mir in der U-Bahn-Station stand und der Zug quietschend anhielt, wurde Judy steif wie ein Brett. Sie hielt sich die Ohren zu, biss die Zähne zusammen, schloss ihre Augen und stand schaudernd und wie versteinert da, während alle anderen im Bahnhof sich verhielten, als wäre nichts Ungewöhnliches passiert. Ich fragte sie, was los sei und sie sagte: „Das ist zu laut für meine Ohren. Ich habe sehr empfindliche Ohren. Ich halte das nicht aus!" Jedes Mal, wenn ein Zug kam, machte Judy dasselbe. Dennoch konnte ich mich erinnern, dass sie mit der Zeit, als wir immer wieder die Stadt besuchten, schließlich nicht mehr so reagierte. Ich bat Tammy, einen Moment am Telefon zu bleiben – sie dachte wohl: „Worüber in aller Welt redet der?" – und ich rannte den Flur entlang und steckte den Kopf in Judys Büro.

„Erinnerst du dich daran, dass du früher im Bahnhof immer diese schreckliche Reaktion auf das Geräusch der ankommenden U-Bahn hattest, und jetzt nicht mehr?", fragte ich. „Was hat sich geändert?"

Judy dachte einen Moment nach und sagte: „Ich habe mich entschieden, nicht mehr darüber nachzudenken."

„Ha!" Ich rannte zurück zum Telefon und erzählte es Tammy.

„Das ist ziemlich cool!", sagte Tammy.

Kurz danach beendeten wir das Gespräch.

Als ich einen Monat später wieder mit Tammy sprach, erfuhr ich, dass sie ihre Angst vor Spritzen vollständig überwunden hatte. Sie bekam ihre Injektionen und berichtete, das sei nichts Besonderes.

Was war passiert?

Aus welchem Grunde auch immer hatte Tammy erkannt, dass ihre Angst vor Spritzen nur ein Gedanke war, der in dem Moment „real" aussah, aber den sie sich in Wirklichkeit nur in ihrem Kopf zusammengesponnen hatte. Tammys Denken über Spritzen änderte sich, genauso wie sich Judys Denken über das Geräusch der U-Bahn geändert hatte. Als Ergebnis änderte sich, wie sie diese Begebenheiten erlebten.

Wir erleben, was wir denken. Unser Denken ist unser Leben.

Nun da Lisa ganz stolz auf dem Berggipfel stand, konnte sie nicht fassen, was sie geschafft hatte. Sie konnte nicht verstehen, warum sie jemals dachte, es wäre unmöglich und warum sie sich in all den Jahren dieser Erfahrung verweigert hatte. Lisa erkannte, dass das Einzige, was sie vom Bergsteigen abhielt, nur ihr Denken war. Jetzt dachte sie anders; daher erlebte sie ihr Leben anders.

Könnte es so einfach sein?

Ja!

Das ist das Erstaunliche daran. Es ist so simpel, dass wir es nicht sehen können. Es ist einfach zu naheliegend.

Ich erwähnte schon, dass Lisa keinerlei Antidepressiva mehr einnimmt und dass die jahreszeitlich bedingte Depression, die sie gewöhnlich beeinträchtigte, sie kaum noch in Mitleidenschaft zieht. Wie ist das möglich? Keiner der vielen Psychiater, die sie über die Jahre konsultierte, konnte ihr helfen, ihre Medikamente abzusetzen. Aber als sich Lisas Gedanken änderten – als sie wirklich erkannte, wie sie ihre eigenen Erfahrungen durch die Macht GEDANKE erschafft – als sie wirklich erkannte, dass ihr Erleben jeglicher Dinge im Leben aus ihrem eigenen Selbst stammt, veränderte sie sich, und mit ihr veränderte sich auch ihre Körperchemie.

Ich sage nicht, dass das immer passiert. Ich sage nicht, dass Menschen sich zu einer veränderten Körperchemie hindenken können. Ich sage, dass Wunder geschehen können, wenn Menschen durch eigene, grundlegende Einsicht den wahren Ursprung ihrer Erfahrungen erkennen. Wenn ich es nicht immer wieder mit eigenen Augen gesehen hätte, würde ich es vielleicht selbst nicht glauben – Alkoholiker und Drogenabhängige, die damit aufhören, Alkohol und Drogen zu konsumieren und sich selbst als „genesen" und nicht als „auf dem Weg der Genesung" bezeichnen; Kriminelle, die aufhören, Straftaten zu begehen; total gestresste Menschen, die sich selbst verrückt gemacht haben und die nun mit innerer Ruhe leben; Beziehungen, die dabei waren, auseinander zu brechen und in denen Paare jetzt glücklicher sind als je zuvor. Wenn ich das alles nicht mit eigenen Augen gesehen hätte...

Löwenzahn zu betrachten ist eine Art, das Prinzip GEDANKE zu verstehen. Ich erkannte dies, als ich meinen mit Löwenzahn übersäten Rasen mähte. Es schoss mir durch den Kopf, wie seltsam es ist, dass verschiedene Menschen diese Pflanze so unterschiedlich betrachten. In Vermont gibt es so viel Löwenzahn, dass ganze Felder davon überflutet werden und goldgelb leuchten. Wunderschön im Kontrast zu dem Smaragdgrün – finde ich jedenfalls. Ich liebe den Anblick von Löwenzahn, außer wenn ich versuche, meinen Rasen zu mähen und Teile davon stehen bleiben, weil die Klinge nicht scharf genug ist.

Für jemanden, der englischen Rasen pflegt, ist Löwenzahn ein Albtraum. Für einen Hersteller von Löwenzahnwein ist er eine Ressource. Für einen Kräuterheilkundler ist Löwenzahn ein Segen. Für manche ist er eine Blume; für andere ein Unkraut. Anderen Leuten ist Löwenzahn einfach nur gleichgültig. Was macht den Unterschied, wie Menschen ihn erleben? Gedanken und nur Gedanken.

Ich sage nicht, dass Löwenzahn nicht existiert, bis wir darüber nachdenken. Natürlich existiert er! Natürlich ist er real. Ich sage, dass Löwenzahn *für uns* in einem bestimmten Moment nicht existiert, *es sei denn,* wir denken über ihn nach. Ich sage, dass unsere Erfahrung mit Löwenzahn davon bestimmt ist, auf *welche Art* wir über ihn denken. Und wir haben dann mit genau jener Erfahrung zu leben, die wir erleben.

Wenn wir die Schönheit dieser Blume sehen und wie sie ein Feld goldgelb zum Leuchten bringt, wollen wir am liebsten seufzen. Wenn wir die Nützlichkeit dieser im Überfluss vorhandenen Pflanze sehen, dann schätzen wir ihren Nutzen. Wenn wir Löwenzahn als Unkraut ansehen, das uns in die Quere kommt, verteufeln wir ihn. Der gleiche Löwenzahn kann uns eine angenehme oder eine unangenehme Erfahrung bescheren. Alles nur aufgrund der Art, wie wir darüber denken. Der gleiche Löwenzahn!

Was bestimmt unsere Art, darüber zu denken? Warum gelangen manche Menschen zu einem Standpunkt über Löwenzahn und andere zu einem vollkommen anderen?

Weil wir tiefer liegende, versteckte Gedanken oder Überzeugungen haben, die unser Denken über Löwenzahn bestimmen und damit auch, wie wir ihn erleben. Menschen mit englischem Rasen haben vielleicht im Hinterkopf, dass ein makellos geschnittener Rasen extrem wichtig sei. Welche Form es auch immer annimmt, jemand mag sich einer solchen Überzeugung nicht bewusst sein, vielleicht bemerkt er es noch nicht einmal, dass er diese mit sich herumträgt. Aber wenn er Löwenzahn betrachtet, sieht er ihn durch diese Überzeugungen – durch eine Art Filter – und dadurch wird seine Erfahrung des Löwenzahns bestimmt. Der Mann mit der Vorliebe für englischen Rasen wird denken, der Löwenzahn komme ihm in die Quere, weil er den Filter beeinträchtigt, durch den er schaut. Aber auch dieser Filter ist selbst gemacht. Er hat ihn sich ausgedacht! Er bemerkt nicht, dass er nur aufgrund dessen, was er selbst erfunden hat, eine unangenehme Erfahrung macht.

Wir machen dasselbe mit unseren Kindern. Wir machen es mit unseren Nachbarn, mit unseren Partnern und mit unseren Arbeitskollegen. Wir haben eine Reihe von Gedanken über das, was uns im Leben wichtig ist – wo auch immer wir das aufgeschnappt haben. Dann sehen wir die Welt durch diesen Filter und sehen ein verzerrtes Bild vom Löwenzahn, von einer Person oder einer Situation. Der Filter ist jedoch keine Realität; wir erleben nur eine Illusion, die wir ohne jegliche Absicht erschaffen haben, wieder mit der Macht GEDANKE.

Häufig erlauben wir jemandem, uns verrückt zu machen, weil wir ganz unbewusst eine Illusion darüber erschaffen haben, wie Menschen unserer Meinung nach sein sollten. Mit anderen Worten, *wir erschaffen unser eigenes Leiden, weil wir uns etwas ausgedacht haben* – wir bemerken es nur nicht.

Dies jedoch zu erkennen und uns wirklich gewahr zu werden, was wir uns selbst antun, kann uns recht demütig werden lassen. Es führt meistens dazu, unsere Gedanken ein bisschen weniger ernst nehmen zu wollen.

So geht es mir jedenfalls.

Wir sitzen in einem Auto, das neben einem großen LKW an der Ampel steht. Alles, was wir durch unser Fenster sehen, ist der LKW. Plötzlich rollen wir rückwärts! Wir erschrecken uns und treten auf die Bremse. Aber wir rollen gar nicht rückwärts; wir stehen still. In Wirklichkeit rollt der LKW vorwärts, aber wir verfallen der Illusion, dass wir uns bewegen. Das ist der Gedanke. Wir erschrecken uns und treten auf die Bremse, weil BEWUSSTSEIN uns eine *reale*, über unsere Sinne wahrnehmbare Erfahrung unseres Denkens präsentiert. Wir könnten schwören, wir bewegen uns, bis wir herausfinden, dass es nicht stimmt. Unsere „Realität“ wird von unseren eigenen Gedanken geschaffen.

Ich verließ mein Motel-Zimmer in der Nähe von Detroit, den Koffer in der einen Hand, das Banjo in der anderen. Als ich auf den Parkplatz kam, war mein Auto nicht da. „Was zum Teufel...?“ Vielleicht war es woanders, als ich dachte. Ich lief auf dem Parkplatz herum, aber es war nicht zu finden. In der Nähe der Stelle, an der ich geparkt hatte, sah ich ein Auto, das etwas blauer war als meines und etwas länger, aber es war nicht mein Auto. Also ging ich erneut herum, aber ich konnte es nirgendwo entdecken. Ich untersuchte den Parkplatz ein drittes Mal – ohne Ergebnis. Ich konnte es nicht fassen. Aus irgendeinem Grunde geriet ich nicht in Panik. Ich dachte: „Das ist interessant." Da ich im Rahmen meiner Buchtour später zu einer Signierstunde zu gehen hatte, fragte ich mich, was ich wohl tun würde. Da ich noch nicht ausgecheckt hatte, ließ ich mein Gepäck an der Rezeption und entschied mich, zurück auf mein Zimmer zu gehen. Ich wollte mich sammeln. Als ich die Treppe zur zweiten Etage hoch lief, steckte ich meine Hand in die Tasche, um meine Autoschlüssel herauszuholen. Sie waren nicht da!

„Oh mein Gott", japste ich, „vielleicht habe ich die Schlüssel gestern Abend im Auto gelassen und jemand hat es gestohlen!"

Augenblicklich erinnerte ich mich an ein paar sehr laute Menschen im Zimmer nebenan, als ich gestern Nacht versuchte zu schlafen; sie fuhren sehr früh am Morgen ab und ich hörte sie sagen: „Beeilt Euch! Pssst! Schnell!!"

„Oh nein!", dachte ich, „es könnte sein, dass sie mein Auto gestohlen haben!"

Ich kam in das Zimmer und bemerkte sofort, dass meine Autoschlüssel auf dem Bett lagen. Soviel zu dieser Theorie! Verwirrt schaute ich aus dem Fenster auf den Parkplatz und sah ein Auto mit einem Aufkleber auf der Heckscheibe, der genauso aussah, wie der, den meine Tochter auf meine Heckscheibe geklebt hatte. „Das ist ja interessant", dachte ich. Noch interessanter war, dass das Auto auch ein grünes Nummernschild hatte und – was für ein Zufall! – es war ein Nummernschild aus Vermont und, oh mein Gott! Es hatte dieselbe Nummer wie meins, und, oh du meine Güte! Es ist mein Auto! Ich rannte die Treppe hinunter und, tatsächlich! Mein Auto war genau dort, wo ich es abgestellt hatte. Es muss das Auto gewesen sein, das etwas blauer und länger ausgesehen hatte als meines.

Es gibt einige mögliche Erklärungen: 1) Vielleicht befand ich mich in einem Zeitsprung wie im Film *Star Trek*. 2) Jemand könnte mir in die Tasche gegriffen und meine Schlüssel genommen haben, zu meinem Auto gerannt, damit zum Einkaufen gefahren und so schnell wiedergekommen sein, dass er die Schlüssel wieder auf mein Bett gezaubert hatte, ohne dass ich es bemerkte. 3) Ich könnte mich im ersten Stadium der Alzheimer-Krankheit befinden.

Viel logischer ist, dass mein Auto aus irgendeinem Grund nicht in meinem Bewusstsein war und daher für mich in diesem Augenblick nicht existierte. Mein Auto (bzw. die Tatsache, dass es da war) war nicht in meinem Denken. Obwohl ich darüber nachgedacht hatte, es zu finden, hatte ich dennoch keine Gedanken an die Anwesenheit meines Autos, mein Auto existierte für mich nicht. Dies ist ein perfektes Beispiel von GEDANKE und BEWUSSTSEIN in Aktion und wie diese beiden mir meine Erfahrung bescherten. Merkwürdig, aber perfekt.

Wie Lisa mit dem Berg, Tammy mit den Spritzen und ich mit meinem Auto, alle diese Geschichten zeigen, wie unser Denken die alleinige Erfahrung im Leben darstellt. Unser Denken ist unser Leben.

II. Weisheit ist immer verfügbar, um uns zu leiten, *vorausgesetzt* wir kennen den Zugang dazu

Ein Wort zur Vorsicht: Einige Leute haben mir erzählt, dass die folgende Geschichte Unbehagen bei ihnen auslöste. Interessanterweise haben sich andere Menschen beim Lesen nicht unwohl gefühlt, was eine perfekte Anschauung dessen ist, worauf das erste Kapitel hindeutet. Wieder andere haben durch das Lesen dieser Geschichte wichtige Einsichten gewonnen. Tatsache ist, dass diese Begebenheit, wie auch immer man sie betrachten möchte, nun einmal genau so passiert ist wie hier beschrieben. Ich habe mich entschieden, sie nicht schönzureden.

Diane schickte mir aus heiterem Himmel eine E-Mail, um mir zu sagen, wie sehr sie meine Bücher schätze. Sie schrieb, dass die Drei Prinzipien ihr so viel geholfen hätten, dass ihr Leben jetzt „99,9 Prozent besser" sei. Nur eine winzige Sache halte sie von hundertprozentigem Wohl-Sein ab.

Ich fragte: „Was denn?"

Sie schrieb zurück und erklärte, dass sie seit fünf Jahren eine Affäre habe und dass dies die einzige Sache sei, die sie von einer völlig gesunden Verfassung abhalte.

„Es hört sich so an, als litten Sie darunter", antwortete ich.

Sie schrieb zurück: „Oh mein Gott, ich kann es nicht glauben! Ich habe nicht gewusst, dass ich darunter leide, aber es ist wahr. Was Sie gesagt haben, hat mich total aufgerüttelt, und ich weiß jetzt, dass ich diese Beziehung beenden muss. Ich mache auf der Stelle Schluss."

Zwei Tage später bekomme ich eine weitere E-Mail von ihr: „Ich habe Schluss gemacht. Alles ist in Ordnung."

Einige Tage später schrieb sie mir wieder: „Zuerst war der Mann, mit dem ich die Affäre hatte, wohlauf. Aber nun hat er mir einen langen, herzzerreißenden Brief geschrieben, und jetzt bin ich wirklich beunruhigt."

Der Zufall wollte es, dass ich auf meiner Buchtour die Gelegenheit hatte, die Stadt im Mittleren Westen der Vereinigten Staaten zu besuchen, in der sie lebte. Ich fragte, ob sie einen Beratungstermin wahrnehmen wolle, während ich dort war. Sie sagte ja.

Als ich in die Stadt kam, rief ich sie an und wir vereinbarten einen Treffpunkt. Es war ein wunderschöner Tag und sie schlug einen hübschen Park vor, was sich gut für mich anhörte. Als ich an unserem Treffpunkt ankam, hatte sie ihre Meinung geändert und sagte, wir sollten zu einem anderen Park gehen, nicht so schön wie dieser, aber leichter erreichbar. Das machte mir nichts aus.

Wir machten Halt an einem Rastplatz. Sofort begann Diane damit, mir über sich zu erzählen, wobei sie sich fast überschlug. Sie hatte ihre ursprüngliche Affäre zwar beendet, sich nun aber in eine neue verwickelt.

Moment mal! Ich musste den Kopf schütteln. Das war fast nicht zu verstehen.

Diane war Mitte vierzig. Sie brachte zum Ausdruck, dass sie von ihrem Vater jahrelang sexuell missbraucht worden und deswegen ganz schön durcheinander sei. Sie erzählte mir, dass sie in letzter Zeit viel Zeit im Sportstudio verbracht und 10 Kilogramm abgenommen habe. Sie trug aufreizende Kleidung, um dies zu zeigen. Es war nicht schwer zu erkennen, dass sie das Interesse von Männern auf sich ziehen wollte, was auch funktionierte. Nicht umsonst war dieser neue Mann im Sportstudio auf sie aufmerksam geworden. Sie gingen zusammen aus, und fingen dann an, Sex miteinander zu haben.

Während ich ihr zutiefst zuhörte*, nagte etwas an mir. Ich konnte nicht genau sagen, was es war. Ich kannte Diane zwar nicht, aber sie schien sich extrem unbehaglich zu fühlen. Irgendetwas war los, was sie mir nicht sagte. Ich hörte weiter zu. Sie erzählte mir, wie ihr neuer Freund ihr Ratschläge gab, wie sie sich ihrem Mann gegenüber verhalten sollte.

„Moment mal, Diane, nur damit ich das richtig verstehe“, sagte ich, „der Typ, mit dem Sie eine Affäre haben, gibt Ihnen Tipps hinsichtlich Ihrer Ehe?“

Sie sagte: „Ja, weil ich einfach nicht wusste, was ich mit meinem Mann machen sollte. In sexueller Hinsicht funktioniert unsere Beziehung über-

---

* Mit „zutiefst zuhören“ meine ich eine intuitive Form des Zuhörens, die nicht auf die Worte an sich, sondern vielmehr auf das abzielt, was mit den Worten ausgedrückt werden soll, mehr dazu in Kapitel IX.

haupt nicht. Ich glaube, dass mein Mann schwul ist. Ich liebe ihn wie einen Freund, aber es gibt keine richtige Intimität in unserer Beziehung."

„Nun mal langsam, Diane!" Es war schwer für mich, zu Wort zu kommen. „Lassen Sie uns mal einen Schritt zurückgehen und dann betrachten wir die Dinge mal der Reihe nach. Erstens, glauben Sie ehrlich, dass dieser Typ in der Lage ist, Sie in Bezug auf Ihre Ehe zu beraten? Er hat eine Affäre mit Ihnen! Denken Sie wirklich, das passt zusammen?"

Diane wurde sehr kleinlaut. „Ich wollte es Ihnen eigentlich nicht sagen", sagte sie, „aber er ist hier."

„Was?"

„Er sitzt dort drüben im Auto und beobachtet uns, um sicherzustellen, dass nichts schief läuft."

„Sie machen Witze, oder?"

„Nein. Er ist da."

„Ich bitte Sie, Diane! Denken Sie wirklich, dass wir hier irgendetwas zustande bringen, solange Sie dadurch abgelenkt sind, dass dieser Typ hier ist?"

„Nein."

„Sie müssen ihn bitten zu gehen."

„Das kann ich nicht."

„Warum nicht?"

„Weil ich das nicht kann."

Ich dachte: „Wenn du das nicht machst, Kleine, dann ist die Sitzung beendet." Ich meine, es war schon merkwürdig zu denken, dass wir beobachtet wurden. Außerdem kannte ich den Kerl nicht, und sie hatte ihn erst vor zwei Wochen kennengelernt. Wie ich das einschätzte, könnte er gefährlich sein. Aber ich wollte sie damit nicht beunruhigen. Mein Hauptanliegen war, ihr dabei zu helfen, zu einem eigenen Entschluss zu kommen.

„Sehen Sie mal", sagte ich, „was sagt Ihnen denn Ihre Weisheit, was hier zu tun ist?"

„Ich kann ihm das nicht sagen. So bin ich einfach nicht."

„Das habe ich nicht gefragt, und ja, das können Sie. Sie wissen, was richtig ist. Er sitzt dort drüben und spioniert Sie aus. Ich wiederhole, was sagt Ihnen denn Ihre Weisheit, was dagegen zu tun ist?"

Diane dachte einen Moment nach. „Ich schätze, ich muss ihm sagen, dass er gehen soll", stöhnte sie.

„Das stimmt, und wenn er nicht macht, worum Sie ihn bitten, wird Ihnen das eine Menge über ihn sagen, nicht wahr?"

„Ja."

Ich bereitete sie ein wenig darauf vor, was sie sagen könnte, für den Fall, dass er nicht gehen würde. Dann stand sie auf und ging hinüber, um es ihm zu sagen.

Ich blickte starr auf den Tisch vor mir und hoffte, dass der Kerl nicht irgendetwas tun würde, was wir alle bereuen würden. Offensichtlich hatte ich selbst nicht auf meine eigene Weisheit gehört, als ich zustimmte, diese fremde Frau in einem Park zu treffen.

Nach ein paar Minuten kam Diane zurück und sagte: „Ich habe ihm gesagt, dass er gehen soll." Sie fühlte sich gut angesichts der Tatsache, dass sie ihrer Weisheit gefolgt und stark genug gewesen war, dies in die Tat umzusetzen.

„Großartig", sagte ich. „Ich wusste, dass Sie es schaffen würden."

„Aber am Ende hat er etwas ganz Merkwürdiges gesagt."

„Was denn?"

„Er sagte: 'Du weißt schon, dass du an mich denken wirst, ob ich nun gehe oder nicht.'"

Ich saß kerzengerade. „Diane, was, meinen Sie, will er Ihnen damit sagen? Hört sich das für Sie nicht ein bisschen daneben an?"

„Doch." Sie schaute hinüber, wo er sich zuvor aufgehalten hatte. „Wissen Sie was? Ich glaube, er ist nur zu einem anderen Teil des Parks gefahren. Ich denke nicht, dass er wirklich gegangen ist, denn um den Park zu verlassen, hätte er hier vorbeifahren müssen, und ich habe ihn nicht gesehen." Sie konnte ihn allerdings nirgendwo ausmachen.

„Meinen Sie, das ist ein Problem? Werden Sie in der Lage sein, sich zu konzentrieren?"

„Ja, das werde ich. Ich kenne ihn. Er wird keine Probleme machen."

„Okay, aber wie ich schon sagte, sein Verhalten sagt Ihnen eine Menge über ihn, richtig?"

„Ich weiß".

Wir ließen uns weit weg von irgendwelchen Autos mitten auf einer Lichtung nieder, von der aus wir sehen konnten, ob sich jemand nähern würde. Diane fing wieder an, sich wie ein Wasserfall darüber auszulassen, wie viel sie durch Richard Carlsons Buch *„You Can Be Happy No Matter*

What" (Glücklich sein, auch wenn das Leben hart ist) gelernt hatte und wie sehr ihr das half.

Ich sagte: „Wissen Sie was? Es ist mir eigentlich gleichgültig, was Sie schon wissen. Ich bin froh, dass das Buch Sie aus Ihrer Depression geholt hat. Aber jetzt kommt es darauf an, was Sie sonst noch lernen können, das Ihnen erlaubt, mit mehr Wohlbefinden zu leben. Außerdem wird Glück überbewertet. Was Sie wirklich wollen, ist das Gefühl innerer Ruhe."

Diane wurde zum ersten Mal ruhig. Sie nickte und sagte wehmütig: „Ja, das will ich."

Sanft sagte ich: „Es liegt schon in Ihnen, wissen Sie?"

„Was meinen Sie damit?"

„Innerer Frieden ist schon ein Teil von uns. Das Einzige, was dem im Wege stehen kann, sind unsere eigenen Gedanken. Wir müssen nicht erst irgendetwas Bestimmtes denken, um innerlich ruhig und ausgeglichen zu sein. Genauer gesagt befinden wir uns ganz automatisch in einem Zustand innerer Ruhe, wenn wir nichts denken."

Ich sprach darüber, dass wir zwei Stimmen in uns haben: Unsere Stimme der Weisheit, die sehr sanft spricht, und unser gewöhnliches Denken – unsere typischen, alltäglichen Denkgewohnheiten, die laut sprechen. Wir haben die Wahl, welcher Stimme wir zuhören wollen. Es ist sehr verlockend, der lauten Stimme zuzuhören.

„Ja, ich muss unbedingt versuchen, diese Gedanken abzustellen. Ich muss einfach irgendwie zur Ruhe kommen."

„Darum geht es nicht. Es geht vielmehr darum zu erkennen, welche Stimme gerade zu uns spricht, und wirklich zu wissen, welcher Stimme wir besser zuhören sollten, und welcher nicht. Es ist uns selbst überlassen, welcher Stimme wir die Macht geben. Das ist schon alles. Die auf unsere Denkgewohnheiten zurückgehende Stimme wird weiter zu uns sprechen. Sie wird immer wieder versuchen, unsere Aufmerksamkeit auf sich zu ziehen. Aber wenn wir wissen, dass ihr zuzuhören uns keine guten Dienste erweist, dann sind wir in der Lage zu entscheiden, ob wir hinhören oder nicht."

Das schien Diane zu beruhigen. Sie sagte: „Vielen, vielen Dank! Ich möchte nicht noch mehr von Ihrer Zeit in Anspruch nehmen. Mir geht's schon so viel besser."

„Warten Sie“, sagte ich. „Es gibt noch eine weitere Sache, mit der wir uns beschäftigen sollten. Es gibt nicht nur Ihren Seelenfrieden im Allgemeinen, sondern auch Ihre augenblickliche Situation. Die Tatsache, dass Ihre gegenwärtigen Umstände als noch ungeklärt in Ihrem Kopf bleiben, führt dazu, dass Sie darüber nachdenken. Und das wird Ihren inneren Frieden stören. Würden Sie nicht lieber mit reinem Tisch anfangen wollen?“

Sie hatte ihrem Mann von keiner dieser Affären erzählt.

Ich fragte sie: „Lieben Sie Ihren Mann?“

Sie antwortete mit einem augenblicklichen Ja. Sie hatte zwei Kinder. Sie sagte, das ältere sei taub und sehr goldig, 13 Jahre alt; das jüngere sei 7 Jahre alt und sehr wütend. Offenbar gab es eine Menge Streitereien zu Hause.

„Vielleicht muss ich meine Ehe aufgeben“, sinnierte Diane traurig.

„Schauen Sie mal, wenn Sie ihn lieben, dann gibt es eine solide Basis. Aber was sagt Ihnen denn Ihre Weisheit darüber, wohin Ihre Beziehung mit Ihrem Mann führen soll, wenn Sie in diese Affären verwickelt sind und immer etwas in der Luft schwebt, was Sie Ihrem Mann verschweigen?“

Sie seufzte: „Ich muss jetzt wirklich einen Schlussstrich unter diese Affäre ziehen.“

„Sehen Sie, das ist Ihre Weisheit, die jetzt zu Ihnen spricht. Können Sie den Unterschied in der Stimme hören?“

„Ja. Ich weiß, dass ich mit diesem Kerl augenblicklich Schluss machen muss.“

„Und dann ist da noch die Sache, dass Ihr Mann nichts davon weiß, und dass Sie ein Geheimnis hüten und es vor ihm verbergen.“

„Ich weiß. Ich muss es ihm sagen“

Wir sprachen darüber, wie er reagieren könnte.

Ich sagte: „Und dann gibt es da noch eine dritte Sache.“ Diane und ihr Mann hatten angeblich eine solide, freundschaftliche Beziehung, aber sie glaubte, er sei schwul. War er das wirklich? Was, wenn er sexuell kein Interesse an ihr hat? Sex war ganz offensichtlich extrem wichtig für Diane.

„Wenn er schwul ist“, fragte ich, „was denken Sie, wie er reagieren würde, wenn Sie beide Ihre sexuelle Befriedigung woanders fänden?“

„Niemals! Er ist ein streng gläubiger Lutheraner. Er wäre niemals in der Lage, damit umzugehen."

„Und was ist mit ihm? Was macht er?"

„Er kriegt seine Befriedigung, indem er ins Internet geht und sich nackte Männer anschaut. Und er hat sich ein Piercing am Penis machen lassen und all so'n Zeug."

„Es gibt also etwas, das ihm ein Bedürfnis ist, das sich auch außerhalb Ihrer Beziehung befindet, tatsächlich sogar außerhalb von ihm selbst."

„Ja."

„Und was ist mit Ihnen?"

„Nun, ich habe alle mögliche Sexspielzeuge."

„Hui", dachte ich, „auf dem Gebiet kenne ich mich nicht aus. Und ehrlich gesagt möchte ich damit auch gar nichts zu tun haben." Also sagte ich: „Schauen Sie, wenn es eine solide Basis in Ihrer Beziehung gibt und alles offen auf den Tisch kommt, sagt Ihnen Ihre Weisheit dann nicht auch, dass Sie sich darüber werden einigen können?"

„Ja, aber wie?"

„Ihre Weisheit wird es Ihnen sagen, wenn Sie zur Ruhe kommen. Eine Möglichkeit ist, wenn Sie keine Mühe scheuen, Ihrem Mann wirklich zutiefst zuzuhören. Dann können Sie seine Welt so betrachten, wie er sie sieht, und davon fasziniert sein herauszufinden, was ihn dazu bewegt, diese Dinge zu tun. Dann könnte er das Gleiche mit Ihnen machen. Wenn Sie beide in der Lage sind, jeweils die Welt des anderen zu sehen, dann haben Sie die Chance zu einer Einigung zu kommen, was Sie gemeinsam tun könnten, um Ihre Beziehung füreinander befriedigend zu gestalten."

„Ja, das ist wirklich, wirklich wichtig für uns."

„Welche Stimme spricht gerade mit Ihnen darüber?"

„Das ist ganz sicher meine Weisheit."

„Dann wissen Sie, wie sich Weisheit anhört. Sie wissen, was zu tun ist. Weisheit steht Ihnen immer zur Verfügung, um Sie zu leiten. Sie können nichts falsch machen, wenn Sie auf sie hören."

Dianes Augen wurden feucht und sie dankte mir vielmals. Unsere Sitzung kam zu einem Ende. Sie ging los um nachzusehen, ob dieser Kerl sich noch im Park aufhielt, und ich machte mich auf den Weg.

Später hörte ich, dass er den Park nicht verlassen hatte. Das war der Tropfen, der das Fass zum Überlaufen brachte, und Diane beendete die

Beziehung. Sie erzählte ihrem Mann zumindest von der ersten Affäre und sie begannen einen Heilungsprozess.

Wenn es um Weisheit geht, sind wir immer an einer Weggabelung. Wir können darauf hören, oder nicht.

Glücklicherweise sind wir unserem persönlichen Denken nicht hilflos ausgeliefert. Wenn die Macht GEDANKE eine kreative Gabe ist, die wir in jeder beliebigen Art und Weise nutzen können, und wenn die Macht BEWUSSTSEIN eine Gabe ist, die uns alles, was wir denken, real erscheinen und erleben lässt, woher stammen dann diese sagenhaften Kräfte oder Gaben?

Sie haben ihren Ursprung in etwas, das wir „UNIVERSELLEN GEIST“ nennen könnten. GEIST ist ein weiteres von *drei Prinzipien*[*] – GEIST, BEWUSSTSEIN und GEDANKE – die zusammen wirken und alle unsere Erfahrungen im Leben erschaffen. Ich rede hier nicht über unseren eigenen kleinen Geist. Ich rede von etwas viel Größerem als uns selbst. Es ist die Energie, die durch uns fließt, die Kraft, die uns am Leben hält. Was genau das ist, bleibt ein Mysterium, aber es ist die Energie, die hinter allem Leben steckt und allumfassende Weisheit mit sich zu bringen scheint. Ich beziehe mich auf etwas, von dem wir ein kleiner Teil sind: EINE gewaltige INTELLIGENZ oder das allumfassende Prinzip GEIST – die ENERGIE ALLER DINGE. Wenn Sie den Ausdruck „GEIST“ nicht mögen, dann nennen Sie es einfach, wie Sie wollen. Darauf kommt es nicht an.

Worauf es ankommt, ist, dass wir ein winzig kleiner Teil dieser formlosen, universellen und intelligenten Energie sind, die kontinuierlich durch uns fließt und die niemals aufhört. Sie kann nicht versiegen, weil sie die Lebenskraft an sich ist. Ohne sie würden wir nicht existieren. Das ist eine Tatsache! Worauf es ankommt, ist, dass wir die Weisheit zu uns sprechen

[*] Mit „PRINZIP“ meine ich hier den Bedeutungskern des Wortes: „Ein fundamentales Gesetz oder eine fundamentale Wahrheit“, die unabhängig davon existiert, ob Menschen davon wissen oder nicht. Zum Beispiel arbeiten nach dieser Definition auch drei Prinzipien zusammen, um eine musikalische Note auf einem Saiteninstrument zu erzeugen: die Spannkraft, die Dicke und die Länge der Saiten. Abhängig davon, wie wir diese Prinzipien benutzen, erzeugen wir verschiedene Noten. Im übertragenen Sinne erschaffen die Prinzipien GEIST, BEWUSSTSEIN und GEDANKE in der psychologisch-spirituellen Welt unser Erleben. Wie wir diese benutzen, beschert uns verschiedene Erfahrungen.

hören können, wenn wir mit diesem winzig kleinen Teil von unendlicher INTELLIGENZ verbunden sind.

Weisheit kommt also, so wie ich es meine, nicht wirklich von uns selbst; vielmehr kommt sie durch uns zum Ausdruck. Weisheit ist etwas, was uns niemals verlässt. Sie ist immer da, *sie steht uns jederzeit zur Verfügung.* Die einzige Möglichkeit, dass Weisheit abhanden kommen könnte, ist, wenn GEIST abhanden käme, und das ist unmöglich, weil sonst das Leben an sich erlöschen würde. Selbst wenn wir vor unserer Weisheit davonlaufen wollten, können wir es nicht.

Daraus ergibt sich eine Frage: Wenn Menschen all diese Weisheit besitzen, warum laufen die meisten von ihnen herum, als hätten sie keine?

Unsere Gedanken verdunkeln unsere Weisheit; in der Tat hat nichts Anderes die Macht dazu. Unsere Gedanken verdecken die Weisheit wie ein Schleier eine wunderschöne Skulptur verhüllt. Obwohl wir die Skulptur nicht sehen können, ist sie doch da. Unsere Gedanken sind der Schleier. Wenn der Schleier von der Skulptur genommen wird, dann ist sie für jedermann sichtbar, denn die Skulptur an sich war ja zu keiner Zeit wirklich verschwunden. Wir können darauf vertrauen. Genauso könnten wir auf unsere Weisheit und unser angeborenes WOHL-SEIN vertrauen.

Diane konnte ihre Weisheit nicht sehen, weil ihr Denken so durcheinander war. Als sich ihr Gemütszustand beruhigte, erschien ihre Weisheit. Sie war die ganze Zeit da. Nur konnte sie sie aufgrund des Lärms in ihrem Kopf nicht hören.

Die zwei Stimmen – die der Weisheit und die unseres gewohnheitsmäßigen Denkens – sprechen ständig zu uns, und wir können sie unterscheiden. Wenn wir ganz genau hinhören, merken wir, dass sich unser zur Gewohnheit gewordenes Denken wie Altbekanntes anhört. Schon viele Male zuvor hatten wir diese Art von Gedanken. Diese Stimme scheint uns zu fesseln. Sie ist verlockend. Auf der anderen Seite bringt unsere Weisheit ein Gefühl von „Ja, klar, das sehe ich ein!" oder einen „Aha"- oder „Ach ja!"-Effekt mit sich, ein solides Wissen tief in unserem Innern. Wir alle haben beides erlebt. Die Entscheidung, auf welche Stimme wir hören, kann den Unterschied ausmachen zwischen einem Leben in Wohlbefinden oder einem Leben voller Probleme und Schwierigkeiten. Wir müssen nur wissen, wie wir Zugang zu dieser Weisheit finden [siehe Kapitel IV].

Nachtrag: Im nachfolgenden Frühjahr und dann am Jahresende erhielt ich E-Mails von Diane, die ich hier zusammengefasst habe:

„Raten Sie mal, Jack?! Ich hab's endlich! Ich lebe endlich nur im Heute. Ich habe erkannt, dass 'ICH BIN' ... Ich bin JETZT. Gott ist und war immer schon JETZT ... Ich mache mir keine Sorgen mehr um gestern oder was mit mir morgen geschehen könnte oder über 'mich' im Allgemeinen. Ich habe auch bemerkt, dass Farben mehr leuchten. Die schlechte Angewohnheit des Tagträumens ist fast weg. Wenn ich anfange, über etwas nachzudenken, was für das JETZT nicht ... relevant ist, dann ist es das nicht wert, darüber nachzudenken. Das klärt meinen Verstand und somit kann ich besser denken und Gedanken scheinen besser zu fließen. Ich habe auch aufgehört, darauf zu achten, ob Männer mir nachgucken ... Das ist cool. Das Leben ist JETZT gut. Und falls es das mal nicht ist, dann wird es im nächsten Moment wieder gut sein ... Ich bin frei!!! ... Endlich frei von jedermann und für immer ... Ich sage alles, wie es ist und ich lasse nichts weg. Wahrheit auf ganzer Linie ... Ich bin frei von aller Schuld, und ich bin glücklich mit mir selbst (weil ein 'richtig' gutes Mädchen zu sein, sich gut, stark und wirklich für mich anfühlt). Nichts belastet mich mehr ... Ich nehme im März (zum ersten Mal) an einem Wettbewerb im Gewichtheben teil. Es ist ein Neuanfang ... Also, jetzt mache ich mir keinen Kopf mehr. Es ist ein Wunder. Ein wundervolles Geschenk für das neue Jahr ... Ich fühle mich so wohl in meiner Haut, das klingt fast abgedroschen. Ich denke, ich sehe so gut aus wie nie zuvor ... An meinem Äußeren zeigt sich, wie wunderbar frei ich mich im Inneren fühle ... und ich behalte es bei ... Jack, es ist schön, sich mit sich selbst wohlzufühlen, oder?"

Maribels Geschichte

Was folgt ist die erste von einer Reihe persönlicher Geschichten, die Menschen mit eigenen Worten verfasst haben. Sie alle haben Veränderungen in ihrem Leben aufgrund von Einsichten erfahren, die sie im Zusammenhang mit den Drei Prinzipien gewonnen hatten. Diese Geschichten sind verteilt auf mehrere Kapitel. Nicht jede Geschichte reflektiert zwangsläufig den Kernpunkt des vorhergehenden Kapitels, sondern vielmehr zeigen die Geschichten, was passieren kann, wenn Menschen tiefe persönliche Einsichten hinsichtlich der Aussagen erlangen, die in diesem Buch dargelegt werden.

Maribel ist eine Bauarbeiterin, die an einem Workshop teilnahm, den Gabriela Maldonado und ich in Puerto Rico gaben. Mitten im Workshop ist etwas mit ihr passiert. Später schrieb sie folgendes:

> Bei dem Workshop „Leben in Wohlbefinden" zeichnete Jack einen Kreis. Er bat uns, an eine Zeit in unserem Leben zu denken, als wir uns wohl fühlten, und schrieb all unsere positiven Gefühle in diesen Kreis. Dann malte er einen weiteren Kreis um den kleineren Kreis herum, aber in diesen schrieb er all unsere negativen Gedanken. Er erklärte, dass der innere Kreis voll sei mit all den positiven Gefühlen, die von Geburt an in uns vorhanden seien und dass die negativen Gefühle im Laufe unseres Lebens von unseren Gedanken erschaffen würden. Er sagte, die positiven Gefühle seien immer schon dort, und dass sie auch jetzt noch dort seien. Wir müssten sie nicht erst erschaffen.
>
> Plötzlich schrieb er das Wort „Selbstwertgefühl" in den inneren Kreis. Ich fühlte eine Explosion von Energie in mir. Es konnte nicht möglich sein, dass ein positives Selbstwertgefühl schon immer da war, das nur von negativen Gedanken verdeckt wurde! Und wenn ich es bin, die die negativen Gedanken hervorbringt, dann bedeutet das, dass ich sie auch eliminieren kann. Alles, was ich zu tun habe, ist, die negativen Gedanken auszuschalten, um die positiven

Gedanken zum Vorschein zu bringen, die ein gesundes Selbstwertgefühl erzeugen.

Ich konnte es nicht glauben, dass ich in den letzten zehn Jahren Selbsthilfebücher gelesen, Seminare besucht, viel Zeit und Geld investiert, aber niemals ein erfolgreiches Mittel gefunden hatte, dieses Problem anzugehen. Ich konnte nicht fassen, dass es so „leicht" sein könnte. Gefühle von Verwunderung, Unglauben, Scham, Wut, Schuld, Erleichterung strömten durch meinen ganzen Körper.

Ich sorgte mich so, weil ich dachte, dass ich die Verantwortung hätte, meinem 13-jährigen Sohn bei den Problemen mit seinem geringen Selbstwertgefühl zu helfen. Dieses Gefühl nahm mir die Luft; ich war rund um die Uhr in Sorge, weil es sehr schwer für mich war, vernünftig mit ihm zu reden. Ein positives Selbstwertgefühl in ihm zu erzeugen, war wie einen Wolkenkratzer zu bauen, eine riesige Aufgabe, und ich musste schnell bauen, denn die Dinge liefen mehr und mehr aus dem Ruder. Er sprang sogar aus dem zweiten Stock, um sich von seinen Kumpels akzeptiert zu fühlen.

Jack erklärte mir, dass ein positives Selbstwertgefühl auch in meinem Sohn immer schon vorhanden gewesen sei, und dass es nicht erst aufgebaut werden müsse. Ich brauchte ihm nur dabei zu helfen, zu erkennen, woher seine negativen Gedanken kamen – von ihm selbst – und die positiven zu befreien. Ich war so erleichtert und voller Hoffnung, dass ich wieder atmen konnte, aber gleichzeitig war ich sauer. Warum hatte mir vorher nie jemand davon erzählt? Warum musste mein Sohn so viel leiden? Ich dachte, es sei ungerecht; ich verstand nicht, wie ich so blind gewesen sein konnte.

Ich konnte diese Gefühle kaum ertragen, und nachdem Jack eine Pause angesagt hatte, verließ ich das Gebäude, um ein wenig im Hinterhof spazieren zu gehen. Ich versuchte mich zu beruhigen und mir selbst zu verzeihen. Zum ersten Mal konnte ich verstehen, was „zutiefst zuhören"* bedeutete und was für ein schlechter Zuhörer ich war. Diese tiefe Hörerfahrung ließ mich verstehen, warum meine Kinder sich immer beschwerten, dass ich ihnen nie richtig zuhörte. Jetzt wusste ich, dass sie Recht hatten. Ich dachte daran, wie viele schmerzhafte Situationen ich hätte vermeiden können, hätte ich nur meiner Tochter zugehört. Sie ist jetzt 17 Jahre alt, aber ihre Weisheit ist ihrem Alter weit voraus. Jetzt weiß ich, dass sie mir gute Ratschläge gibt, seit sie im Alter von anderthalb Jahren mit mir zu sprechen anfing. Aber weil Erwachsenen beigebracht wird, dass sie weiser sind als Kinder, unterschätzte ich sie. Ich habe 15 Jahre wahrhaftige Weisheit eines anderen menschlichen Wesens verloren.

Aber nicht nur das, Jack brachte mir auch bei, dass meine qualvolle Beziehung zu meiner Tochter nicht wirklich davon verursacht wurde, dass sie so eigensinnig war oder weil sie ein Widder ist und ich eine Waage, und auch nicht deswegen, weil sie aktiv ist und ich ruhig. Vielmehr liegt es daran, dass ich, seit sie zwei Wochen alt war, die Vorstellung verinnerlicht hatte, sie sei ein starkes, dickköpfiges, ungeduldiges Mädchen. Und seitdem habe ich ständig versucht, die Richtigkeit dieser Theorie zu beweisen. Ich konnte es also nicht begreifen, wenn Leute mir erzählten, wie fröhlich, fürsorglich und gut erzogen sie sei. Ich fing an zu denken, dass sie entweder eine gespaltene Persönlichkeit sein müsse oder etwas gegen mich hatte. Jetzt weiß ich, dass das eine Vermutung war, die sich in meinem Kopf festgesetzt hatte.

Nach dem Workshop sprach ich mit meiner Tochter und erzählte ihr, was ich gelernt hatte, umarmte sie und dankte ihr für all ihre Geduld mit mir. Sie war froh und erzählte mir, sie habe nie verstanden, warum ich es nicht nachvollziehen konnte, dass Leute gerne mit ihr zusammen sein

---

* Anmerkung: „Zutiefst zuhören" wird in Kapitel IX beschrieben.

wollten, während ich behauptete, sie wäre zu ungezogen. Jetzt bin ich voller Hoffnung auf einen neuen Anfang.

Nach dem Seminar ging ich zum Strand, um nachzudenken und all mein neues Wissen zu ordnen. Ich wollte sehen, wie diese Erfahrungen mein Leben und die meiner Mitmenschen verändern würden. Ich versprach mir selbst, alles, was ich gelernt hatte, Tag für Tag anzuwenden, damit ich in der Lage wäre, über gewisse Umstände hinauszuwachsen.

Es ist wie eine Taufe, ein Reinigungsprozess für meine wunderschöne Seele, eine Bereinigung aller negativen Gedanken, die ich in mir getragen hatte. Ich begann ein neues Leben. Ich war ein neuer Mensch. Wenn ich Bilder von mir sehe, als ich jünger war, dann sehe ich denselben Körper, aber doch einen anderen Menschen. Die Frau, die ich sehe, tut mir sogar leid, weil ich weiß, wie sehr sie darunter leidet, was sie alles versäumt und vergeudet. Ich weiß, es ist unmöglich zurückzugehen. Es ist ein Weg, den ich schon gegangen bin; tief im Inneren weiß ich, dass ich nicht zurück will. Ich will glücklich sein, ich verdiene es, ich werde dafür „kämpfen", und ich werde dem Weg meiner Seele folgen, weil ich gekommen bin, um dem Licht zu folgen, der Quelle der Liebe.

III. Wenn sich das Denken eines Menschen nicht ändert, kann er sich nicht ändern

Aus irgendeinem Grund scheinen Menschen andere Menschen ändern zu wollen, vor allem jene, die ihnen am meisten bedeuten. Wir können versuchen, andere Menschen zu ändern, bis wir schwarz werden, aber wir schaffen es nicht.

Wir sagen zig Mal zu unseren Kindern: „Heb das auf und räum es weg", und wenn wir das nächste Mal hinschauen, ist es immer noch da. Natürlich können wir sie dazu zwingen, sie bestrafen oder mit Konsequenzen drohen, aber darum geht es nicht. Wir wollten ihr Verhalten ändern, wir haben ihnen gesagt, was wir wollen, sie haben uns gehört, und nichts ändert sich. Das ist merkwürdig.

Es ist nur merkwürdig, weil wir nicht in ihren Köpfen stecken. Wüssten wir, was darin vor sich geht, würden wir sehen, dass trotz unserer Aufforderung „Heb das auf, räum es weg" sich an ihrem Denken nichts geändert hat. Solange sie dasselbe denken, werden sie ihr Zeug herumliegen lassen. Wenn sich ihre Gedanken nicht ändern, dann bleibt ihnen keine andere Wahl, als genau so zu handeln. Wir können nur das tun, was unser eigenes Denken uns vorgibt.*

Ein Sexualstraftäter wird festgenommen, inhaftiert, durchläuft eine Therapie und wird wieder freigelassen. Erwarten wir, dass sich sein Verhalten ändert? Ich garantiere, dass es das nicht tut, *sofern* sich sein Denken nicht ändert. Ich garantiere, dass er keine weiteren Sexualdelikte begehen wird, *wenn* sein Denken mit seiner Weisheit übereinstimmt. Wenn diesem Täter geholfen werden kann zu erkennen, wie er die ihm zur Verfügung stehende Macht GEDANKE benutzt, dann hat er eine Chance, sich zu ändern. Seine Gedanken bestimmen, auf welche Weise er sich selbst sieht, was er in seinem „Opfer" sieht, was er in der Situation sieht, was er im Leben sieht – und wie er aufgrund dessen denkt, fühlt und handelt. Ohne dieses Verständnis erscheint ihm alles, was er sieht, *real* und er hat keine andere Wahl, als seiner Realität entsprechend zu

---

* Sogar, wenn uns jemand eine Waffe an die Schläfe hält, entscheiden wir mit unserem eigenen Denken am Ende, ob wir tun, was derjenige will oder ob wir sagen: „Ich würde lieber sterben".

handeln (oder dagegen zu kämpfen). Wenn wir ihm helfen können zu erkennen, dass die Gefühle, die ihn zum Handeln zwingen, *keine Realität* sind, sondern unabsichtlich durch eigenes Denken erschaffen wurden, dann haben wir die Möglichkeit, ihm zu helfen, sein Verhalten zu ändern. Sein Verhalten kann sich nur ändern, wenn er mit neuen Augen sieht. Wenn nicht, dann überlassen wir es dem Zufall. *Eine Änderung des Denkens ist das Einzige, was jemals dazu führen kann, Verhalten zu ändern.*

Das gilt für uns alle.

Wenn wir eine Essstörung haben, dann machen wir uns vielleicht Sorgen über unser Gewicht oder über unser Aussehen. Wenn sich unser Denken über unser Verhältnis zu Lebensmitteln, unser Verhältnis zu unserem Gewicht, unser Verhältnis zu unserem Aussehen nicht ändert, dann können wir für den Rest unseres Lebens versuchen, Diät zu halten, aber wir werden garantiert zu dem zurückkehren, was unser Denken uns vermittelt.

Nehmen wir einmal an, wir würden gerne die Art und Weise unseres Partners ändern, wie er uns in der Beziehung behandelt. Sofern sich sein Denken nicht ändert, wird sich unser Partner niemals ändern. Sogar, wenn wir uns nur über eine Kleinigkeit im Verhalten unseres Partners ärgern, können wir wirklich erwarten, dass sich sein Verhalten ändert, solange sich sein Denken nicht verändert?*

Ich bin in meiner Familie so aufgewachsen, dass ich zwar den Abwasch machen musste, aber ich brauchte nicht die Arbeitsflächen sauber zu machen. Wenn ich das Geschirr abgewaschen hatte, war meine Arbeit erledigt und ich ging meiner Wege. Ich brachte dieses Denken mit in meine Ehe. Ich hatte kein Problem damit, den Abwasch zu machen, weil es Teil meines Denkens ist – Arbeitsflächen abzuwischen aber nicht. Egal, wie sehr meine Ex-Frau Judy sich auch wünschte, dass ich die Arbeitsflächen sauber mache, würde ich sie nicht abwischen, solange sich mein Denken nicht ändert. Wann immer ich mit dem Abwasch fertig war, musste sie mich entweder daran erinnern, die Arbeitsflächen sauber zu machen, oder es wurde nicht gemacht – es sei denn, sie tat es, was regelmäßig vorkam. Ich wollte die Arbeitsflächen sogar abwischen – für sie

* Das gleiche trifft natürlich auch auf eine Partnerin zu (Anm. der Übers.)

– aber ich dachte einfach nicht daran. Sie dachte, ich wäre unfähig, wenn es darum ging, die Küche sauber zu machen.

Schritt für Schritt begann ich, die Torheit meines Verhaltens zu erkennen. Arbeitsflächen fingen an, in mein Bewusstsein (mein Denken) vorzudringen. Manchmal erwischte ich mich dabei, die Arbeitsflächen tatsächlich wahrzunehmen, nachdem ich abgewaschen hatte. Nicht immer, aber manchmal. Langsam begann sich mein Denken über die Wichtigkeit von sauberen Arbeitsflächen zu ändern. Ich bin mir noch nicht einmal sicher, wie das passiert ist.

Judy ist in einer Familie aufgewachsen, in der sie verantwortlich war für das Kochen und Putzen für die gesamte Familie mit zehn Kindern. Weil sie die älteste Tochter im Haus war, schien die gesamte Verantwortung bei ihr zu liegen. Sie betrachtete die Arbeit in der Küche als abgeschlossen, wenn alles gereinigt war, schön glänzte und sie das Sieb aus dem Abfluss genommen und zur Seite gelegt hatte. Sie brachte dieses Denken mit in unsere Ehe.

Es stellte mich vor ein absolutes Rätsel, warum jemand das Sieb aus dem Abfluss nahm. Wenn später jemand einen Teller abspülte, war ich es, der zuerst die Essenreste aus dem Abfluss herausholen und dann das Sieb wieder einsetzen musste, um schließlich das Geschirr abwaschen zu können. Das ergibt für mich keinen Sinn. Aber egal wie oft ich es Judy auch sagte, es drang nicht zu ihr durch, weil es noch Teil ihres Denkens war. Für sie musste, wenn sie in der Küche fertig und alles sauber war, das Sieb sozusagen als Beweis im Waschbecken auf der Seite liegen.

Das hat mich früher richtig genervt. Erst seit ich die Auswirkungen des Prinzips GEDANKE kannte, hatte ich nicht mehr erwartet, das Sieb im Abfluss zu finden – es sei denn, Judy hätte eine neue Erkenntnis. Als ich diese Zusammenhänge verstand, belastete es mich nicht mehr. Ich war fasziniert von der Tatsache, dass das Sieb niemals dort war, wo es meines Erachtens nach hingehörte und ich immer zuerst die Essensreste aus dem Abfluss holen musste. Jetzt dachte ich, es sei lustig.

Es hatte Judy verrückt gemacht, dass ich die Arbeitsflächen nicht zu ihrer Zufriedenheit sauber machte. Es hatte mich verrückt gemacht, dass ich immer zuerst Essensreste aus dem Abfluss holen musste. Unsere Gedanken hatten unsere jeweiligen Sichtweisen geformt und diese Sichtweisen waren Teil unseres Denkens geworden.

Kann sich das jemals ändern? Natürlich! Aber aufgrund unserer eingefleischten Gewohnheiten ist das vielleicht nicht so einfach. Dies sind offensichtlich nicht die wichtigsten Angelegenheiten in der Welt und es erscheint albern, sie überhaupt zu erwähnen. Aber manchmal häufen sich störende Kleinigkeiten und das zehrt an Menschen, und bevor man sich versieht, ergibt sich ein großes Beziehungsproblem.

Da Judy und ich langsam erkannten, was das Problem war, kam Judy, sofern sie nicht schlechter Laune war, fröhlich nach mir in die Küche und wischte die Arbeitsflächen, falls ich es vergessen hatte. Sofern ich nicht schlechter Laune war, nahm ich mit Heiterkeit in Kauf, den Abfluss von Essensresten zu reinigen, bevor ich mit dem Abwasch begann. Der Grund, warum wir diese Dinge nun mit Vergnügen machten, war, dass wir sie nicht mehr als große Sache ansahen, und wir nahmen sie nicht persönlich. Was machte es letzten Endes für einen Unterschied, wenn jeder von uns ein paar extra Sekunden in meinem Fall oder ein paar extra Minuten in Judys Fall damit verbrachte, die Dinge so zu machen, wie wir es uns jeweils wünschten?

Möglicherweise hätten wir beide uns ändern können, wenn wir uns zusammengesetzt und uns über die Wichtigkeit von Arbeitsflächen und Abflüssen ausgesprochen hätten. Wenn ich begriffen hätte, was Arbeitsflächen für Judy bedeuteten, hätte sich vermutlich mein Denken und somit auch mein Verhalten diesbezüglich geändert und unser Problem hätte sich erledigt. Wenn Judy begriffen hätte, was Abflüsse für mich bedeuteten, dann hätte sich vermutlich ihr Denken und somit auch ihr Verhalten diesbezüglich geändert und unser Problem hätte sich erledigt. Aber in diesem Fall schien eine offene Aussprache einfach nicht notwendig zu sein, weil wir diese Angelegenheiten nicht länger als eine große Sache betrachteten. Mit größeren Streitpunkten wäre das vielleicht anders gewesen. Es ist schon komisch, wie diese Kleinigkeiten uns früher genervt hatten und dann plötzlich nicht mehr. Warum? Weil ich wusste, dass solange sich das Denken meines Partners nicht änderte, sich auch nicht das Verhalten meines Partners ändern würde; und das galt für uns beide.*

---

* Unsere letztendliche Scheidung, Jahre später, hatte nichts mit Angelegenheiten dieser Art zu tun, sondern damit, auf Weisheit zu hören.

Ist es möglich, das Denken einer Person zu ändern?

Das ist tatsächlich unmöglich. Das Denken einer Person ändert sich *nur dann*, wenn sie eine *Einsicht* von ausreichend großer Tragweite hat und genau das können wir in einer anderen Person nicht bewirken. Wir können noch nicht einmal in uns selbst eine Einsicht bewirken.

Einsichten sind sehr mysteriös; sie tauchen von selbst auf, wann immer sie wollen, wie eine Luftblase, die zur Wasseroberfläche steigt. Sobald die Luftblase die Oberfläche erreicht, platzt sie. Das ist unsere Erkenntnis. Wir können andere Menschen nicht ändern, weil wir sie nicht dazu bringen können, etwas einzusehen. Aber vielleicht gelingt es uns, sie in eine Lage zu versetzen, in der sie mit wachsender Wahrscheinlichkeit zu Einsichten gelangen. [Mehr dazu in Kapitel IV.]

Die meisten Menschen mögen ihr eigenes Denken. Wir alle tendieren dazu zu denken, dass unsere Art und Weise die richtige ist. Wir wollen uns nicht verändern. Aber die andere Person empfindet genauso. Wir nennen das „unterschiedliche Welten“ oder „verschiedene Realitäten“. Keiner von uns will sich ändern. Aber wenn es uns eine gute Beziehung ermöglichte, würden wir dann nicht offen sein wollen, etwas Neues zu sehen?

Bruce ist ein Marketing-Spezialist. Als solcher hatte er für zwei oder drei verschiedene Fast-Food-Unternehmen gearbeitet. Er machte seine Sache so gut, dass sich in allen Unternehmen, in denen er arbeitete, die Gewinne steigerten. Bruce spielte eine Schlüsselrolle dabei, ein kleines kalifornisches Familienunternehmen in ein Franchise-Unternehmen umzuwandeln, welches in viele andere Märkte expandierte. Als das Unternehmen groß genug wurde, entschieden die Eigentümer, Aktienoptionen auszugeben. Dann gerieten sie in Sorge darüber, was die Aktieninhaber wohl denken würden.

Nachdem die Gewinne sich über viele Quartale steigerten, flachten sie plötzlich ab. Bruce wusste warum: Andere Leute in dem Unternehmen hatten ein paar schlechte Entscheidungen getroffen. Er versuchte, mit seinen Vorgesetzten zu sprechen. Die größten Aktieninhaber glaubten jedoch, dass der Gewinneinbruch ein Fehler der Marketingabteilung sei. Bruce war der Abteilungsleiter und wurde von einem auf den anderen Tag gefeuert. Seine Vorgesetzten, mit denen er bis dahin eine sehr gute

Beziehung hatte, schlossen sich den Aktieninhabern an. Es ging um Geschäftliches, nicht um Persönliches.

Bruce war am Boden zerstört. Er fühlte sich von dem Unternehmen betrogen. Dieses Geschehen warf ein schlechtes Licht auf ihn. Dabei wollte er für seine Arbeit anerkannt werden. Stattdessen stand er auf der Straße in der mörderischen Welt der Großunternehmen. Innerlich zerrissen begann er sein Selbstvertrauen zu verlieren. Bruce erboste sich über seine ehemaligen Vorgesetzten und das gesamte Unternehmen. Er wurde immer unausgeglichener und dies beeinträchtigte seine sonst lebensfrohe Art.

Ich mochte Bruce sehr und als ich seine Geschichte hörte, schickte ich ihm eine Kassette mit George Pranskys alter Aufnahme über „Vergebung". Zu dem Zeitpunkt hatte Bruce eine Arbeit bei einem anderen Fast-Food-Unternehmen angenommen und musste mit seiner gesamten Familie quer durch das halbe Land umziehen. Das gefiel seiner Familie gar nicht, aber sie hatten keine andere Wahl.

Eines Tages erzählte mir Bruce: „Weißt du, die Kassette zu hören, hat mir nicht wirklich etwas gebracht, um diesem anderen Unternehmen zu vergeben, aber ich betrachte meine Arbeit jetzt plötzlich mit ganz anderen Augen."

Ich hatte keinen Grund anzuzweifeln, was Bruce sagte, denn er ist ein großartiger Mensch. Aber ich wusste auch, dass er sehr konkurrenzbetont und ganz besonders entschieden und hartnäckig bei seiner Arbeit ist. Wenn er glaubt, dass etwas richtig ist, dann verfolgt er es mit aller Macht, bis er seinen Kopf durchgesetzt hat. Er hat größtes Vertrauen in seine Marketingfähigkeiten und weiß, dass seine Strategien besser funktionieren als die der meisten anderen Leute. Also war ich trotz seiner Erzählungen noch nicht überzeugt, dass sich sein Denken geändert hatte – bis ich ihn besuchte. Bruce beschrieb, wie der Präsident seines neuen Arbeitgebers Entscheidungen traf, die auf seinen persönlichen Interessen zu beruhen schienen, was aber offensichtlich nicht im besten Interesse für das Ansehen des Unternehmens oder dessen Rentabilität war. Er war ein Präsident, der selbst Hand anlegte und der in allem das letzte Wort hatte. Die Mitarbeiter dieses Unternehmens waren wegen einiger Entscheidungen in Aufruhr, weil sie glaubten, dass diese das Unternehmen in den Ruin treiben würden, das sowieso schon in Schwierigkeiten steckte.

Doch etwas Merkwürdiges war passiert. Ich bemerkte, dass Bruce mitten in diesem Konflikt ganz friedlich war. Mitarbeiter, die vollkommen außer sich waren, kamen zu ihm und fragten ihn, warum er sich nicht auch darüber aufrege.

Bruce sagte einfach: „Schau mal, er hat sich entschieden. Es gibt nichts, was wir dagegen tun können. Wir haben versucht, es ihm auszureden und aus irgendeinem Grund hört er nicht zu. Das mag bedeuten, dass dieses Unternehmen den Bach runtergeht, aber unsere Aufgabe ist es, das beste Produkt herzustellen, das wir unter den gegebenen Umständen fertigen können und ihm zu geben, was er will. So geht es seinen Weg. Über alles andere haben wir keine Kontrolle."

Ich traute meinen Ohren nicht. Bruce war friedlich! Er wusste, dass der Präsident einen Fehler macht. Wenn Bruce gefragt würde, würde er seine Meinung äußern und seine Sache entschieden vortragen. Aber sobald der Präsident tatsächlich seine Entscheidung getroffen hatte, war es Bruce überlassen, das Unternehmen zu verlassen, wenn es ihm nicht passte, oder zu lernen, damit zu leben. Egal wie unpassend Bruce die Entscheidung auch fand, er würde sich davon nicht unterkriegen lassen. Früher hätte Bruce dem Präsidenten die Tür eingerannt, um ihn zur Einsicht zu bringen. Er wusste auch, dass andere dafür schon gefeuert worden waren.

Bruce sagte zu mir: „Ich kann's selbst nicht glauben, dass ich das sage: Warum sollte ich zulassen, mich über Dinge aufzuregen, über die ich keine Kontrolle habe? Das macht keinen Sinn."

Die Arbeitseinstellung von Bruce hatte sich völlig geändert. Er übernahm nicht länger persönliche Verantwortung für das, was in der Firma passierte, selbst wenn sie pleite ging. Er machte seine Arbeit einfach so gut, wie er konnte, und ließ die Dinge laufen. Was würde es ihm letzten Endes bringen, weiter zu argumentieren und gefeuert zu werden, nachdem der Präsident sich entschieden hatte? Die Entscheidung wäre so oder so gefallen. Viel wichtiger war, dass Bruce sich zu Hause nicht mehr wegen der Arbeit verrückt machte. Seine Veränderung versetzte mich in Erstaunen. Bruce selbst war ziemlich überrascht davon.

Das Denken eines jeden kann sich durch eine neue Einsicht ändern, ganz gleich wie eingefahren derjenige auch erscheinen mag.

Wir können uns nur einer Sache sicher sein: Wenn sich unser Denken ändert, ändert sich auch unser Erleben dessen, was auch immer vor sich geht. Wie Bruce über die Arbeit dachte, änderte sich. Vor seinem Sinneswandel hätte er niemals geglaubt, dass er bei der Arbeit eine ganz andere Person sein könnte. Sobald sein Denken veränderte, wie er seine Arbeit erlebte, verwandelten sich ganz natürlich auch seine Gefühle. Bruce änderte sich, weil sich seine Einstellung änderte, und unsere Einstellung ist das Produkt unserer Gedanken.

Es ist der einzige Weg, wie Menschen sich ändern können.

Mir ist aufgefallen, dass die meisten Menschen, die über die Jahre hinweg über das Bewusstsein geschrieben haben, den Zusammenhang zwischen GEDANKE und BEWUSSTSEIN übersehen haben. Diese zwei sind in Wirklichkeit ein und dasselbe. Was würde zu einer Erhöhung unseres Bewusstseins führen? Wenn wir nicht verstehen, auf welche Weise unser Bewusstsein mit dem Prinzip GEDANKE zusammenhängt, dann ist dies ein Mysterium – alles, was wir tun können, ist zu Techniken wie Meditation, Yoga oder anderen spirituellen Praktiken zu greifen, um zu versuchen, es zu erhöhen. Aber wenn wir genau hinsehen, dann können wir erkennen, dass sich *unser Bewusstsein erhöht oder vermindert, wenn sich die Qualität unseres Denkens erhöht oder vermindert*.

Denken Sie mal an Sicherheitsgurte. Als die ersten Sicherheitsgurte auf den Markt kamen, war mir ihr Nutzen nicht bewusst. Ich hatte Geschichten von Menschen gehört, die in schwere Unfälle verwickelt waren und nicht entkommen konnten, weil sie sich aufgrund ihres Sicherheitsgurtes selbst nicht zu befreien vermochten. Also war mir klar, dass ich keinen Sicherheitsgurt benutzen würde.

Ich weiß nicht, was passiert ist, aber im Laufe der Jahre begann ich wohl zu erkennen, dass Situationen, in denen Leute sich mit ihrem Auto überschlugen, dann kopfüber im Fluss lagen und sich nicht von ihren Sicherheitsgurten befreien konnten, doch ziemlich selten waren. Das Risiko ist verschwindend gering im Vergleich zu den durch Sicherheitsgurte geretteten Leben und den Verletzungen, die dadurch verhindert werden können. Es war mir gar nicht bewusst, dass sich mein Denken über Sicherheitsgurte geändert hatte, aber das war offensichtlich der Fall. Damit änderte sich mein Bewusstsein über Sicherheitsgurte. Wenn ich jetzt in mein Auto steige, fühle ich mich nackt, wenn ich meinen Sicherheitsgurt nicht anlege, so als fehlte etwas. Sicherheitsgurte sind jetzt Teil meines Bewusstseins, Teil meines Denkens und ich muss mir keine große Mühe geben, daran zu denken. Den Sicherheitsgurt anzulegen, passiert ganz automatisch, aber dennoch ist der Auslöser ein Produkt des Prinzips GEDANKE: Ein Gedanke, von dem ich nicht weiß, dass ich ihn denke. Er sagt mir: „Schnall dich an." Dieser Gedanke geht so schnell vorbei und ist so sehr ein Teil von mir, dass ich niemals bewusst darüber nachdenken muss. Als sich mein Denken über Sicherheitsgurte änderte, änderte sich mein Bewusstsein und damit mein Erleben von Sicherheitsgurten; daher änderte sich mein diesbezügliches Verhalten.

Alkoholiker denken an Alkohol; daher ist Alkohol in ihrem Bewusstsein. Auch Alkoholiker in Genesung denken an Alkohol – nur ist anderes Denken damit verbunden, eines, mit dem sie ein anderes, erhöhtes Bewusstsein zum Alkohol haben. Es mag sein, dass sie noch viel über Alkohol nachdenken, aber sie denken vielleicht auch: „Wenn ich jede Woche [oder jeden Tag] zu den Treffen der Anonymen Alkoholiker gehe und in schwierigen Zeiten mit meinem Sponsor spreche, dann wird es mir gut gehen." Daher ist alles in Ordnung, solange sie zu den Treffen gehen und mit ihrem Sponsor sprechen. Andere Menschen haben überhaupt keinen Alkohol oder Drogen im Kopf, sie denken noch nicht einmal daran. Ich bin ein solcher Mensch. Wenn mir jemand ein Bier anbietet, könnte es sein, dass ich es trinke, aber ich gebe mir niemals Mühe, extra eines ausfindig zu machen. Menschen wie diese sind im Frieden mit dem Alkohol und haben insofern ein noch größeres Bewusstsein, weil sie anders denken. Dafür gibt es andere Dinge, in denen ich ein geringeres Bewusstsein habe.

Alles, was wir in dieser Welt sehen, funktioniert auf die gleiche Art und Weise. Das Niveau unseres Bewusstseins ändert sich mit unserem Denken, und damit auch die Art, wie wir die Welt durch diesen veränderten Gedankenfilter betrachten.

Auf welche Weise wir eine Situation wahrnehmen, kann sich jederzeit ändern. Denken Sie daran: Wir haben uns im Grunde genommen ausgedacht, was wir sehen; es ist eine Illusion, die wir selbst im Kopf herstellen. Sobald wir wirklich erkennen, dass *wir diese Illusion selbst kreieren*, ändern wir uns automatisch, weil unsere Sicht auf die Dinge sich plötzlich ändert und unser Bewusstseinsniveau steigt.

Ich kann in niemandem erzwingen, dass das passiert. Aber ich bin vielleicht in der Lage, jemandem dabei zu helfen zu sehen, auf welche Art Erfahrungen erschaffen werden. Dies führt zu einer höheren Wahrscheinlichkeit, dass Menschen sich von ganz alleine ändern, wenn sie offen genug sind, es zu hören. Nur wenn das Denken einer Person sich von alleine und von innen heraus ändert, kann sie sich wirklich ändern. Das gilt auch für uns. Wenn sich unser Denken ändert, dann werden wir uns ändern. Wenn nicht, dann ändern wir uns nicht.

IV. Wenn unser Kopf frei wird, erscheint unsere Weisheit

Während ich meine Doktorarbeit schrieb, kam mir plötzlich der Gedanke: „Oh Mann, mir fehlt die innere Ruhe."

Aufgrund meines vermeintlichen Wissens war dies ziemlich verwirrend für mich. Es stimmte, ich hatte viel zu viel in viel zu wenig Zeit zu erledigen. Und es passierten gerade viele andere Dinge in meinem Leben, während ich mich abmühte, meine Dissertation fertigzustellen. Ich hatte einen Abgabetermin.

Dann erinnerte ich mich, dass ich meinen Abgabetermin selbst festgelegt hatte. Das hatte ich mir selbst eingebrockt! Das amüsierte mich. Ich machte mich verrückt aufgrund eines Abgabetermins, den ich mir selbst gesetzt hatte.

Dennoch wunderte ich mich noch immer, warum ich nicht in der Lage war, diese Dissertation mit innerem Frieden zu schreiben. Ich wusste genug, um neugierig zu werden. Ich versuchte nicht, es zu analysieren oder verstehen zu wollen; ich wusste, dass mich das mental nur noch mehr belasten würde. Also beruhigte ich mich und wurde still.

Aus dieser Stille, aus dieser Besinnung heraus, schoss mir eine Antwort in den Kopf: „Ich habe keine innere Ruhe, weil mein Kopf voll mit 'Bewerten' ist."

Der Gedanke überraschte mich. Ich hatte das zuvor noch nie bemerkt.

Wie sieht sowas denn aus, ein „Kopf voll mit Bewertungen"? Sie tauchten auf als „Mache ich genug?" und „Mache ich es gut genug?". Solche Gedanken waren ständig in meinem Kopf.

Ich wusste sofort, wo ich diese Gedanken aufgeschnappt hatte. Sie wurden während meiner Kindheit in meinen Kopf gehämmert. Ich hatte etwas Produktives zu machen und ich hatte es gut zu machen. Das ist jedenfalls das, was ich zu glauben begann, durch all die Dinge, die ich meine Eltern habe sagen hören, und sie haben noch nicht einmal diese Worte benutzt! Hier ist auch niemandem ein Vorwurf zu machen, so etwas passiert in aller Unschuld. Wenn Eltern ihren Kindern Dinge auferlegen, dann geschieht dies normalerweise mit den besten Absichten. Schließlich macht es vollkommen Sinn; die meisten Eltern hätten gern, dass ihre Kinder produktiv sind, ihre Sache gut machen und sie auf sie stolz sein können. Aber irgendwie ist dies in mein Bewusstsein gedrungen als: „Du musst genug machen“ und „Du musst es gut genug machen“. Das Problem war überhaupt nicht, was meine Eltern sagten; das Problem war vielmehr die Art, wie ich es unschuldig aufgenommen hatte. Ohne es zu bemerken, verunreinigten diese Gedanken meinen Geist, und solange dies geschah, konnte ich keinen inneren Frieden finden. Das Problem war nicht, dass solche Gedanken schlechte Ideen sind – das sind sie nicht; das Problem war, dass sie in meinem Kopf waren, ohne dass ich es wusste, und dass sie meinen inneren Frieden störten. Sie beeinträchtigten meine Produktivität, weil meine Energie durch diese ablenkenden Gedanken abgesaugt wurde und sie daher nicht in vollem Maße der eigentlichen Aufgabe zur Verfügung stand.

Nachdem ich das erkannt hatte, konnte ich nicht glauben, wie oft diese Gedanken in meinem Kopf auftauchten. Sie bombardierten mich im Sturzflug; ich hatte fast das Gefühl, mich ducken zu müssen. Aber ich wusste, es war nur eine Denkgewohnheit, die ich aufgeschnappt hatte. Sie war so tief verwurzelt, dass mir klar wurde, ich würde diese Gedanken nicht davon abhalten können, in meinem Kopf zu erscheinen. Stattdessen erlaubte ich ihnen, dass sie ungehindert durch mich durchfließen konnten. Ich sah sie einfach als das, was sie waren – einfach nur Denkgewohnheiten, die ich unbeabsichtigt angenommen hatte und die mich nicht beherrschen mussten. Also kamen sie und gingen – wie der Atem. Sie beeinflussten mich nicht länger.

Weil ich sie als das ansah, was sie waren, ließen diese Gedanken allmählich nach. Ab und zu tauchen sie noch auf, vor allem, wenn ich mich in einem Stimmungstief befinde. Aber dann erinnere ich mich einfach daran, dass diese Gedanken nichts als eine alte Denkgewohnheit sind und dass sie nichts zu bedeuten haben.

Was blieb, nachdem diese Gedanken mich losgelassen hatten?

Innerer Frieden.

Ich hatte noch immer dieselbe Menge an Arbeit zu tun in derselben, begrenzten Zeit. Aber jetzt arbeitete ich mit innerer Ruhe. Die Arbeit war dieselbe, die Zeitvorgabe war dieselbe; die einzige Sache, die sich geändert hatte, war mein Denken. Dies zu wissen, beruhigte meinen Geist, was dazu führte, dass Weisheit an die Oberfläche steigen konnte. Jetzt war ich produktiver. Ich konnte meine Energie jetzt direkt für die eigentliche Aufgabe einsetzen, ohne dass sie für andere Zwecke abgezapft wurde, die mir nicht dienlich waren.

Unsere Weisheit ist unendliche Intelligenz, die immer zu uns spricht. Es gibt einen Haken: *Wir können sie nur hören, wenn wir einen klaren Kopf haben.*

In meinen Workshops frage ich die Teilnehmer oftmals: „Wo sind Sie oder was machen Sie gerade, wenn Sie Ihre besten Ideen haben?"

Ausnahmslos antworten sie Dinge wie: „Unter der Dusche", „Beim Autofahren", „Kurz vor dem Einschlafen", „Wenn ich aufwache", „Beim Geschirrspülen", „Wenn ich im Garten arbeite", „Beim Joggen", „Wenn ich meditiere", „Beim Spazierengehen".

Die Einzelheiten spielen keine Rolle. Was haben diese Dinge gemeinsam? Während solcher Tätigkeiten sind die Menschen mental weniger aktiv. Wenn unser Geist sich beruhigt und still oder klar wird, können wir unsere Weisheit sprechen hören. *Nur* unter diesen Bedingungen können wir das. So einfach ist das.

George Pransky benutzt eine Metapher, die ich selbst auch häufig verwende: Unsere Weisheit spielt immer wie eine sanfte Flöte im Hintergrund; unser übriges Denken ist wie ein Blasorchester. Wenn das Blasorchester spielt, können wir die sanfte Flöte nicht hören. Sobald die Blaskapelle in unserem Kopf auch nur für eine Sekunde aufhört, ist die Flöten-Weisheit zu hören, da sie ja überhaupt nie aufgehört hat zu spielen.

Ab und zu gerät unser Gehirn durcheinander und uns wird plötzlich klar, dass die Art und Weise, wie wir Dinge betrachten, so nicht mehr zu funktionieren scheint. Etwas in unserem Kopf scheint in Schräglage zu geraten, wie bei einem Flipper-Automaten, der plötzlich aussetzt. Manchmal haben wir in solch einer Situation einen Geistesblitz. Warum? Weil sich in dem Moment, in dem das Gehirn sich auf die neue Lage einstellt, unser Kopf frei wird. Die gewonnene Klarheit ermöglicht der Weisheit, gehört zu werden. Ich empfehle dies nicht als eine Methode, um Weisheit zu hören, aber manchmal passiert es auf diese Art.

Manche Menschen denken, dass sie durch Meditation einen Zustand von Weisheit oder höheren Bewusstseins erreichen. Für manche funktioniert das, für andere nicht, es ist also nicht allgemeingültig. Das ist so, weil Meditation eine Handlung und eine Verfahrensweise ist. Manche Menschen, die versuchen zu meditieren, verlieren sich darin, die Verfahrensweise korrekt ausführen zu wollen, oder sie fragen sich, wie es sich wohl anfühlen mag, wenn sie Erleuchtung erlangen, oder sie sind im Geiste einfach zu abgelenkt. Vielleicht spielen ihre Gedanken selbst während des Meditierens noch verrückt, etwas, das eigentlich ihr Gemüt beruhigen sollte. Dabei kommt es auf den *meditativen Zustand* und das Verlangsamen der geistigen Aktivität an, der eigentliche Vorgang des Meditierens ist nicht wichtig. In unserem Alltag können wir bei vielen Aktivitäten in einem meditativen Zustand sein. All die Dinge, die Menschen oben angeführt haben, sind für sie meditativ. Nur das zählt.

Ein klarer Kopf ist etwas, was in uns passiert; es ist nichts, was wir selbst tun können. Wenn unser Kopf frei wird oder sich beruhigt, haben wir nicht nur eine bessere Chance, Weisheit zu hören, wir fühlen auch Frieden in uns. Wie ich zu Diane sagte [in Kapitel II], dieses Gefühl von innerer Ruhe ist das, was die meisten von uns im Leben suchen.

Mit ein wenig Abstand sehen wir, wie es funktioniert. Wenn wir in uns hineinschauen, erkennen wir, dass wir wirklich auf diese Art und Weise funktionieren. Was wir suchen – inneren Frieden – ist schon in uns vorhanden. Der Weg dahin ist ein ruhiger, stiller oder klarer Geist – immer. Unsere besten Ideen stammen aus derselben Quelle; wir bekommen sie auf demselben Weg.

Wenn dies unser natürlicher Zustand ist, warum erleben wir dann nicht ständig inneren Frieden?

Wir stehen uns unabsichtlich selbst im Weg.

Wir werden immer unproduktive oder ablenkende Gedanken haben. Wir können nichts dagegen machen. Aber diese Gedanken werden von alleine vorbei gehen – es sei denn, wir machen etwas mit oder aus ihnen. Es sind nämlich nicht unsere Gedanken, die uns in Schwierigkeiten bringen; *es sind unsere Gedanken über unsere Gedanken, die uns in Schwierigkeiten bringen.*

Wir können einen Gedanken haben wie: „Ich würde diesem Kerl am liebsten aufs Maul hauen“, aber solange wir diesem Gedanken keine Macht über uns geben, ihn nicht ernst nehmen, werden wir ihm nicht folgen. Er wird schließlich ganz natürlich aus unserem Kopf verschwinden, und das ist sein Ende. Wenn uns ein Gedanke kommt wie: „Ich will ihn verprügeln“, und dann noch einer: „Los, mach schon!“, dann geben wir diesem ersten Gedanken Macht über uns und wir werden ihm wahrscheinlich folgen. Wenn wir den ersten Gedanken haben, aber dann einen weisen Gedanken wie: „Das ist nur ein Gedanke, und noch dazu ein lächerlicher!“, kämen wir uns selbst auf die Schliche und würden dem ersten Gedanken nicht folgen. Dieser Prozess passiert in uns pausenlos, oft viel zu schnell, um es zu bemerken.

Wir sprechen hier über *unser Verhältnis zu unserem Denken*. Dieses Verhältnis ist weit wichtiger für unser Wohlbefinden als unsere Gedanken an sich. Ohne es zu bemerken, *geben wir Gedanken Macht über uns*. Die Alternative ist, unser Denken nicht zu ernst oder es uns nicht zu Herzen zu nehmen. Das Verhältnis zu unserem Denken kann vielerlei Formen annehmen. Wir entscheiden, welche Art Verhältnis wir wollen. Wollen wir wirklich von denselben Denkgewohnheiten beherrscht werden, die wir für so viele Jahre mit uns herumgetragen haben? Wie auch immer wir uns entscheiden, wir werden die Auswirkungen erleben.

Wenn wir mehr inneren Frieden und Weisheit in unserem Leben erleben wollen, dann gibt es nur eines, was wir zu „tun“ haben: Es gilt zu erkennen, wann unser Geist im Frieden ist und ob Weisheit zu uns spricht. Sobald wir merken, dass dies nicht der Fall ist, schenken wir unseren Gedanken keinen Glauben. Wenn unser Kopf klar wird, erscheinen Frieden und Weisheit.

Ich kann es gar nicht oft genug wiederholen: *Was wir suchen, erscheint automatisch, wenn sich unser Geist klärt*. Es gibt wirklich nichts, was wir zu tun haben, um dorthin zu gelangen. *Wir sind schon da!* Wir stehen uns nur selbst im Weg und beeinträchtigen durch unser eigenes Denken unseren ureigenen Zustand von Weisheit und Frieden, indem wir unsere Gabe GEDANKE zu unserem Nachteil gebrauchen.

Die Geschichte von C

Als C[*] das erste Mal in mein Drei-Prinzipien-Training kam, sah sie ziemlich unsicher aus; das Gegenteil von ausgeglichen. Sie war zu allen sehr freundlich und am ersten Tag in viele ablenkende Nebengespräche verwickelt. Während des Trainings sah sie sehr verwirrt aus, und in jeder Pause des ersten Tages kam sie zu mir, schüttelte den Kopf und sagte: „Ich kapier' das nicht. Ich kapier' das einfach nicht!" In der Nacht oder während des zweiten Tages passierte etwas mit ihr. Sie schien sich zu entspannen. Sie kam wieder zu mir und sagte: „Ich hab's jetzt. Ich verstehe." Als ich sie das nächste Mal sah, ungefähr ein Jahr später, sah C wie eine andere Person aus. Sie war attraktiv. Sie hatte eine Menge Gewicht verloren und strahlte eine heitere Gelassenheit aus. Sie hatte eine enorme Transformation durchgemacht. Hier erzählt sie ihre Geschichte:

> Ich hatte ein recht gutes Leben – das bestmögliche Leben damals. In meinem Job lief alles ganz gut. Ich liebe meine Arbeit mit Kindern im Bereich der Vorsorge und hatte das Gefühl, dass ich dabei mit meinen Schülern recht erfolgreich war. Ich war immer schon jemand, der mehr lernen wollte; ich wollte besser werden in allem, was ich in meinem Leben machte, persönlich und beruflich. Wenn es auch nur einen Weg gab, ein besserer Mensch zu werden, wollte ich ihn gehen. Im Alter von 29 Jahren war ich also eine Suchende, ich suchte nach Wegen, Dinge besser zu machen.
>
> Meine Kindheit war hart. Meine Eltern ließen sich scheiden, als ich vier oder fünf Jahre alt war. Es war meine Mutter, die sich hauptsächlich um mich und meine Schwester kümmerte, während wir unseren Vater nur gelegentlich sahen. Da meine Kindheit nicht die beste war, entwickelte ich mich zu einer unsicheren Erwachsenen, die

[*] Auf ihre Bitte hin benutze ich nicht ihren Namen.

dachte, kein guter Mensch zu sein, wertlos – und ich hielt nichts von mir selbst. Deswegen traf ich eine Menge armseliger Entscheidungen, denen viele Therapien folgten. Für den Großteil meines Lebens war ich immer wieder in Behandlung.

Ich hatte das Gefühl, dass ich aufgrund der Beziehung zu meiner Ma nicht viel von mir selbst hielt. Meine Mutter sagte mir immer wieder, ich sei wertlos und sie wünschte, ich wäre niemals geboren worden. Ich wuchs also in dem Glauben auf, ich sei unerwünscht. Ich habe mich nie geliebt gefühlt. Ich wurde niemals umarmt und nie wurde mir gesagt: „Ich hab dich lieb" oder Ähnliches. Aber ich hörte regelmäßig und immer wieder all die negativen Dinge, die ich falsch machte. Meine Mutter ist eine Perfektionistin – sie hat sehr hohe Maßstäbe. Ich hatte das Gefühl, immer perfekt sein zu müssen. Und jedes Mal, wenn ich nicht perfekt war, musste sie mich das wissen lassen. Unser Haus musste zu jeder Zeit makellos sauber sein. Wenn es das mal nicht war, wurde Mutter sehr wütend. Sie kam jeden Abend von der Arbeit nach Hause und wenn nur die geringste Kleinigkeit nicht stimmte, bekam sie einen Tobsuchtsanfall und schrie zwei Stunden lang nur herum. Ich hatte also während ich aufwuchs ständig das Gefühl, wie auf rohen Eiern zu laufen.

Eines Tages, als ich ungefähr zehn oder elf Jahre alt war, kam sie in unser Schlafzimmer und war über den Zustand unseres Zimmers sehr wütend. In ihren Augen war es immer ein absolutes Durcheinander. Also fing sie an, Sachen von unserer Anrichte herunterzuwerfen – sie fegte sie mit ihrer Hand einfach herunter – Dinge flogen im Raum herum, Laken wurden vom Bett gerissen, während meine Mutter schrie und tobte; meine Schwester und ich weinen, und sie schmeißt Sachen durch die Gegend, brüllt herum, sagt, wir wären Schweine und faul, und reißt das Bett aus der Verankerung. Dann rannte sie zum Telefon und sagte, sie werde die Polizei anrufen, damit sie mich und meine Schwester (die damals sechs oder sieben Jahre alt war) abholten, weil sie es nicht mehr ertragen könne. Und alles, woran ich mich als Kind erinnere, ist, dass ich an ihr herumgezogen und geweint habe, die Tränen liefen mein Gesicht herunter, während ich sie anbettelte: „Bitte, ruf nicht die Polizei! Wir werden artig sein!"

So hat meine Kindheit ausgesehen. Ich würde nicht unbedingt sagen, dass ich körperlich misshandelt wurde – also ich wurde sicherlich geschlagen, habe Ohrfeigen bekommen und sie schlug mich, wo sie konnte. Aber ich hatte niemals blaue Flecken oder so was – aber ich hatte das Gefühl, es gab eine Menge emotionaler Misshandlungen.

Obwohl ich das so empfand, nahm ich mich immer als jemand wahr, der eine Menge Durchhaltevermögen hat – ich hatte das Gefühl, dass ich darüber hinwegkommen würde. Ich werde das besiegen. Ich überlebe das. Ich werde in meinem Leben nicht Trübsal blasen, weil einige Dinge vielleicht nicht perfekt gelaufen sind. Ich fühlte mich sehr angetrieben. Ich werde studieren. Ich werde durchhalten. Ich hatte immer gedacht, dass ich einfacher darüber hinweg kommen könnte als meine Schwester. Es ist nun einmal geschehen, aber ich werde nicht zulassen, dass es mich bremst. Ich will etwas Besseres für mein Leben. Ich werde im Leben jemand sein.

Ich lernte aus einer Menge armseliger Entscheidungen. Ein großer Wendepunkt in meinem Leben kam, als ich ungefähr 24 oder 25 Jahre alt war. Ich hatte eine Beziehung mit einem Mann, die wirklich schwierig war. Wir gingen zwei oder drei Jahre lang miteinander aus und entschieden dann, dass wir uns trennen mussten. Es war eine sehr, sehr, sehr ungesunde Beziehung – wir wurden manchmal handgreiflich und es gab eine Menge Beschimpfungen. Ich dachte wirklich, das wäre das Ende dieser Beziehung. Später kamen wir wieder zusammen und ich heiratete ihn.

Ich fing eine Therapie an, weil ich eine sehr schwere Depression durchmachte. Ein großer Wendepunkt meines Lebens war, als der Psychologe mich an einen Psychiater überwies und ich Prozac* verschrieben bekam. Das war ein Rieseneinschnitt. Dieses Medikament wirkte Wunder. Es half mir, mich in einer Art und Weise durchs Leben zu bewegen wie nie zuvor.

Ich hörte das erste Mal von den Drei Prinzipien von [der Leiterin eines staatlichen Vorsorgezentrums]. Ganz beiläufig erwähnte sie mir und einigen meiner Kollegen gegenüber, dass sie etwas kennengelernt habe, was sich „Die Drei Prinzipien" nennt. Wie gesagt, ich gehörte immer noch zu den Menschen, die ständig auf der Suche sind – ich liebe es zu lernen und ich bin leidenschaftlich dabei, wenn es darum geht, verschiedenste Dinge kennenzulernen. Vor allem fasziniert mich alles, was mit sozialer und geistiger Gesundheit zusammenhängt – und daher war ich sofort neugierig. Sie sagte nur, ich bekomme Bescheid, mehr nicht. Dann wurde ich eingeladen, an einem Level 1 Training bei der Landeskonferenz teilzunehmen. Das war vor zweieinhalb Jahren.

Als ich dort ankam, war ich sehr aufgeregt. Ich hatte das Gefühl, dass an der Sache etwas dran sein könnte. Als ich nun anfangs zuhörte, dachte ich: „Was ist denn bloß mit diesem Kerl Jack los? Der sitzt einfach nur so ruhig da. Er scheint nicht viel Material bei sich zu haben. Worum geht's hier?" Ich meine, ich war einfach total verwirrt. Und an diesem ersten Tag, als wir durch den Stoff gingen, machten wir lange Pausen – was soll das? Wohin soll das führen? Aber ich hatte nach wie vor das Gefühl, dass an der Sache etwas dran war, obwohl mich alles einfach komplett verwirrte. Ich versuchte, es irgendwie in das einzufügen, was ich schon über Prävention wusste, aber es passte nicht. Ich war vollkommen durcheinander und darüber sehr frustriert. Doch Jack da vorne schien so ruhig zu sein und gab sich so, als wüsste er etwas und sähe etwas, was wir alle nicht sahen, und ich wollte das sehen.

---

* In Deutschland unter „Fluoxetin" bekannt (Anm. der Übers.)

In der Nacht fing ich an, Modello* zu lesen, und vom zweiten Tag an begann ich, einige Dinge zu erkennen. Ich erinnere mich, dass ich flüchtige Einblicke erhaschte, ich fing also endlich an, wenigstens teilweise zu sehen, was Jack in diesem Training vermittelte. Ich begann, meinen Gedanken zuzuhören und sie zu beobachten, und dachte: „Oh, mein Gott! Mir gehen eine Menge interessanter Gedanken durch den Kopf." Ich fing an zu bemerken, was für Gefühle von meinen Gedanken kamen. Die Dinge fingen also langsam an, sich mir zu zeigen. Ich konnte definitiv einige Dinge sehen, und ich war aufgeregt. Und dann, nach dem Training, habe ich viel gelesen. Jack hatte uns eine Literaturliste gegeben, und ich habe wahrscheinlich 80 bis 90 Prozent der Bücher gelesen, und dann öffneten sich die Schleusen und, oh mein Gott, ich begann, eine Menge Dinge zu erkennen. Es war ziemlich unglaublich. Ich hatte eine Einsicht nach der anderen.

Eine der großen Einsichten kam mir, als ich über meine Kindheit nachdachte und die Art, wie ich aufgewachsen bin. Ich begriff, dass ich all die Dinge glaubte, die meine Mutter mir immer gesagt hatte. Ich glaubte, ich sei wertlos. Ich glaubte, dass ich nichts richtig machen könne. Ich glaubte, dass ich es niemals zu etwas bringen würde. Und ich glaubte, all das sei real. Dann erkannte ich, dass dies nur Gedanken in meinem Kopf waren und dass sie nicht real waren; ich machte sie nur real.

Danach hatte ich solch ein Mitgefühl mit meiner Ma wie niemals zuvor in meinem Leben. Das erste Mal in meinem Leben war ich in der Lage zu sehen, dass die Art, wie ich aufgezogen wurde und wie meine Ma mich behandelte, ihre Sache war. Es hatte nichts mit mir zu tun. Es war nichts Persönliches. Das war echt der Hammer für mich. Es ging nie um mich! Das war alles Zeug von ihr, und ihr Zeug war nicht wahr. Ich sah meine Mutter mit ganz anderen

---

*Dr. Jack Pransky (1998): *„Modello: A Story of Hope for the Inner City and Beyond"* (Modello: Eine Geschichte voller Hoffnung für die Innenstadt und darüber hinaus)

Augen. Sie tat mir leid, während ich zuvor immer wütend auf sie gewesen war. Es verwandelte sich in: „Ach du meine Güte, du tust mir so leid. Du musst so sehr leiden“. Denn wenn ich mir selbst Gedanken mache, weil ich schlechter Stimmung* bin, und dann aufgrund dieser schlechten Gedanken handle, ist das ganz natürlich, weil ich ein menschliches Wesen bin. Dann gilt dasselbe aber auch für meine Mutter und daher muss auch sie schlechte Gedanken haben. Und wenn sie schlechte Gedanken hat, wird das dazu führen, dass sie bestimmte Gefühle entwickelt und dann reagiert sie aufgrund dieser Gefühle, und es hat nichts mit mir zu tun. Es hat alles nur mit ihr zu tun. Das war der Hammer. Der Hammer!

Es ist so aufregend – ich werte so viel weniger. Früher hätte ich gesagt, dass ich ein gütiger Mensch war, ein guter Mensch, aber auch sehr wertend. Heute bin ich viel geduldiger mit Menschen. Ich kann sie jetzt besser verstehen. Denn wenn ich ein Mensch bin, der so funktioniert, dann gilt das auch für alle anderen, mit denen ich in Kontakt komme. Und das ist wirklich bedeutsam.

Selbst mit dem Medikament, das mir zuvor verschrieben wurde, hatte ich niemals Frieden und Ruhe in mir gefühlt. Es war so ein sagenhaftes Gefühl zu wissen, dass ich dieses Gefühl schon in mir hatte; dass alles, was ich brauchte, schon in mir lag – ich musste nichts weiter machen. Das hat zu so vielen Dingen geführt.

Ich war früher das, was ich eine Kaufsüchtige nennen würde. Ich dachte, wenn ich mich schlecht oder niedergeschlagen fühle, dass ich diesem Gefühl begegnen könnte, indem ich losgehe und Hunderte von Dollars ausgebe. Dann regte sich mein Mann immer über mich auf, weil ich so viel Geld für Kleidung ausgegeben hatte, und alles nur, weil ich dachte, dass ich mich dadurch besser fühlen würde. Aber das klappte nie. Wenn ich doch nur kapiert hätte, dass alles, was ich brauche oder möchte, schon in mir ist –

---

* Bemerkung: Ich schreibe über Stimmungen und ihre Auswirkungen in Kapitel VIII.

ich muss vielleicht ein bisschen warten, bis dieses Gefühl zurückkommt, aber es ist schon da.

Dasselbe gilt fürs Essen. Ich denke, dass ich aus Frust gegessen habe. Wenn ich einen miesen Tag hatte, konnte ich Unmengen von Lebensmitteln essen. Ich wollte so gerne 10 bis 15 Kilo abnehmen und versuchte ständig, daran zu arbeiten. Und als ich erkannte, dass ich keinerlei Lebensmittel brauchte, um mich besser zu fühlen, weil alles, was ich brauchte, schon in mir war, brachte das ein Gefühl von Ruhe und Frieden mit sich. Und zu sagen: „Es wird mir gut gehen, was auch immer passiert." Das war schon alles.

Ich nahm nun auch Notiz von den Schülern, mit denen ich arbeitete – ich hatte von jeher ein gutes Verhältnis zu ihnen. Die Arbeit mit Schülern hatte mir immer schon Spaß gemacht und ich hatte das Gefühl, dass sie ganz gut auf mich ansprachen. Nun konnte ich aber – ich übertreibe nicht – nicht mehr in meinem Büro sitzen, ohne ständig einen Schüler bei mir zu haben. Ich hatte einfach das Gefühl, sie wurden mir regelrecht angeschwemmt und wollten ständig um mich herum sein. Ich wusste, es lag daran, dass ich sie anders gesehen habe. Ich konnte schon immer gut mit Schülern umgehen, selbst mit Kindern, über die ich zu sagen pflegte: „Oh je, dieses Kind hat eine Menge Probleme." Aber jetzt konnte ich die Vollkommenheit sogar in den Kindern mit den allergrößten Problemen sehen. Auch mit ihnen ist alles in Ordnung. Wenn ich dieses angeborene Wohl-Sein in mir habe, dann hat es jeder andere Mensch auf dieser Welt auch. Die Kinder lassen sich halt einfach auch von Dingen unterkriegen. Als ich das in ihnen sah, fühlten sie sich von mir angezogen und wollten einfach mit mir zusammen sein, und ich hatte das Gefühl, dass ich eine größere Wirkung auf sie hatte. Früher redete ich auf sie ein und gab viele Ratschläge, die mir nicht immer sinnvoll erschienen – ich hatte einfach das Gefühl, ich musste etwas sagen – und es war fast, als hätte mir jemand eine Last von den Schultern genommen. Ich musste keine Ratschläge mehr geben. Ich hörte nur zu, und meine Arbeit wurde um einiges einfacher. Ich lauschte ihren Gefühlen. Und ich glaube, sie nahmen das in mir wahr.

Vor den Drei Prinzipien hatte ich immer gedacht, dass ich daran arbeiten müsse glücklich zu werden, dass niemand einfach nur so glücklich sei. Ich verbrachte Stunde um Stunde in der Selbsthilfeabteilung im Bücherladen Barnes & Noble, weil ich ein guter Mensch sein wollte. Aber mir war entgangen, dass ich es schon war. Ich war schon ein guter Mensch, dabei hatte ich gedacht, ich müsse danach streben, und plötzlich war es keine Arbeit mehr. Du machst eine Therapie, und wenn du die erlernten Fähigkeiten benutzt, wird es dir helfen, ein besserer Gesprächspartner zu werden, was eine Menge Arbeit ist. Nach einer Weile ist das sehr ermüdend. Irgendwann kommst du an einen Punkt, wo du deine Sache eine Zeitlang richtig gut machst, aber dann lässt du nach, weil es anstrengend ist durchzuhalten. Jetzt hatte ich das allererste Mal in meinem Leben nicht daran zu arbeiten, glücklich zu sein. Denn es war schon in mir. Das ist einfach unglaublich befreiend.

Alles um mich herum fing also an, sich zu verändern, fing an zu blühen und zu wachsen. Und auch jetzt, selbst wenn ich mal am Boden zerstört bin, eine schlechte Phase habe oder wenn ich in einen Streit gerate: Die Intensität und die Dauer dessen, was mir passiert, ist meistens nur noch halb so schlimm wie zuvor. Ich weiß, dass es mir gut gehen wird, und das ist eine solide Grundlage. Ich weiß, dass es mir immer gut gehen wird, was auch immer mir in meinem Leben passiert, und das wird mich niemals verlassen. Man vergisst das nicht. Es ist ein Teil von dem, was du bist. Und was ich bin.

V. Wir müssen uns nicht aus unseren Problemen herausdenken (oder ins Glück hinein)

Tom hatte eine hohe Position in einem etablierten Unternehmen inne. Er hatte noch nicht lange dort gearbeitet. Als er diesen Job bekam, sagte sein Chef zu ihm: „Folgendes erwarten wir von Ihnen..."

Tom sagte: „Prima."

Er wurde anfangs als Leiter im Produktmarketing eingesetzt und machte seine Sache extrem gut. Sein Chef lobte Toms Arbeit. Als sich eine neue Aufgabe ergab, war sein Chef der Meinung, dass Tom diese besser ausführen könne als jeder andere.

Tom sagte: „Prima."

Tom nahm die neue Aufgabenstellung zusätzlich zu seiner ursprünglichen Aufgabe an. Und wieder machte er seine Sache sehr gut. Toms Chef lobte ihn in höchsten Tönen.

Einige Monate später kam eine neue Aufgabe hinzu. Toms Chef wollte jemanden, auf den er zählen konnte. Tom kam ihm in den Sinn.

Tom sagte: „Prima."

Dies passierte noch ein weiteres Mal. Und plötzlich war es nicht mehr so prima.

Toms Tag hatte nur eine bestimmte Anzahl von Stunden. Keine seiner bisherigen Aufgaben wurde ihm abgenommen; nur neue hinzugefügt. Tom stellte fest, dass er alles, was man von ihm verlangte, nicht in derselben Qualität bearbeiten konnte. Er hatte einfach nicht die Zeit dazu. Er fing an, nach Feierabend länger zu arbeiten. Trotz der Überstunden fühlte er sich weniger effektiv.

Um diesen Job überhaupt annehmen zu können, hatte Tom mit seiner Familie einmal quer durchs Land umziehen und seine neunjährige Tochter in eine neue Schule schicken müssen, in der sie begann, große Schwierigkeiten zu entwickeln. Die dortigen Kinder schikanierten und drangsalierten sie. Sie fühlte sich furchtbar allein. Sie fing an, über Selbstmord zu reden. Hinzu kam, dass Toms Frau und die Tochter keine gute Beziehung zueinander hatten; das Mädchen brauchte wirklich ihren Papa. Aber weil der so viele Überstunden bei der Arbeit machte, konnte er nicht für sie da sein. Und weil er deswegen viel weniger Zeit zu Hause verbrachte, begann sich die Beziehung zu seiner Frau zu verschlechtern.

Ein kleiner Teufel saß auf Toms Schulter und brüllte ihm ins Ohr: „Aber du kannst das! Du kannst das alles und du kannst es gut, wenn du der Sache nur richtig zu Leibe gehst."

Tom war stolz auf die Qualität seiner Arbeit. Er war immer erfolgreich, egal, für welches Unternehmen er arbeitete. Jetzt war er weder zu Hause noch auf der Arbeit in der Lage, seine Sache gut zu machen.

„Wie kann ich dieses Problem nur lösen?", fragte er sich und fing an, richtig zur Sache zu gehen, zu analysieren und hart zu schuften. Er kam auf keinen grünen Zweig.

Tom kam aufgrund einer Empfehlung eines Drei-Prinzipien-Coachs zu mir, den er an seinem vorherigen Wohnort aufgesucht hatte. Wir trafen uns für eine Intensivberatung.

Ich stellte eine unschuldige Frage. Hatte er mit seinem Chef gesprochen?

Nein.

Würde es nicht Sinn machen, mit der Person zu sprechen, die für seine Arbeitsmenge verantwortlich war? Wie könnte sich irgendetwas ändern, wenn er nicht mit seinem Chef redete? Würde seine Weisheit ihm nicht sagen, dass er ein ernsthaftes Gespräch mit seinem Chef führen muss, um zu versuchen, eine einvernehmliche Lösung zu finden? Würde er nicht eine Grenze setzen müssen (freundlich aber bestimmt) hinsichtlich dessen, was er für das Unternehmen tun kann, und was nicht? Was würde sein Chef wohl mit ihm machen, ihn feuern? Unwahrscheinlich. Offensichtlich war Tom ein extrem wertvoller Mitarbeiter für das Unternehmen; das wusste sein Chef, ansonsten hätte er ihm gar nicht erst all diese Aufgaben gegeben. Selbst in dem unwahrscheinlichen Fall, dass sein Chef ihn feuern würde: Wollte er wirklich in einem Unternehmen arbeiten, das seinem Wohlbefinden so wenig Beachtung schenkte? Mit Toms Erfolgsbilanz würden ihn viele Unternehmen gerne einstellen wollen. Tom könnte zu seinem Chef sagen: „Ich würde gern alle Aufgaben für Sie erledigen, auch über das ursprüngliche Maß hinaus, für das ich eingestellt wurde. Aber die Arbeitsmenge hindert mich daran, auch nur eine dieser Aufgaben gut zu machen und es schadet meiner Familie."

Tom konnte es nicht sehen. Seine Gedanken unterstützten diese Betrachtungsweise nicht. Er sah nur eine ausweglose Situation. Er hatte

Hunderte von Gründen, warum er nicht mit seinem Chef reden könne: „Ich sollte in der Lage sein, damit umzugehen." „Ich bin nicht in der Position, einem Vorgesetzten etwas anderes vorzuschreiben." „Wenn ich das mache, was wird das Unternehmen von mir denken?" Und so weiter. Mittlerweile war er dabei, sich mehr und mehr zu verausgaben und litt über jedes normale Maß hinaus unter Stress.

Solange Toms Kopf mit dem ihm Bekannten voll war, mit all seinem Analysieren und der geistigen Anstrengung, das alles verarbeiten zu wollen, war es ihm unmöglich, das Offensichtliche zu sehen oder zu irgendwelchen neuen Schlussfolgerungen zu kommen. Er war lahmgelegt.

Ich sagte: „Es ist mir egal, ob Sie eine Million Entschuldigungen haben. Ihre kleine Tochter leidet. Wenn Ihre Familie und Ihre Arbeit leiden, kann ich mir die Gedanken nicht vorstellen, die es verhindern, dass Sie mit Ihrem Chef reden. Das verstehe ich nicht. Macht das wirklich Sinn für Sie?"

Diese einfache Frage überraschte Tom. Er erkannte, dass er keine andere Wahl hatte, als mit seinem Chef zu reden. Es war so offensichtlich, dass jeder das sehen konnte – außer Tom. Sein Kopf war völlig überladen. Die lauten Stimmen in seinem Kopf mussten für einen Moment aufhören. Tom hatte so hart daran gearbeitet, dieses Problem auf der Basis seines vorhandenen Wissens zu lösen, dass dies neue Einsichten verhinderte. Er erkannte, dass eine weitere Entscheidung zu fällen wäre, falls er mit seinem Chef keine zufriedenstellende Einigung erreichen konnte, aber das Gespräch würde der erste Schritt sein müssen.

Plötzlich rutschte Tom nervös hin und her. Ihm wurde extrem unbehaglich.

„Was ist los, Tom?"

„Ich weiß, dass ich das machen muss, aber ich kann mich einfach nicht dazu aufraffen", gab er zu. „Ich kann mir nicht vorstellen, das wirklich durchzuziehen." Obwohl er es machen wollte, hatte sich sein Denken nicht geändert.

Ich dachte: „Das ist merkwürdig." Tom behauptete, *die drei Prinzipien* GEIST, BEWUSSTSEIN und GEDANKE* verstanden zu haben. Intellektuell

---

* Die Drei Prinzipien, die unsere Erfahrungen im Leben erschaffen – GEIST, BEWUSSTSEIN und GEDANKE – wurden in den ersten beiden Kapiteln vorgestellt. Das gesamte Buch handelt von diesen Prinzipien.

konnte er deren Bedeutung perfekt herunterbeten, aber intellektuelles Verständnis bedeutet gar nichts. Ich wusste, dass Tom etwas Entscheidendes fehlte, aber ich wusste nicht was.

Dann kam mir etwas in den Sinn. „Es scheint, als wollten Sie, dass die Dinge von selbst besser werden, ohne dass Sie etwas ändern müssen, nicht einmal Ihre Gedanken.“

Das wühlte Tom auf. Demütig gab er zu, dass dies vermutlich stimme.

Ich ließ nicht locker: „Es muss eine grundlegende, tief verwurzelte Überzeugung geben, die Sie davon abhält, hier das Offensichtliche zu sehen.“

Sobald ich das gesagt hatte, wusste er, was es war. Er war der Überzeugung, dass „wenn ich das nicht alles schaffe und es nicht auf die Reihe kriege, ich mich wie ein Versager fühlen werde.“

Treffer!

Es fiel ihm leicht, diesen Gedanken auf seine Kindheit zurückzuführen. Er hatte solche Gedanken von seinen Eltern aufgeschnappt. Aber seine Erziehung war vorbei. Er lebte nicht mehr bei seinen Eltern, und dennoch trug er diese Überzeugung mit sich herum wie eine Zwangsjacke. Diese Gedanken verstopften seinen Geist wie Abfall einen Abfluss verstopft. Sobald er erkannte, dass es sich nur um unschuldig aufgeschnappte Gedanken handelte, und dass diese nur so viel Macht über ihn hatten, wie er ihnen gab, fühlte er sich freier. Der Abfluss klärte sich wie von selbst. Das Wasser floss nun frei. Tom sah. Er war wie eine Ratte im Laufrad gerannt, ohne je am Ziel anzukommen.

Wenn wir ein Problem haben, dann geht es uns schon mal wie einer solchen Ratte. Im Laufrad kommt die Ratte nirgendwo an, da sie – solange sie nur geradeaus schaut – keinen Ausweg sehen kann. Der einzige Ausweg ist, seitlich vom Laufrad abzuspringen, weg von dem, was die Ratte vor sich sehen kann. Mit anderen Worten, es gibt einen Ausweg für die Ratte, aber solange sie nur auf das schaut, was sie schon kennt, kann sie ihn nicht sehen.

Diese neue Perspektive half Tom, aus dem Laufrad auszusteigen. Anstatt zu versuchen, das Problem zu verstehen, es zu analysieren und hart zu schuften – alles auf der Grundlage dessen, was er schon wusste, erschien eine neue Perspektive in Form von Weisheit. Dies erlaubte ihm, sich aus der Erstarrung zu befreien. Seine Überzeugung, dass sich alles von selbst, ohne sein Zutun, erledigen würde, war illusorisches Denken.

Hart zu arbeiten, war Toms Modus operandi. Er sprach sogar darüber, „mit den Prinzipien zu arbeiten“ oder „wie die Prinzipien für mich arbeiten“. Er schaffte es, dass sich alles nach „Arbeit“ anhörte.

„Die DREI PRINZIPIEN arbeiten schon in perfekter Weise für Sie, ob Ihnen das nun klar ist oder nicht“, sagte ich. „Sie müssen sich nur entspannen und damit aufhören, den freien Fluss der Prinzipien in sich zu stören. Den Wasserball unter Wasser zu halten ist die Arbeit. Ihn loszulassen und ihn dadurch an die Oberfläche kommen zu lassen, erfordert überhaupt keinen Aufwand. Sie haben mir erzählt, dass Sie neulich bei einem Ausflug nach D.C. einfach eine wunderschöne Zeit beim Bummeln in der Stadt gehabt und sich seit langer Zeit zum ersten Mal wieder so richtig blendend gefühlt hätten. Ist es das, was Sie sich unter Arbeit vorstellen, sich wohl fühlen und einen klaren Kopf haben?“

Die Antwort spricht für sich selbst.

Manchmal zahlt es sich aus, clever zu sein, statt hart zu arbeiten.

Wenn wir ein Problem haben, passiert etwas Interessantes. Wir haben die Tendenz zu versuchen, das Problem zu verstehen, ihm auf den Grund zu gehen, es uns durch den Kopf gehen zu lassen, es zu analysieren und es zu erledigen. Das ist harte Arbeit und nicht hilfreich. Wir brauchen frische, neue und klare Ideen. Wir brauchen neue Erkenntnisse. Hier ist unsere Weisheit gefragt.

Die Probleme lassen wir hinter uns, wenn wir den Weg des Bekannten verlassen, weg vom Lärm und dem Durcheinander, so dass unsere Weisheit uns führen kann. Die andere Möglichkeit ist, hart zu schuften, ohne zu einem Ergebnis zu gelangen.

Ist es nicht beruhigend zu wissen, dass wir nicht daran arbeiten müssen, unsere Probleme zu lösen? Ist es nicht faszinierend zu wissen, dass gerade all unser *Versuchen* einer Lösung *im Wege* steht? Warum? Wenn wir aufgeben, was wir zu wissen glauben – und es sozusagen GEIST überlassen – werden wir frische, neue Ideen von dieser natürlichen, unendlichen Intelligenz erhalten, die durch uns spricht.

Das Gleiche passiert beim Verlust unserer Autoschlüssel. Wir können durchs Haus rennen und uns mehr und mehr darüber aufregen, dass wir unsere Schlüssel nicht finden. Dann, nachdem wir in jede Schublade geschaut und alles wieder und wieder durchsucht haben, geben wir auf. Wenn wir aufgeben, sagen wir praktisch: „Ich weiß nicht mehr weiter“, und zack, kommt es uns in den Sinn: „Sie sind in meiner Tasche“ oder etwas Ähnliches. Der Versuch, einer Sache auf den Grund zu gehen, hält uns davon ab, einer Sache auf den Grund zu kommen. Dies ist einer der paradoxen Widersprüche im Leben.

Wie erhalten wir dann Antworten, wenn wir ein Problem haben?

Wir könnten zum Beispiel sagen: „Ich weiß gerade nicht, wie ich das lösen kann.“ „Ich weiß nicht“ funktioniert großartig, um den Kopf frei zu bekommen (natürlich nur, soweit Menschen wirklich damit umgehen können, nicht zu wissen).

Gleichzeitig wissen wir, dass es irgendwo eine Antwort gibt. Wir vertrauen darauf; wir sehen sie nur noch nicht. Später wird sich uns die Antwort schon zeigen.

Dann *lassen wir es ruhen*, denken nicht weiter darüber nach und machen einfach, was wir sonst noch zu tun haben. Wenn wir es am wenigsten erwarten, wenn unser Geist zur Ruhe kommt, fällt uns meist eine Lösung ein.

Das mag zu passiv erscheinen. Es scheint, wir sollten etwas unternehmen, um eine Antwort zu finden. Tun wir nichts, haben wir den Eindruck, als wären wir nachlässig und würden uns nicht um die Sache kümmern. Es ist oft schwierig, darauf zu vertrauen, dass es eine Antwort gibt. Aber seit ich anfing, meine Probleme derart ruhen zu lassen, reduzierte sich mein Stress schlagartig. All der Stress, der daraus resultierte, verstehen zu wollen, was nicht zu verstehen ist, existierte nicht mehr in meinem Leben. Jetzt sage ich einfach: „Ich weiß es nicht, aber ich würde gerne eine Lösung sehen“, vergesse es, und mache, was ich zu tun habe. Jetzt bekomme ich weise Antworten mit weit geringerem Aufwand. Und als dieses stressbeladene Denken wegfiel, spürte ich Frieden in mir.

Wenn Sie nicht glauben, dass dies bei Ihnen funktioniert, machen Sie sich bewusst, dass Sie keine Lösung finden, indem Sie sich abrackern. Dann schauen Sie mal, ob der andere Weg funktioniert.

Während meiner Promotion besuchte ich eine Studienkollegin, die in ihrem Hinterhof gerade ein Labyrinth aufbaute. Ich konnte mich nicht richtig erinnern, wozu ein Labyrinth dient, also fragte ich sie.

Sie sagte: „Du stellst dir eine Frage und läufst dann durch das Labyrinth. Sobald du am anderen Ende wieder herauskommst, bekommst du eine Antwort auf deine Frage.“

Für diejenigen Leser, die nicht wissen, wie ein Labyrinth aussieht: Es ist eine Art Irrgarten ohne Irrwege oder Sackgassen. Ein Weg führt durch mehrere Windungen in eine Richtung kreisend hinein, dann erreicht man das Zentrum und kommt schließlich auf demselben gewundenen Weg in die andere Richtung kreisend wieder heraus. Ich dachte, es würde Spaß machen, das auszuprobieren.

Mein Vater war etwa sechs Monate zuvor ganz plötzlich gestorben und der Zustand meiner Mutter schien sich mit jedem Monat zu verschlechtern. Sie reagierte auf nichts, was ich oder meine Geschwister taten oder versuchten. Wir waren ratlos. Niemand in unserer Familie wusste, was zu tun war. Wir wollten ihr helfen, hatten aber keine Ahnung wie. Sie konnte sich auf nichts konzentrieren, vor allem nicht darauf, für sich zu sorgen und ihre Angelegenheiten zu ordnen. Mein Bruder und meine Schwester versuchten, ihr bei allem zu helfen, aber es ging in ein Ohr hinein und aus dem anderen hinaus. Sie war unglücklich. Ich stand vor einem Rätsel. Je mehr ich darüber nachdachte, umso ratloser wurde ich. Ich konnte einfach keine Lösung finden.

Dieses Thema kam mir in den Sinn, als ich vor dem Eingang zum Labyrinth stand. Ich fragte: „Ich würde gerne wissen, was ich tun kann, um meiner Mutter durch diese schwere Zeit zu helfen", und lief hinein.

Ich kreiste links herum. Nichts.

Ich lief herum und herum. Nichts.

Ich erreichte den Mittelpunkt. Nichts.

Nun begann ich, rechts herum zu kreisen. Nichts.

Genau in dem Moment, als ich aus dem Labyrinth heraus trat, hörte ich eine Stimme in meinem Kopf sagen: „Liebe sie einfach."

Wow.

„Oh mein Gott", dachte ich. Mein Kopf war so vernebelt, dass ich das nicht erkannt hatte. Es war eine schockierende Antwort, aber so offensichtlich. Einen Moment vorher hätte ich mir diese Antwort nicht vorstellen können. Ich war über mich selbst überrascht: Was hatte ich nur gedacht, dass ich das nicht gesehen hatte! Der Versuch, es begreifen zu wollen, hätte mich niemals zu einer Antwort geführt.

Ich weiß nicht, wie ein Labyrinth funktioniert, aber ich vermute, dass das Kreisen in gegensätzliche Richtungen unseren Geist irgendwie aufrührt und dass dadurch der Kopf frei wird. Es ist nicht das Labyrinth, das uns Antworten gibt; vielmehr kommen die Antworten aus uns selbst, aus unserem freien Kopf. Ich wäre in tausend Jahren nicht auf diese Idee gekommen, hätte ich mich nur auf meine analytischen Fähigkeiten verlassen. Aber diese Stimme war ich. Die Antwort kam aus mir. Und ich brauchte kein Labyrinth, um dies zu erkennen, denn die Lösung hatte nur darauf gewartet, ans Licht zu kommen.

Nachtrag: Meiner Mutter geht es jetzt großartig. Sie lernte einen neuen Partner kennen und lebt ein neues Leben. Sie ist so glücklich wie nie zuvor.

Julia ist Doktorin der Psychologie in Puerto Rico. Als sie aufwuchs, wurde sie von ihrem alkoholabhängigen Vater regelmäßig sexuell belästigt. Sie ging viele Jahre lang zur Therapie, um diese Erfahrungen zu heilen und mit sich selbst ins Reine zu kommen. Dennoch war sie die meiste Zeit ihres Lebens depressiv und wusste nicht, wie sie ohne Depressionen leben konnte. Vor kurzem endete ihre achtjährige Ehe. Sie arbeitete ständig sehr hart an sich.

Sie nahm an einem Drei-Prinzipien-Training teil, das Gabriela Maldonado und ich dort veranstalteten, und entdeckte ein fehlendes Bindeglied in ihrem Verständnis von psychologischen Abläufen. Julia erkannte: Alles, was sie davon abhielt, ihre angeborene GESUNDE VERFASSUNG und ihre Weisheit zu erleben, war die Art und Weise wie sie GEDANKE benutzte; dass diese sie automatisch leiten würde, wenn sie keine ungesunden Gedanken dächte. Die Vorstellung tröstete sie.

„Ich muss daran arbeiten, dies in meinem Leben zu sehen", sagte Julia.

Während des Trainings übersetzte Julia einiges ins Spanische für mich, und Gabriela und ich hatten die Möglichkeit, viel Zeit mit ihr zu verbringen, weil sie anbot, uns die Sehenswürdigkeiten zu zeigen. Wir drei harmonierten sehr gut miteinander. Sowohl Gabriela als auch mir fiel auf, wie oft Julia davon sprach, dass sie an Dingen „arbeiten muss" – so ähnlich wie Tom, nur dass Julia hart an sich selbst arbeitete.

Eines Tages fuhren wir mit der Fähre zu der wunderschönen Insel Culebra vor der Küste. Ich saß mit Julia zusammen, und Gabriela mit Julias Ex-Mann – er und Julia kamen noch immer gut miteinander aus. Während die beiden anderen sich auf Spanisch unterhielten, fragte Julia mich etwas. Unser Gespräch verlief so:

Julia: Was ist der Unterschied zwischen der Art Therapie, die ich mache und der Vorgehensweise, die du im Rahmen der „Drei Prinzipien" praktizierst?

JP: Also, ich könnte versuchen, es zu erklären. Aber die einzige Art, es dir so zu zeigen, dass du was davon hast, wäre, wenn du die Klientin spielst. Wärst du dazu bereit?

J: [mit leichtem Zögern] Ja. Okay.

JP: Bei dem Drei-Prinzipien-Ansatz sind wir – anders als bei der kognitiven Therapie – nicht an dem Inhalt der Gedanken einer Person interessiert. Stattdessen haben wir ein Interesse, Menschen dabei zu helfen, zu erkennen, wie sie unabsichtlich ihre kreative Kraft GEDANKE benutzen, sich Dinge über sich selbst und andere auszudenken, die ihnen nicht gut tun, und wie sie einen besseren Zugang zu mentaler Gesundheit und Weisheit bekommen, die sie erkennen lassen, was sie mit ihrem Denken erschaffen.

J: Kannst du mir ein Beispiel nennen?

JP: Gerne. In Arizona bin ich einmal mit einer Frau gewandert, die mir erzählte, dass sie denke, andere schätzten an ihr ihren scharfen Verstand, ihre analytischen Fähigkeiten sowie ihre Art, ihr Wissen mit anderen zu teilen – und sie wusste viel. Ich aber dachte, dass dieser Teil ihrer Persönlichkeit überhaupt nicht attraktiv war. Stattdessen mochte ich die Momente, in denen sie all das vergaß und die sanfte, verletzliche Seite ihres Selbst durchschien. Kein Wunder, dass sie viele ihrer Erfahrungen mit anderen Leuten anstrengend und unbefriedigend fand. Sie wirkte sehr hart, und das lag an dem selbst ausgedachten, falschen Glauben, den sie über sich hatte. Also half ich ihr zu sehen, auf welche Art sie ganz unbeabsichtigt ihr Denken dazu benutzte, eine falsche Vorstellung von sich selbst zu kreieren, aufgrund derer sie dann handelte. Sobald sie erkannte, wie sie ihr Denken in dieser Art und Weise gegen sich selbst einsetzte, kam ihre sanfte, verletzliche, attraktivere Seite automatisch mehr zum Vorschein und ihre Beziehungen wurden befriedigender. Aber das ist nicht dein Thema.

J: Was meinst du denn ist mein Thema?

JP: Du denkst zu viel über dich selbst nach.

J: [lacht] Da hast du wahrscheinlich recht. Erzähl mir mehr darüber.

JP: Wenn du nicht so viel über dich selbst nachdenken würdest, dann würdest du einfach leben, einfach sein.

J: [seufzt] Ich habe so hart gearbeitet und versucht, meinen Problemen auf den Grund zu gehen, damit ich mich endlich gut fühlen kann.

JP: Und wohin hat es dich geführt? Du hast mir erzählt, dass du schon seit vielen Jahren depressiv bist.

J: [nachdenklich] Ich weiß. Aber ich hatte auch ein paar richtig gute Erkenntnisse. Ich habe die Vorstellung, dass die Einsichten, die ich in meinem Leben gewonnen habe, aus dem Verständnis dessen resultieren, was mir passiert ist.

JP: Es ist großartig, dass du gute Erkenntnisse hattest, aber du warst nach wie vor depressiv.

J: [seufzt] Ich weiß.

JP: Was wäre, wenn all diese Erkenntnisse einfach von deiner inneren Weisheit gekommen sind?

J: Ich weiß, dass es so ist.

JP: Merkst du, dass du zu allem, was ich sage, immer „ich weiß" sagst?

J: Ich weiß. Ich sage das, weil ich wirklich weiß, wovon du sprichst.

JP: Wir verstehen Dinge auf einer bestimmten Bewusstseinsebene, aber die Ebene, auf der du es siehst, ist vielleicht nur eine intellektuelle Ebene.

J: Ich weiß. [lacht] Ha! Ich mache es schon wieder.

JP: Gut, dass du das jetzt merkst. Vielleicht solltest du nicht so schnell sagen, „Ich weiß". Du weißt schon, was du weißt. Es hat dich genau dorthin gebracht, wo du jetzt in deinem Leben stehst. Die Idee ist, sich auf „Ich weiß nicht" einzulassen, um dich für das Neue zu öffnen. Das ermöglicht, dass neue Einsichten aus einer Art Leere heraus entstehen. Wenn du deinen Kopf weiterhin mit dem voll hast, was du schon weißt, erlaubst du nicht, dass das passiert. Du könntest eher neugierig sein auf das, was du noch nicht siehst.

J: Ich habe erst vor Kurzem erkannt, dass es eine Verbindung gibt zwischen meinem Bedürfnis zu zeigen, dass ich genug weiß, und meiner Angst vor dem Alleinsein. In der Therapie verstand ich einmal, dass ich schon seit meiner Kindheit immer mein Wissen zeigen musste. Ich hatte das Gefühl, dass ich die Hausaufgaben für meinen Bruder machen musste, weil wir in dieselbe Klasse gingen und er nicht in der Lage war mitzuhalten. Würde er durchfallen, wäre ich ganz alleine. Es gibt also eine grundlegende Angst vor dem Alleinsein.

JP: Weißt du, dass du niemals allein bist?

J: Was meinst du?

JP: Du bist mit deinem wahren Selbst zusammen.

J: [erstaunt] Ich weiß, dass all die guten Einsichten, die ich in meinem Leben hatte, durch die innere Weisheit aus meinem Selbst kamen. Nur vergesse ich das und denke, dass sie durch meine Anstrengungen und all die Mühe kommen, die ich mir mache.

JP: Es ist großartig, das zu sehen, aber ich glaube, das ist nicht der Hauptpunkt.

J: Was dann?

JP: Ich werde mal ganz direkt sein. Du sagst mir, ob ich falsch liege: Du denkst, dass die Antworten in der Vergangenheit liegen.

J: [ihr bleibt fast die Luft weg] Ja, das denke ich!

JP: Nun, das tun sie nicht. Es gibt keine Antworten in der Vergangenheit.

J: Nicht einmal ein paar?

JP: Es gibt dort keine einzige Antwort. Gar keine. Niemals. Null. Nada.

J: [verängstigt] Warte mal, jetzt warte mal! Nimm mir das nicht weg.

JP: Was ich sage, scheint etwas in dir zu berühren, aber ich nehme dir nichts weg. Das kann ich nicht! Ich sage nur, dass dir Antworten zur Verfügung stehen, du aber in die falsche Richtung schaust. Die Vergangenheit ist vorbei, sie ist tot, sie ist vergangen. Das einzige, was sie in der Gegenwart lebendig hält, sind deine eigenen Gedanken.

J: Aber wenn ich die Vergangenheit loslassen würde, was bliebe denn dann übrig? [Pause, sie holt tief Luft] Jetzt fühle ich gerade diesen schrecklichen Knoten, dieses Gefühl genau hier [sie zeigt auf ihren Solarplexus] und es geht mir durch und durch. Ich weiß nur, dass ich in die Vergangenheit schauen muss, um meine Probleme zu lösen. Ich möchte dieses Gefühl wirklich gerne loswerden, aber ich kenne nur diesen Weg. Seit meiner Kindheit, vielleicht im Alter von sieben bis zehn Jahren, hatte ich die Vorstellung, dass das, was aus mir einen guten Menschen macht, einen guten Christen, so fein sei wie ein Glas, das selbst beim Abwaschen ganz leicht zerbrechen könnte. Vielleicht hatte ich auch die Vorstellung gewonnen, dass das Leben schwierig sein, dass ein guter Mensch zu werden mit harter Arbeit verbunden sein muss, genauso wie man schwer daran zu arbeiten hat, um seine Vergangenheit zu begreifen. [lange Pause] Ich habe so viel an mir gearbeitet. Ich weiß, ich habe viele Dinge aus meiner Vergangenheit losgelassen. Ich bin mit dem Gefühl durch mein

Leben gegangen, einen Armee-Rucksack voll mit negativen Erfahrungen und Gefühlen auf meinem Rücken zu tragen. Heutzutage ist er viel leichter als früher, aber er ist noch immer da. Es gibt noch immer schwere Dinge darin, die mich überwältigen und die sich schrecklich anfühlen.

JP: Worüber du jetzt redest, ist nur die Vergangenheit. Was meinst du würde passieren, wenn du diesen Rucksack loslässt?

J: Wenn ich die Vergangenheit loslasse? [Pause] Ich würde vielleicht glücklich sein müssen. [lächelt]

JP: Du wärst frei. [Der Ausdruck auf ihrem Gesicht schien zu zeigen, dass meine Worte nicht bei ihr ankamen, aber Julia erzählte mir später, dass sie etwas hörte, nicht durch meine Stimme, sondern vielmehr, als erwachte ihre innere Weisheit, die zu sprechen anfing.] Hörst du mich? Du wärst frei. Du wärst *frei!*

J: [bewegt, für einige Momente still] Warum habe ich solche Angst vor der Freiheit?

JP: Du *bist* frei. Dir ist das nur noch nicht bewusst. Wenn du keine angstvollen oder depressiven Gedanken hättest, wärst du automatisch frei, weil du mit deiner GESUNDEN VERFASSUNG und deiner Weisheit verbunden wärst. Was gibt es da zu befürchten?

J: Ich habe einfach das Gefühl, ein kleines Mädchen schreit, schimpft und weint in mir und es leidet. Das erlaubt mir an so vielen Tagen noch nicht einmal, mein Frühstück, meine Arbeit oder mein Leben zu genießen.

JP: Julia, das sind nur Gedanken. [Wieder dachte ich, dass die Stärke meiner Worte nicht zu ihr durchzudringen schien.] Das sind *nur* Gedanken. Das ist nur *GEDANKE*!

J: [sehr bewegt, jetzt still]

JP: Du wolltest den Unterschied zwischen traditioneller Therapie und dem Drei-Prinzipien-Ansatz wissen? Genau das ist ein Beispiel. Viele traditionelle Therapien würden versuchen herauszufinden, wer und was dieses kleine Mädchen in deinem Inneren ist oder woher es kam. Und man würde versuchen, das Rätsel zu lösen oder anders darüber zu denken. Mit den Drei Prinzipien ist es nur notwendig, wirklich zu sehen, dass dieses kleine Mädchen im Inneren nichts weiter ist als eine Illusion, die von deinem eigenen Denken erschaffen wurde und diese nur so viel Macht hat, wie du ihr beimisst (mit einem weiteren Gedanken). Du musst die Botschaften nicht glauben, die dieses kleine Mädchen dir entgegenschreit. Würdest du sie nicht glauben, käme deine GESUNDHEIT und Weisheit in dir zum Vorschein – deine spirituelle Essenz. Darin liegt deine Sicherheit. Wir sind in Sicherheit. Immer.

J: Ich habe gerade das Gefühl, dass ich auf der anderen Seite und einfach in der Lage sein will, die Gefühle, Ideen, Ängste loszulassen – einfach über die Schwelle gehen und frei sein.

JP: Das kannst du – und das wirst du. Die Vorstellungen, die du über die Vergangenheit hast, haben für eine gewisse Zeit ihren Zweck erfüllt.

J: Oh, ich bin so froh, dass du das sagst. Ich dachte schon, du tust alles ab, von dem ich geglaubt habe, dass es mich am Leben gehalten hat.

JP: Es hat dir geholfen, in der bestmöglichen Art und Weise zu überleben, die du damals gekannt hast. Diese Vorstellungen hatten damals ihre Berechtigung. Aber jetzt sind sie zu Gewohnheiten geworden, die dich nur stören und die dich von deinem Wohlbefinden, deiner Weisheit und deiner spirituellen Essenz trennen. Wir benutzen unser eigenes Denken unabsichtlich dafür, die Illusion zu erschaffen, wir wären von unserer spirituellen Essenz getrennt. Aber das geht nicht. Es ist unmöglich. Diese illusorische Trennung scheint ein Teil der menschlichen Natur zu sein. Sie verursacht alle möglichen Probleme – mit uns selbst, in unseren Beziehungen und alle Probleme in der Welt.

J: Was du sagst, ist wirklich tröstlich. Ich habe immer vermutet, dass es nicht so schwierig sein sollte. Unser Gespräch macht mir Hoffnung, dass ich in der Lage sein werde, ein glückliches Leben zu führen. Denn zum ersten Mal weiß ich, dass ich von dem Gefühl der Traurigkeit frei sein könnte, das mit der Vorstellung einhergeht, alles müsse schwierig sein. Ich könnte von der Angst vor Freiheit und Glücklichsein befreit sein, und einfach glücklich und frei sein, einfach nur meine Weisheit nutzen, mich zu führen. Das scheint so viel einfacher zu sein, als die ganze harte Arbeit, die ich bisher geleistet habe.

Ein weiteres Mal dieses höchste Paradox: Etwas verstehen zu wollen, egal wie sehr wir es auch versuchen, steht einer Antwort immer im Weg, die zu finden wir ja überhaupt erst auf der Suche sind. Sobald wir dies wirklich erkennen, gehen wir gnädiger mit unseren Problemen um. Wir bleiben mehr in unserer Mitte, werden ausgeglichener und robuster. Wir sehen das Neue. Wir finden Antworten.

Julia fing an zu sehen, dass wir uns nicht aus unseren Problemen heraus- oder ins Glücklichsein hineindenken müssen. Sich selbst überlassen, unbeeinträchtigt von unserem analytischen Denken, zeigt unsere Weisheit uns den Weg.

Nach dem Gespräch zwischen Julia und mir steuerte Gabriela diese wunderschöne Aussage bei: „Es gibt wirklich nichts zu befürchten. Ich habe ab und zu angstvolle Gedanken, aber ich verfalle nicht in Panik, da ich weiß, dass ich mit einer Energie und Weisheit verbunden bin, die viel größer ist als ich und die mich beschützt. All die kleinen Ereignisse und Situationen, vor denen wir uns fürchten, können meine Seele also niemals verletzen – das weiß ich."

VI. Das Gefühl ist entscheidend und es ist absolut verlässlich

Als ich den spirituellen Philosophen Sydney Banks anfangs sagen hörte „Das Geheimnis steckt im Gefühl" oder „Die Antwort liegt im Gefühl", hatte ich keine Ahnung, was er meinte. Inzwischen verstehe ich es, zumindest soweit ich es derzeit erkennen kann. Es ist schwierig zu erklären, also haben Sie bitte ein wenig Geduld mit mir.

Wenn wir zu einem bestimmten Zeitpunkt Liebe, Frieden, Freude, Dankbarkeit, Mitgefühl, Demut oder Humor fühlen, arbeitet unser Geist bereits perfekt und bewerkstelligt schon alles Notwendige, um dieses Gefühl erleben zu können. Selbst wenn wir keine Ahnung haben, warum wir uns großartig fühlen, läuft alles dazu Notwendige bereits in unserem Inneren ab. Wann immer unser Geist auf diese gesunde Art funktioniert, erleben wir das Gefühl dieses angenehmen Zustandes. Mit anderen Worten, wann immer wir ein Wohlgefühl dieser Art wahrnehmen, bedeutet das, dass unser Geist schon in genau der Verfassung ist und genau auf die Weise funktioniert, wie es sein sollte. Das ist das Geheimnis! Dieses Gefühl an sich enthält alles Wissen und die Weisheit, die wir brauchen, um genau dieses Gefühl des Wohlbefindens wieder zum Vorschein zu bringen!

Schauen wir unseren Geist an, wenn wir uns hundeelend fühlen, dann sehen wir, dass er auf eine ganz andere Weise arbeitet. Wir können den Unterschied an der Art feststellen, wie wir unser Denken benutzen. Beim Denken alter Denkgewohnheiten oder während eines Stimmungstiefs verlieren wir unser gutes Gefühl. Die Emotion, die wir als Ergebnis zu spüren bekommen, beinhaltet das Wissen und die Weisheit, dass unser Denken „vom Weg abgekommen" ist, dass es sozusagen „neben" unserem Wohlbefinden liegt und auf eine Art arbeitet, die uns nicht gut tut. Aber wenn wir nicht die Gefühle erleben, die wir uns wünschen, brauchen wir uns nur anzuschauen, auf welche Weise unser Geist funktioniert, *wenn* wir uns wohlfühlen, weil in solchen Zeiten unser Denken schon auf Kurs ist. Wir wissen also schon, wie wir dieses schöne Gefühl zurückbekommen können. Unser Geist muss einfach nur auf diese gesunde Art und

Weise funktionieren. Das Geheimnis, wie der Geist arbeitet, ist in diesem Gefühl enthalten.

Ich habe Ihnen schon gesagt, dass es schwierig für mich sein wird, dies zu erklären. Manche Leser mögen denken: „Ich habe keine Ahnung, worüber er redet, aber irgendetwas daran scheint sich gut anzufühlen." Dieses Gefühl allein genügt! Sobald wir verzweifelt versuchen, die Bedeutung dieses Gefühls zu verstehen, verschwindet es. Das ist im Wesentlichen, worüber ich rede.

Wir befinden uns kontinuierlich auf einer beliebigen Ebene einer „Wohlfühl-Skala". Zehn bedeutet das größte Wohlbefinden, das wir uns überhaupt vorstellen können; eins steht für das geringste. Es gibt viele Ebenen dazwischen. Zu jedem gegebenen Zeitpunkt befindet sich ein jeder von uns auf einer bestimmten Ebene dieser Wohlfühl-Skala. Wir könnten uns also einige Fragen stellen:

Auf welchem Niveau der Skala befinde ich mich jetzt gerade in diesem Augenblick?

Auf welcher Ebene dieser Skala lebe ich gewöhnlich mein Leben? Wie unterscheidet sich das im Vergleich zu der Ebene, auf der ich mich jetzt gerade befinde? Wenn es Unterschiede gibt, was macht diese Unterschiede aus?

Lebe ich heutzutage hauptsächlich auf einem höheren oder auf einem niedrigeren Niveau als in meiner Vergangenheit? Warum?

Auf welcher Ebene befinde ich mich normalerweise, wenn ich auf der Arbeit bin? Unterscheidet sich mein Wohlbefinden dann von dem in meinem Privatleben? Wenn dem so ist, wie kommt das?

Manchmal sind wir auf einem höheren Niveau und manchmal auf einem niedrigeren. Aber die große Frage ist: Was macht den Unterschied aus? Was geht in unserem Kopf vor sich, wenn wir uns auf höheren Ebenen befinden, im Vergleich zu niedrigeren Ebenen? Auf welche Art arbeitet unser Geist, wenn wir uns auf der Wohlfühl-Skala auf und ab bewegen?

Die Antwort auf diese Fragen deutet auf das Geheimnis hin, wie unser Geist arbeiten muss, um uns die Gefühle zu bescheren, die wir uns wünschen. Wir müssen nur die Augen aufmachen.

Flughäfen sind interessante Orte, um Leute zu beobachten. Seit den Terroranschlägen vom 11. September sind die Warteschlangen oft länger als erwartet. Wenn die Flugzeit näher rückt und sie in der Warteschlange nicht weiter kommen, fangen Menschen oft an, sich Sorgen zu machen. Ich beobachte, wie viele von ihnen mehr und mehr in Panik geraten und sich selbst innerlich total verrückt machen, was schließlich für alle sichtbar wird. Ich habe Mitgefühl mit diesen Menschen, weil ich früher auch so war. Jemanden in einer solchen Warteschlange zu beobachten, erinnerte mich an etwas, das mir vor langer Zeit passiert ist (10 oder 15 Jahre, bevor ich von den drei Prinzipien erfuhr).

Mein Auto hatte eine Panne. Ich lebe im ländlichen Vermont und musste damals mit jeweils etwa einer halben Stunde Fahrzeit zur Arbeit pendeln. Morgens hatte ich eine Mitfahrgelegenheit, aber an jenem Nachmittag konnte ich niemanden finden, weil ich früher von der Arbeit nach Hause gehen musste. Also trampte ich. Das beunruhigte mich nicht weiter; immerhin war ich nach meinem Abgang vom College im Jahre 1968 schon alleine per Anhalter im Land herumgereist. Das war zwar nun schon in den späten 70er Jahren und das Trampen war sicher nicht mehr das, was es früher mal war, aber in Vermont hatte sich nicht so viel geändert. Es ergab sich relativ unproblematisch, dass ein paar junge Hippies mich aus Montpellier mitnahmen, allerdings mussten sie nach einer Weile von der Hauptstraße abbiegen und ließen mich mitten auf weiter Flur aussteigen.

Der Tag hätte nicht schöner sein können. Es war einer dieser bilderbuchhaften Tage mit blauem Himmel im Frühherbst; klar, frisch und sonnig. Während ich mit meinem Daumen draußen an der Straße stand und auf Autos wartete (die selten vorbeifuhren), atmete ich die Schönheit ein, mit dem Gesicht in der Sonne, den Kopf zurückgelehnt und die Augen halb geschlossen. Ich hätte nicht zufriedener sein können. Für etwa zehn Minuten stand ich in diesem Zustand so da.

Dann hatte ich den Gedanken: „Oh, ich muss nach Hause. Ich sollte mir mal Mühe geben, damit ich endlich mit jemandem mitfahren kann."

Mein Gefühl änderte sich umgehend. Plötzlich war ich in Eile. Ich musste nach Hause. Jedes Mal, wenn ein Auto vorbeifuhr, wurde ich unruhig.

Dann kam mir ein weiterer Gedanke: „Nun warte mal! Ich werde nicht eine Sekunde schneller hier wegkommen, ob ich mir nun Sorgen mache, ob ich pünktlich nach Hause komme oder stattdessen diesen wundervollen Tag genieße".

Mein Gefühl änderte sich erneut. Plötzlich war ich so zufrieden wie zuvor.

Es vergingen weitere fünf Minuten. Wieder kam ein Gedanke: „Oh, nein. Ich muss jetzt wirklich mal nach Hause! Los, Autos! Los, Leute! Das wird langsam absurd." Ich wurde wieder unruhig und machte mir Sorgen.

Dann erinnerte ich mich an meinen vorherigen Gedanken und dachte: „Würden solche Sorgen oder der Versuch, schneller hier wegzukommen, mir wirklich dabei helfen, eher nach Hause zu kommen?" Ich lachte. Als wenn der Wunsch alleine dafür sorgen würde, dass ein freundlicher Fahrer vorbeikäme. Wieder kam mein schönes Gefühl zurück.

Während der folgenden zehn Minuten konnte ich nicht glauben, wie häufig meine Gefühle sich änderten. Sie variierten mit jedem anderen Gedanken! Obwohl ich wusste, dass meine Gedanken mir keine schnellere Mitfahrgelegenheit bescheren konnten, fiel ich immer wieder darauf herein. Dann erkannte ich die Sinnlosigkeit dieser Gedanken ein weiteres Mal. Sogleich vergaß ich sie wieder. Kurz darauf hatte ich es mir aufs Neue in Erinnerung gebracht. Dann vergaß ich es wieder. Es erstaunte mich, wie oft das passierte.

Die ganze Zeit über blieb die Situation dieselbe. Ich hing ohne Mitfahrgelegenheit auf der Straße fest und ich musste nach Hause. Meine unterschiedlichen Gefühle wurden durch verschiedene Gedanken verursacht, aber mit welchen Gefühlen wollte ich lieber leben? Welches Gefühl zeigte mir, dass ich in GESUNDER VERFASSUNG war? Wenn ich schon warten musste, wollte ich dann nicht lieber in meinem WOHL-SEIN auf eine Mitfahrgelegenheit warten? Ich konnte meine jeweiligen Gefühle erkennen und wusste, dass sie von meinen eigenen Gedanken verursacht wurden. Mir war klar, mit welchem Gefühl ich lieber leben würde.

Schlussendlich kam ich irgendwann nach Hause.

Welch ein Glück, dass wir über einen ganz natürlich in uns vorhandenen, absolut verlässlichen Mechanismus verfügen. Dieser erlaubt uns zu wissen, ob unsere Gedanken uns auf einem niedrigen oder hohen Bewusstseinsniveau halten. Ich rede hier von unseren Gefühlen.

Unsere Gefühle und Emotionen sind wie Ratgeber, die uns immer zur Verfügung stehen. Es ist ihre Aufgabe, uns zu zeigen, ob sich unser Denken auf dem richtigen Weg zu unserem WOHL-SEIN und unserer inneren Ruhe befindet oder nicht.

Wenn wir so etwas wie Wut fühlen oder Kummer, Depression, Frust, Eifersucht, Schuld oder Angst, dann dienen uns Emotionen dieser Art dazu, uns wissen zu lassen, dass unser Denken vom Weg abgekommen ist und dass ihm *nicht zu trauen ist*. Wenn wir uns niedergeschlagen fühlen oder boshaft, bedrückt oder wütend, besorgt oder ängstlich, überspannt oder voller Angst, dann können wir nicht auf das vertrauen, was unser Denken uns mitteilt. Sobald wir bemerken, dass unser Gefühl uns signalisiert, dass wir unserem Denken in diesem Moment nicht vertrauen können, haben wir auf einmal die Wahl, diesem Denken zuzuhören oder nicht, und unser Bewusstseinsniveau erhöht sich schon etwas, nur weil wir das erkennen.

Und was ist mit Angst? Ist das Gefühl von Angst nicht hilfreich?

Nicht so, wie man annehmen würde.

Viele Menschen sagen, Angst sei hilfreich. Wenn ich zum Beispiel durch den Wald laufe und mir ein riesiger Bär vor die Nase läuft, dann fühle ich Angst und in diesem Moment dient sie einem hilfreichen Zweck: Adrenalin wird ausgeschüttet und bereitet meinen Körper auf „Kampf oder Flucht" vor. Unter solchen Umständen hat Angst sicherlich einen Sinn – aber nur für wenige Sekunden.

Jetzt stellen Sie sich vor, ich handle aus der Angst heraus. Es könnte sein, dass ich in Panik gerate und etwas Dummes mache, möglicherweise genau das Gegenteil von dem, was die Situation eigentlich verlangt. Der durch die Angst ausgelöste Adrenalinschub hat zwar meinen Körper darauf vorbereitet zu handeln, aber wenn der Bär nicht wegläuft und ich versuche zu fliehen oder zu kämpfen, würde ich das wahrscheinlich bereuen. Ich bevorzuge, nicht aus Angst heraus zu handeln. Vielmehr will ich mit klarem Kopf handeln und auf der Basis von so viel Weisheit, wie ich unter diesen Umständen nur aufbringen kann. Wenn ich überwältigende Angst verspüre, kann ich keinen kühlen Kopf bewahren. Ich würde möglicherweise eine reflexartige Bewegung machen. Ist Angst also nach dem anfänglichen Adrenalinstoß noch hilfreich? Ich denke nicht.

Ein Angst-Gefühl kann nicht ohne einen Angst-Gedanken entstehen, auch wenn dies normalerweise so schnell passiert, dass wir nicht einmal bemerken, dass es ein Gedanke ist. Dies wurde mir klar, als wir unseren kleinen Welpen bekamen. Gypsy war sehr niedlich, und als ich mit ihr im Wald spazieren ging und wir miteinander spielten, entdeckte Gypsy plötzlich etwas Dunkles im Wald. Sie bekam Angst; das Fell im Nacken sträubte sich und sie fing an, sich zu ducken. Was war los? Womit würde ich gleich konfrontiert werden?

Es zeigte sich, dass ein Baum, der während eines heftigen Sturms entwurzelt worden war, nun der Länge nach auf dem Boden lag. Seine riesigen Wurzeln ragten zur Hälfte aus der Erde heraus und baumelten herunter wie sich windende Schlangen. Offenbar hatte Gypsy sich vor einem großen, dunklen Baumstamm und seinen Wurzeln gefürchtet.

Mir wurde klar, dass offensichtlich auch Hunde lernen, wovor sie sich fürchten; der Auslöser ihrer Angst ist nicht instinktiv. Instinkt ist die Art, wie sie reagieren – die Nackenhaare sträuben, sich ducken etc. – aber das, was die Angst erzeugt, ist nicht ihr Instinkt. Es könnte Instinkt sein, dass sie große, dunkle Objekte fürchten, aber sie müssen irgendwie interpretieren, ob das große, dunkle Objekt wirklich gefährlich ist. Gypsy muss einen Hunde-Gedanken gehabt haben, dass das große, dunkle Objekt „Gefahr!" bedeutet. Es ist schwierig, wie ein Hund zu denken, aber etwas ist offensichtlich: Hätte sie keinen furchterregenden Gedanken gehabt, hätte sie sich niemals vor einem auf dem Boden liegenden Baum gefürchtet. Es ist dasselbe mit uns Menschen. Der Angst geht immer ein angstvoller Gedanke voraus, weil wir zunächst einmal Angst wahrnehmen müssen.

Etwa sechs Monate bevor wir Gypsy bekamen, bin ich eines Tages im selben Wald spazieren gegangen, kam um eine Kurve und sah tatsächlich einen Bären. Glücklicherweise erschreckte sich der Bär mehr vor mir als ich mich vor ihm, denn er rannte in einem unglaublichen Tempo weg. Man sagt, dass Bären auf kurzen Strecken schneller rennen können als Pferde. Alle meine diesbezüglichen Zweifel wurden auf der Stelle beseitigt. Hätte sich der Bär hinter mir hermachen wollen, hätte ich keine Chance gehabt, denn meine Reaktionszeit wäre viel zu langsam gewesen. Glücklicherweise rannte der Bär aber in die andere Richtung. Als ich ihn erblickte, hatte ich ein momentanes Gefühl von Angst. Sofort wurde Adrenalin ausgeschüttet und mein Körper bereitete sich darauf vor zu reagieren.

Obwohl mir das in diesem Fall nicht viel geholfen hätte, räume ich ein, dass Adrenalin es uns ermöglicht, alle unsere Kräfte zu mobilisieren, die uns in die Lage versetzen, das Notwendige zu tun. Dies erfüllt einen wesentlichen Zweck und Angst ist dafür da, in dieser Art für uns zu sorgen. Nehmen wir nun aber einmal an, dass ich beim nächsten Mal, wenn ich im Wald spazieren gehen will, den Gedanken hätte: „Oh je, was, wenn ich wieder auf den Bären treffe, und was, wenn es dieses Mal nicht so glimpflich abläuft?" Ich hatte tatsächlich diesen Gedanken, aber ich habe ihn nicht für voll genommen und bin dennoch spazieren gegangen. Hätte ich diesen Gedanken jedoch ernst genommen, dann hätte ich wieder Angst gehabt, ohne auch nur einen Fuß in den Wald gesetzt zu haben. Zwar befände ich mich in meinem Haus in Sicherheit, wäre aber dennoch voller Angst gewesen, Adrenalin würde ausgeschüttet, um meinen Körper umgehend in volle Alarmbereitschaft zu versetzen, ohne je einen Bären gesehen zu haben. Macht das Sinn? Nähme ich dieses Gefühl der Angst ernst, würde ich vielleicht nie mehr im Wald spazieren gehen. (Gott sei Dank gibt es in Vermont keine Grizzlybären.)

Nach dem anfänglichen Adrenalinschub ist uns die Angst nicht länger dienlich. Was auch immer für Emotionen wir empfinden – Angst, Wut, Eifersucht, innere Unruhe, Depression, Besorgnis etc. – es kommt immer zu einem Punkt, an dem wir uns fragen müssen: „Tut mir das gut?"

Was ist mit Wut? Ist Wut nicht ein lohnenswertes und notwendiges Gefühl?

Auch hier ist es anders, als die meisten Menschen denken.

In manchen Situationen scheint es, als wäre Wut angebracht. Wenn jemand daher kommt und mir mein Geld stiehlt, würden viele Menschen erwarten, dass ich sauer werde. Aber man muss keine Wut empfinden. Wut entsteht *auf der Basis dessen, wie wir die Situation sehen*. Ich würde keine Wut verspüren, wenn mir zum Beispiel durch den Kopf ginge: „Mein Gott, was sich wohl in so einer Person abspielt, die das Leben eines anderen Menschen derart beeinträchtigt und keine Rücksicht auf andere nimmt. Diese Person muss in einer schrecklichen Welt leben, um in der Lage zu sein, jemandem so etwas anzutun." Ich würde vielmehr so etwas wie Mitgefühl empfinden. Wut entsteht aufgrund der Art und Weise, wie wir die Dinge sehen, wie wir darüber denken. [Mehr dazu in Kapitel VIII].

Bringt Wut mir mein Geld zurück? Nein. Hilft es in irgendeiner Weise, unglücklich zu sein, um mein Geld wiederzukriegen? Nein. Macht mein Mitgefühl irgendeinen Unterschied? Nein. So oder so betrachtet, mein

Geld ist weg. Aber ich bin derjenige, der mit meinen Gefühlen leben muss. Sie gehören mir. Welches Gefühl würde ich bevorzugen?

Manche Leute sagen, Wut motiviere uns, zur Tat zu schreiten. Stellen Sie sich also vor, dass ich aufgrund meiner Wut die Polizei anschreie und verlange, diesen Kerl zu finden. Oder ich durchsuche aufgrund meiner Wut sämtliche Passanten, um zu sehen, ob sie das Geld genommen haben. Ich bin sicherlich motiviert, aber wäre solch ein Handeln konstruktiv? Anstelle von Wut würde ich mich lieber von Weisheit leiten lassen, um herauszufinden, was zu tun ist. Wenn Wut herrscht, ist die Weisheit blockiert; sie kann nicht zum Vorschein kommen. Ich stehe mir selbst im Weg.

Woher weiß ich, wann meine Weisheit spricht und nicht meine Wut? Sie bringt ein anderes Gefühl mit sich. Wir fühlen uns ruhig, gelassen, innerlich gefestigt und sicher. Das Gefühl ist absolut verlässlich. Es zeigt mir immer, welchen Gedanken ich zuhören sollte.

Das Gefühl funktioniert wie eine Ampel. Ein gelbes Gefühl (im letzten Beispiel Verärgerung) bedeutet, dass unser Denken zur Ruhe kommen muss, handle mit Vorsicht – wir sollten lieber ein bisschen Abstand nehmen und sehen, was passiert. Ein rotes Gefühl (im letzten Beispiel ungebremste Wut) bedeutet „STOP!“, wir können unserem Denken einfach nicht vertrauen – es ist Zeit, die Fassung wieder zu erlangen und sich zu beruhigen. Ein grünes Gefühl (im letzten Beispiel Mitgefühl oder ein Gefühl von „es wird schon alles gut“) bedeutet, dass unser Denken sich auf dem richtigen Weg zu unserer GESUNDEN VERFASSUNG bzw. zu unserem WOHL-SEIN befindet – mach weiter so. Ich würde es wahrscheinlich dennoch der Polizei melden. Aber mit dem richtigen Gefühl dahinter wird es besser verstanden.

Wenn wir unsere Gefühle derart als Signale verwenden, scheinen sie sich zu wandeln. Sie bessern sich. Wir fühlen uns wohler, bleiben mehr in unserer Mitte und erkennen unsere Weisheit. Und solchen Gefühlen können wir vertrauen!

Wenn wir dem vertrauen, worauf das Gefühl uns hinweist, sind wir in Sicherheit, da wir wissen, dass wir unserem Denken nicht zu unserem eigenen Nachteil folgen müssen.

Manchmal entgeht uns, was unsere Gefühle uns mitteilen wollen, weil wir uns so an sie gewöhnt haben, dass wir sie für normal halten. Das passiert am häufigsten, wenn wir von eingefleischten Denkgewohnheiten vereinnahmt werden, mit denen wir – ohne es zu wissen – unser Denken gegen uns selbst einsetzen. Manchmal opfern wir sogar unser eigenes Wohlbefinden für eine Illusion, zum Beispiel wenn Menschen zu viele Dinge auf sich nehmen. Damit möchte ich niemanden kategorisieren, ich spreche lediglich von Menschen mit ähnlichen Denkmustern. Sie stellen andere über sich selbst, was ja gut ist, es sei denn, es ist zu ihrem eigenen Nachteil. Tom zum Beispiel [Kapitel V] nahm alles auf sich, was man ihm an Arbeit auflud, obwohl seine Gefühle ihm signalisierten, seinen Gedanken besser nicht zu vertrauen. Die meisten solcher Menschen, denen ich begegne, sind Frauen, die denken, dass sie sich mit allem abfinden müssen, was ihr männlicher Partner macht. Sie fühlen sich verantwortlich, die Beziehung aufrechtzuerhalten und gleichen alles schön aus, egal zu welchem Preis. Sie nehmen alles auf sich, angeblich für das Wohl der Beziehung, für die Harmonie der Familie oder für das, was sie selbst (fälschlicherweise) für ihren eigenen Seelenfrieden halten. Obwohl dies ungute Gefühle mit sich bringt, bevorzugen solche Menschen, lieber nicht für Unruhe zu sorgen.

Josephine nahm es auf sich, dass ihr Partner ständig Haschisch rauchte und anscheinend keine Ambitionen hatte, Arbeit zu finden. Obwohl sie es am Anfang ihrer Beziehung attraktiv fand, weil sie seinen Freiheitssinn bewunderte, sorgte es mit der Zeit für mehr und mehr Verdruss. Sie war diejenige, die sicherstellen musste, dass genügend Geld hereinkam, aber das funktionierte nicht. Sie fing an, dezente Hinweise fallen zu lassen. Er nahm keine Notiz. Dennoch wollte sie das Beste in ihm sehen. Sie wollte seine MAKELLOSIGKEIT sehen, und keine Probleme. Ihn direkt zur Rede zu stellen, würde außerdem die Partnerschaft ins Wanken bringen, und sie hatten eine gute Beziehung. So hatte Josephine die Verantwortung, sie zum Wohle ihres Miteinanders am Laufen zu halten – so dachte sie jedenfalls. Sie wusste nicht, was die Konsequenzen wären, würde sie auf eine Klärung bestehen. Getrieben von Angst nahm sie daher einfach alles ohne Widerstand auf sich.

Tinas Partner war gut gebaut, athletisch, attraktiv und intelligent. Sein einziges Problem war, dass er sein Leben nicht auf die Reihe zu kriegen schien. Er arbeitete so hart, ohne jemals wirklich voranzukommen, und das bereitete ihm eine Menge Stress. Manchmal fiel er in tiefe Depressionen. Tina war nicht in der Lage, ihn da herauszuholen. Dennoch blieb sie bei ihm, weil er sie brauchte; vielleicht wäre er nicht in der Lage, es ohne sie zu schaffen. Sie machte das, obwohl sie immer unglücklicher wurde und sich selbst dabei verlor. Sie nahm die Schmerzen seinetwegen auf sich.

Annes Ehemann kam mit ihren halbwüchsigen Kindern aus einer früheren Ehe nicht so gut aus. Eine seiner Schwestern, die in der Karibik lebte, war drogenabhängig und bekam ein Baby. Sie konnte sich nicht um das Kind kümmern, wurde inhaftiert, und keine ihrer dortigen Angehörigen wollte etwas mit ihr zu tun haben. Ihre kleine Tochter sollte in einer Pflegeeinrichtung untergebracht werden. Annes Ehemann wollte seine kleine Nichte aufnehmen – eine noble Geste von seiner Seite. Anne wusste aber, dass alle Verantwortung für das Kind auf ihr lasten würde, weil jegliche Verantwortung für den Haushalt immer an ihr hängen blieb. Sie sagte ihm, dass sie es nicht tun wolle. Es handelte sich hier um ein crack- und kokainabhängiges Baby, das sehr wahrscheinlich sehr viel Aufmerksamkeit und Pflege brauchte. Zudem fürchtete Anne sich vor den möglichen Auswirkungen auf ihre anderen Kinder. Ihr Mann bestand darauf und Anne gab klein bei. Wie vorausgesehen übernahm er sehr wenig Verantwortung für die Pflege des Kindes; es blieb an ihr hängen. Als das Mädchen größer wurde und zur Schule ging, zeigte es schwere Verhaltensstörungen. Es fing an, den jüngsten Sohn zu quälen. Anne wollte ein psychologisches Gutachten für das Mädchen einholen; aber ihr Mann wollte nichts davon hören. Es trieb Anne langsam in den Wahnsinn. Sie hatte wenig Energie für ihre anderen Kinder übrig. Ihre Beziehung zu ihrer ältesten Tochter verschlechterte sich zunehmend und sie wurde immer häufiger krank, was ihre Arbeit beeinflusste. Sie dachte an Selbstmord. Es schien der einzige Ausweg zu sein, außer, dass sie dies ihren Kindern nicht antun konnte. Noch immer weigerte sie sich, ihrem Mann zu sagen, dass sie es nicht mehr bewältigen konnte. Zum Wohle der Beziehung nahm sie es alles auf sich.

Was steckt dahinter? Das Denken von Menschen, die zu viele Dinge auf sich nehmen, ist irgendwie gestört. Es macht sie glauben: „Ich bin derjenige, der sich opfern muss. Es ist meine Aufgabe, die ganze Verantwortung zu übernehmen." Diese Gedanken sind Illusionen, die wie Realität aussehen.

Woran erkennen wir das? *Irgendetwas fühlt sich nicht richtig an.* Eine gesunde Beziehung fühlt sich für beide Seiten gut an. Eine gesunde Beziehung bedeutet nicht, dass einer alles auf sich nimmt und sich opfert. In einer gesunden Beziehung kommt man zu einer Einigung, auch wenn es verschiedene Ansichten oder Unzufriedenheit zwischen den Partnern gibt. Eine gesunde Beziehung beruht auf Gegenseitigkeit. Woran erkennen wir das? Es fühlt sich richtig an! Auch hier ist das Gefühl absolut verlässlich.

Was ist, wenn Leute nicht wissen, wie sie sich fühlen? Wie kann das Gefühl dann als Signal gedeutet werden?

Fühlen wir uns wohl oder unwohl? Das ist alles, was wir wissen müssen.

Manche Menschen sagen: „Ich fühle mich einfach taub. Ich fühle gar nichts." Ich würde sagen, dass das nicht in die Kategorie „Wohlfühlen" fällt; taub bedeutet also, dass wir mangelhafte Gedanken haben, denen nicht zu trauen ist.

Müssen wir genau wissen, welche Gedanken dazu führen, dass wir uns schlecht fühlen?

Nein. Nicht solange ich weiß, dass mein Unwohlsein von meinem eigenen Denken kommt und nicht von der Außenwelt. Denn dann weiß ich, dass ich derjenige bin, der aus irgendeinem Grunde ungute Gedanken hervorbringt, dass mein Denken auf wackeligen Beinen steht und ihm nicht vertraut werden kann. Dieses Wissen genügt anscheinend, um der Emotion die Macht zu nehmen.

Ich persönlich finde es manchmal hilfreich zu wissen, was genau sich in meinem Kopf abspielt. Ich liebe es, wenn sich mir bisher verborgene Gedanken offenbaren, wenn ich einen blinden Fleck entdecke. Je mehr solche Gedanken ans Licht gebracht werden, umso weniger kontrollieren sie mich. So wie damals, als ich während meiner Doktorarbeit keinen inneren Frieden finden konnte. Das mag wie ein Widerspruch erscheinen, aber dem ist nicht so.

Was ich jedoch nicht hilfreich finde, ist, regelrecht nach verstecktem Denken oder blinden Flecken zu suchen. Eine solche Suche ist oft vergeblich und führt zu Frustration. Das passiert, weil wir mit unserem analytischen Verstand suchen, genau jenem Teil unseres Geistes, der den blinden Fleck überhaupt erst hervorgebracht hat. In diesem Fall ist es die Aufgabe unseres analytischen Verstandes, diesen blinden Fleck zu schützen und ihn versteckt zu halten.

Wenn wir nicht suchen und analysieren, werden sich die uns verborgenen Gedanken und blinden Flecken von ganz alleine zeigen, wenn wir dazu bereit sind. Entschuldigen Sie dieses Beispiel, aber wenn wir eine Verstopfung haben, dann können wir so viel drücken und pressen, wie wir wollen, es wird nicht viel passieren, außer, dass wir Hämorrhoiden verursachen. Oder wir können entspannen, unserer Arbeit nachgehen, gesund essen und auf die Entlastung warten, bis es soweit ist. Es wird vielleicht nicht schneller gehen und es mag genauso unangenehm sein. Aber mindestens machen wir es nicht noch schlimmer, indem wir Druck auf das System ausüben. (Manchmal helfen anschauliche Beispiele dabei, etwas auf den Punkt zu bringen.)

Wenn wir wirklich unsere blinden Flecken entdecken und den Prozess beschleunigen wollen, dann können wir (vom UNIVERSELLEN GEIST) erbitten: „Ich würde gerne sehen, warum ich mich derart fühle." Dann vergessen wir es einfach. Eine Antwort wird sich am wahrscheinlichsten dann einstellen, wenn der Geist zur Ruhe kommt.

Manchmal empfinden wir ein Gefühl als so real, dass es sich auf unseren Körper auswirkt. Die Neurobiologin Candace Pert, Autorin des Buches *„Molecules of Emotion"* (Moleküle der Emotionen), bestätigt das. Ich wohne in New England und bin daher ein hartgesottener Red Sox Fan. Wie alle anderen Red Sox Fans war ich mein ganzes Leben lang frustriert. Als mein Team nun am Ende der Saison 2004 in der American League Championship Series drei Spiele hinter den New York Yankees lag (die immer siegten), und dann die nächsten drei Spiele gewann und somit den Ausgleich in der Serie schaffte, war ich aufgeregt. Im Endspiel lieferte Pitcher Derek Lowe ein großartiges Spiel und die Red Sox lagen einige Runs vorne, als Manager Terry Francona ihn aus dem Spiel nahm und den großartigen, aber müden Pedro Martinez einsetzte, der in seinen letzten beiden Outings mehr Runs als gewöhnlich verpatzt hatte. Ich konnte es nicht glauben! Ich dachte, das sei ungefähr ein genauso dummer Zug, wie der im letzten Jahr, als der damalige Manager Pedro zu lange im Spiel gelassen hatte, als dieser müde war, und die Red Sox die Serie verloren hatten (natürlich an die Yankees). „Nein!" schrie ich den Fernseher an. Ich war sicher, das war ein Omen. Die werden es wieder vermasseln! Das war immer so. Der erste Batter erreichte einen Hit durch Pedro. Mein Herz fing an, wie wild zu schlagen. Mir schnürte es die Brust zu. Der zweite

Batter erreichte einen Hit. „Oh nein!“ Ich war absolut sicher, die Red Sox würden verlieren. Die Beklemmung in meiner Brust verwandelte sich in Schmerz. Ich erinnerte mich an den früheren Präsidenten Clinton, der einen Schmerz in der Brust hatte und sich dann einer Herzoperation unterziehen musste. Ich war so sicher, dass die Red Sox verlieren würden, dass die Schmerzen unerträglich wurden. Ich konnte es nicht länger aushalten. Ich musste tatsächlich den Raum verlassen und ins Bett gehen. Dieses Gefühl hatte natürlich nichts mit meinem Denken zu tun; das war real! So dachte ich jedenfalls.

Natürlich hatte es einzig und allein mit meinem Denken zu tun! Sobald ich vom Fernseher aufgestanden war und mich mit der Tatsache abgefunden hatte, dass die Red Sox wieder einmal verlieren würden, ließen die Schmerzen in meiner Brust nach. Ich wachte am nächsten Morgen auf und fand heraus, dass die Red Sox gewonnen hatten. Judy hatte es unterdessen genießen können, die Red Sox gewinnen zu sehen und hänselte mich unbarmherzig. Aber wie durch ein Wunder verschwanden die Schmerzen in meiner Brust vollständig und kamen auch nicht wieder. Ich hatte geglaubt: „Sie vermasseln das wieder!“ und war so in diesen Gedanken verfangen und in die Bedeutung, die ich all dem beimaß, dass ich dachte, die Red Sox täten mir das an, mir persönlich. Ich vergaß, dass ich es war, der mir das antat. Ich war derjenige, der entschied, dass es wichtig sei, die Red Sox gewinnen zu sehen. Es ist doch nur ein Baseballspiel! Ich war derjenige, der beschloss, dass sie verlieren würden (und da sie das nicht taten, ist es offensichtlich, wie illusorisch meine Gedanken waren). Ich war derjenige, der entschied, dass ich es nicht länger aushalten könnte. Und dies führte dazu, dass ich den Sieg und die Feier verpasste, auf die ich mein ganzes Leben lang gewartet hatte. Mein eigenes Denken hatte das „Oh nein!-Gefühl“ und die Enge in meiner Brust erzeugt. Ich war so sehr davon vereinnahmt, dass ich es nicht als mein eigenes Denken erkennen konnte. Alldieweil schrie mich mein emotionaler Zustand buchstäblich an, um mir die Augen zu öffnen.

Gott sei Dank haben die Red Sox die World Series gewonnen. Und ich habe endlich wieder Ruhe.

Jedes Mal, wenn wir Emotionen wie Wut, Frust, Stress, Eifersucht, Schuld, Beunruhigung, Sorge, Angst oder Depressionen empfinden, sind wir an einer Weggabelung. Ein Weg führt uns dahin zu denken, dass eine solche Gefühlsregung von der Außenwelt kommen muss; wir sehen in diesem Fall, dass uns jemand etwas antut oder äußere Umstände dafür verantwortlich sind. Der andere Weg führt dahin zu erkennen, dass Emotionen von uns selbst verursacht werden, von unserem eigenen Denken.

Solange wir glauben, dass unsere Empfindungen von der Außenwelt verursacht werden, stecken wir in diesem Gefühl fest, bis die Außenwelt sich ändert.

Wenn wir sehen, dass unsere Empfindung *von unserem eigenen Denken* verursacht wird, wissen wir, dass sie sich auflösen wird, sobald sich unser Denken ändert, weil das immer so ist. Wenn wir wissen, dass wir selbst die Quelle unserer Emotionen sind, dann bleibt es uns überlassen, mit welchem Gefühl wir lieber leben würden.

Wie Yogi Berra sagt: „Wenn du an eine Weggabelung kommst, nimm sie!“

Stellen Sie sich unsere GESUNDE VERFASSUNG bildlich als eine Lichtkugel vor, die rein und weiß in uns leuchtet. Das Zentrum dieses Lichts enthält reine Liebe, die in alle Richtungen ausstrahlt. Je weiter sich das Licht vom Zentrum ausbreitet, umso mehr verliert es seine Reinheit und Leuchtkraft und die Umgebung wird nach außen hin langsam immer dunkler und lässt immer weniger Licht durch. Nehmen wir einmal an, wir legen einen Messstab an, der vom Zentrum des Lichts bis in unsere dunkelsten Sphären reicht. Abhängig davon, welche Art von Gefühl oder Emotion wir gerade erleben, können wir (im übertragenen Sinne) abmessen, wie weit entfernt wir uns von diesem Zentrum reiner Liebe befinden.

Mit anderen Worten, wenn wir so total deprimiert und verzweifelt sind, dass wir am liebsten Selbstmord begehen würden, könnten wir an der Messlatte erkennen, dass wir uns so ziemlich am weitesten entfernt von reiner Liebe und unserer GESUNDEN VERFASSUNG aufhalten. Viel weiter weg können wir uns nicht entfernen.

Wenn wir Trauer empfinden, sind wir noch immer weit entfernt, aber die Distanz zur reinen Liebe/GESUNDEN VERFASSUNG hat sich verkleinert.

Fühlen wir Traurigkeit, ist der Abstand wiederum etwas geringer. Wenn wir nur ein wenig traurig sind, vermindert er sich erneut. [Anmerkung: Ich will nicht sagen, dass es nicht natürlich ist, sich traurig zu fühlen, wenn zum Beispiel eine nahestehende Person stirbt. Selbstverständlich ist das natürlich! Diese Traurigkeit kann uns nicht schaden – wenn wir ihr erlauben, durch uns zu fließen, was ganz automatisch passiert, wenn wir ihr keine Bedeutung beimessen. Es geschieht jedoch, dass manche Menschen dauerhaft trauern, was ihr gesamtes Leben vereinnahmt. Die natürliche Traurigkeit hat dann ihren eigentlichen Sinn verloren und wird somit schädlich. Ab einem bestimmten Punkt dient andauernde Traurigkeit uns nicht mehr.]

Wir kennen doch alle das Gefühl, etwas mit einem lachenden und einem weinenden Auge zu sehen. In diesem Fall ist die Entfernung zu unserer GESUNDEN VERFASSUNG noch geringer.

Wenn wir uns angesichts einer Situation gut fühlen, dann kommen wir unserer GESUNDEN VERFASSUNG langsam aber sicher näher.

Wenn wir Erleichterung verspüren, verringert sich der Abstand noch ein wenig mehr.

Empfinden wir Demut oder Mitgefühl, reduziert sich die Distanz weiter. Jetzt kommen wir dem Gefühl von Liebe und GESUNDER VERFASSUNG schon ganz schön nahe.

Wenn wir uns freudvoll oder dankbar fühlen, dann sind wir sogar noch dichter dran.

Wenn wir bedingungslose Liebe oder reinen Seelenfrieden empfinden, dann sind wir unserer GESUNDEN VERFASSUNG vielleicht so nah wie möglich.

Das ist unser Maßstab. Wenn ich an John Lennons Lied *„God"* denke, frage ich mich, ob er auf ebendies hindeutete, als er sang: „God is a concept by which we measure our pain" (Gott ist ein Konzept, an dem wir unser Leiden messen).

Wir könnten Wut mit dem gleichen, vertikalen Maßstab betrachten. Hier ist der Verlauf in etwa so: Von Gewalttätigkeit und Raserei zu blanker Wut, zu Entrüstung, zu leichter Verärgerung oder Verdruss, zu einem neutralen Gefühl, zu einem guten Gefühl, zu Mitgefühl, und schließlich dahin, den Frieden oder die Liebe zu empfinden, die unsere GESUNDE VERFASSUNG ausmacht. Wir könnten dies mit jedweder Art von Gefühl und Emotion machen. Möglicherweise gibt es unendlich viele Möglichkeiten.

Der einzige Unterschied zwischen einem See mit Wellen und einem See ohne Wellen ist der Wind. Ein See wäre ruhig, wenn es keinen Wind gäbe. Wir wären ruhig, wenn es unsere Gedanken nicht gäbe. Wir können ablesen, in welchem Ausmaß der Wind den See beeinflusst, indem wir die Wellen bzw. ihre Größe und Stärke betrachten. Wir können ablesen, welche Auswirkungen unser Denken auf uns hat, indem wir das Ausmaß und die Intensität unserer Gefühle betrachten.

Der Wind ist unsichtbar. Wir können nur seine Auswirkungen spüren. Die meisten Gedanken, die uns beeinflussen, sind ebenfalls unsichtbar. Einzig und allein unsere Gefühle zeigen uns, dass etwas nicht stimmt.

Das Wichtigste ist, nicht aus den Augen zu verlieren, dass der Gefühlszustand, den wir uns wünschen, bereits in uns liegt. Er ist nur verborgen, verdeckt von den Kreationen unseres eigenen Denkens. Wir haben schon, wonach wir suchen.

Monicas Geschichte

Während einer Pause am zweiten Tag eines Drei-Prinzipien-Trainings sah ich, wie Monica benommen da stand, ihr Gesicht war ganz gerötet. Ich ging zu ihr hinüber und fragte, was los sei. Sie antwortete mir, dass sie gerade eine gewaltige Erkenntnis gehabt habe und sich sehr merkwürdig fühle, total anders, so als wäre eine heftige Welle von Energie durch ihren Körper geschossen. In diesem Moment wusste ich, dass Monica nicht mehr dieselbe sein würde. So hat sie es beschrieben:

> Ich sehe das Leben total anders als noch vor ein paar Tagen, aber mein Leben zu beschreiben, wie ich es jetzt sehe, würde nichts bringen. Also werde ich zuerst einmal erzählen, wie mein Leben aussah, bevor ich an dem Drei-Prinzipien-Workshop teilnahm.
>
> Ich wuchs als Kind von Wanderarbeitern auf, deren Wohnsitz von den Jahreszeiten abhängig war. Ich wurde in Ohio geboren, verbrachte aber nur drei Tage dort. Meine erste Erfahrung mit dem Schulsystem machte ich in einer spanischen „Head Start Schule“*. Ich glaube, dort lernte ich, dass es von der Gesellschaft nicht anerkannt wurde, wie ich aufwuchs. Unsere Lebensumstände waren zugegebenermaßen nicht die besten, aber für mich war viel gravierender, dass ich ungesunde Überzeugungen verinnerlichte, welche sich auf mein Verhalten auswirkten. Mein Vater beging Inzest und viele unserer Nachbarn waren Kinderschänder.
>
> Als ich sieben Jahre alt war, verließ meine Mutter meinen Vater, nachdem er ihr einen Schlag in den Unterleib verpasst hatte und damit meine ungeborene Schwester tötete. Nach der Trennung meiner Eltern setzten sich die negativen Ereignisse in meinem Leben jedoch fort. Mir wurden ständig neue negative Lebenserfahrungen auferlegt,

* Eine Art staatliche Vorschule für Kinder aus einkommensschwachen Familien (Anm. der Übers.)

die sich wie ein schwerer Rucksack anfühlten. Nachdem mein Vater weg war, ging der sexuelle Missbrauch mit den Freunden meiner Mutter weiter. Dazu kamen ein Stiefvater, ein paar Jugendliche und Erwachsene in der Nachbarschaft – einige unter ihnen sogar Frauen. (Ich kenne mich mit Statistiken von Armut im Zusammenhang mit ungesundem Verhalten nicht aus, aber in meinem Fall schien beides Hand in Hand zu gehen.)

Als Jugendliche belastete mich die Schwere dieser Erfahrungen und ich versuchte alles Mögliche, nur um all dies für eine Weile vergessen zu können. Doch das brachte mich in noch mehr Schwierigkeiten (Kriminalität, Drogen etc.). Mit 16 war ich auf einmal schwanger. Mein Körper, der durch Missbrauch und Schwangerschaft in Mitleidenschaft gezogen war, fing natürlicherweise an, sich von den giftigen Belastungen des Rucksacks zu reinigen. Ich erlebte immer mehr Flashbacks. Als ich mit meiner Tochter schwanger war, versuchte ich, all die Male zu zählen, die ich sexuell missbraucht wurde – ich hörte bei 20 auf und fragte mich, was das bringen soll. Ich fing an, unter Gedächtnisausfällen und Phobien zu leiden. Ich ging in Therapie und lernte mit den Auswirkungen umzugehen bzw. damit zu leben. Ich heiratete den Vater meiner Tochter und war sechs Jahre mit ihm zusammen, bis ich erkannte, dass diese Beziehung von Missbrauch geprägt war. Ich verließ meine Ehe mit der Gewissheit, dass ich nicht länger heruntergeputzt, geschlagen und gedemütigt werden wollte. Ich wollte einfach nur ich selbst sein. Ich hatte aber nicht erkannt, dass ich diese Ehe in dem Glauben verließ, jemand zu sein, der Menschen anzog, die zu Missbrauch neigten.

Demzufolge begann ich ein Jahr nach meiner Scheidung mich mit einem Mann zu treffen, mit dem ich vom Regen in die Traufe kam. Nach einigen gewalttätigen Ausbrüchen ging ich in der Hoffnung auf Schutz für meine Familie vor Gericht, da seine Drohungen auf ihre Sicherheit anspielten. Ich erwirkte eine einstweilige Verfügung, die ihn in Wut

versetzte und der er zuwider handelte
dingungen entlassen, über die er sic
ßen hinwegsetzte. Der Polizeibeamte
letzte Zuwiderhandlung sprach, info
in dieser Angelegenheit nichts weit
ich am nächsten Tag den Staatsan
Schließlich ging ich zur Polizei und
die zu den Akten genommen wurde. Während
rannte und versuchte, ihn in Haft zu bringen, brach er in das Haus meiner Mutter ein (wo ich wohnte) und wartete dort. Meine Mutter kam vor mir nach Hause und wurde von ihm entführt und vergewaltigt.

Das langwierige Gerichtsverfahren nahm mich schwer mit. Nach einer aufreibenden, eidesstattlichen Aussage, die acht Stunden dauerte, fühlte ich mich wie eine totale Versagerin. Ich kam mir schmutzig vor, fühlte mich im Unrecht und schuldig. Es dauerte fünf lange Jahre, um diesen Mann hinter Gitter zu bringen, während ich weiterhin ständig Briefe von ihm bekam, in denen er mir und meiner Familie drohte. Als seine Anwälte behaupteten, ich hätte ihn ins Haus meiner Mutter eingeladen, um sie hereinzulegen, konnte ich mich noch nicht einmal verteidigen und bettelte den Richter an, mir zu erlauben, nach Hause gehen zu dürfen. Für die Vergewaltigung wurde er nie verurteilt; es gab keine Beweise dafür, dass die Spuren im Bett meiner Mutter nicht durch mich verursacht worden waren. (Sie ließen es so aussehen, als ob ich mit ihm im Bett meiner Mutter Sex gehabt hätte und dies der Grund sei, warum dort Sperma und Haare gefunden wurden. Aber ich habe nie in ihrem Bett mit ihm geschlafen.) Er wurde also nur wegen Entführung, Einbruch und Körperverletzung verurteilt.

Meine psychische Verfassung war nicht die beste – die Belastung hatte nun die Größe eines Rucksacks von der Gesamtlänge meines Körpers angenommen. Jener Rucksack beinhaltete Botschaften an mich, wie zum Beispiel, dass ich von Geburt an damit gebrandmarkt war, dass an-

wahllos ihre Wut an mir auslassen konnten (warum [...]st würde ein Vater seinem Kind weh tun?) Ich hatte mir das alles selbst zuzuschreiben. Ich war minderwertig – mit mir stimmte etwas nicht. Ich war nicht imstande, gut genug zu sein. Und nun hatte meine Familie Schaden erlitten, weil ich sie diesem Mann ausgeliefert hatte.

Fortbildungen, Therapien, das Kennenlernen von wunderbaren Menschen, meine Kinder und – nicht zu vergessen – meine angeborene gesunde Verfassung halfen mir dabei, diesen Rucksack zu ertragen. Vor ein paar Tagen erst habe ich erkannt, dass ich diesen Rucksack abnehmen, ja sogar loswerden könnte. Nein, ich habe nicht herausgefunden, wie ich meine Erinnerungen löschen kann – sondern etwas viel Besseres. Mir wurde klar, dass ich das gar nicht will. Ich mag mich so wie ich bin und ohne meine Erfahrungen wäre ich nicht die, die ich heute bin.

Diese Einsicht kam häppchenweise zu mir, indem ich Gesprächen lauschte, die während des Drei-Prinzipien-Workshops geführt wurden. Aber die größte Lücke schloss sich, als unser Veranstalter eine Heroinabhängige vorstellte, die dabei war, sich von ihrer Sucht zu befreien und die uns ihre Geschichte erzählte. Sie sprach davon, dass sie sich zwar wünschte, auch Haschisch vollständig aufzugeben, aber dass sie es am vergangenen Abend doch geraucht hätte. Sie sagte, sie müsse nicht perfekt sein und brauche nicht jede Kleinigkeit an sich zu verurteilen, nur um nach außen hin etwas darzustellen. Sie mache sich deswegen nicht selbst fertig. Die Liebenswürdigkeit und Güte, die sie sich selbst entgegenbrachte, diente als Auslöser für den Gedanken, dass meine Vergangenheit mich nur deswegen festhielt, weil ich dies erlaubte, und zwar durch meine Gedanken.

Mein zweiter Gedanke war, dass ich die Realität meiner Vergangenheit erschaffen hatte und dass ich die Fähigkeit besaß, sie neu zu gestalten. Dieser Gedanke führte zu einem euphorischen Gefühl von neu gewonnener Stärke. Er veränderte die Art und Weise, wie ich mein Leben betrachtete. Mir wurde plötzlich klar, dass ich meinen Rucksack nicht mit mir herumtragen musste, sondern dass es vielmehr meine Wahl war. Vielerlei Gefühle kamen gleichzeitig in mir hoch, als ich erkannte: „Ich bin gesund. Mit mir ist alles in Ordnung!“ Und ich entferne mich nur dann weiter von der Wahrheit, wenn ich mir vorstelle, dass das nicht stimmt. Ich fühle mich sogar anders im Hinblick auf die Menschen, die mir das alles angetan haben. Es fühlte sich an, als ob ein Gewicht von 50 Jahren von meinen müden Schultern genommen wurde. Und dieses Gewicht ist nie wieder zurückgekommen.

Was hat mir diese Erkenntnis gebracht? Eine andere Lebensqualität. Vorher hatte ich mich durchs Leben geschleppt. Heutzutage genieße ich es sogar! Die Beziehung mit meinem jetzigen Partner hat sich schlagartig gefestigt. Er war der erste Mensch, an dem ich mich mit meinem neuen Wissen versuchte und der es – was uns beide überraschte – auch verstand! Wir verbringen mehr Zeit damit, einander wirklich zuzuhören. Wir hören mit offenem Herzen zu. Ich kann nicht mit Worten beschreiben, was uns davon abgehalten hat, eine gesunde Beziehung zu führen, außer dass wir uns damals einfach nicht in einer gesunden Verfassung befanden.

Meine Arbeit stellt mein neu gewonnenes Bewusstsein jeden Tag auf die Probe, und wenn ich manchmal keinen Zugang zu meinem inneren Wohl-Sein habe, erscheint alles gleich viel schwieriger und anstrengender. Meine Augen und mein Herz haben sich geöffnet. Und obwohl ich es am liebsten der ganzen Welt erzählen möchte, weiß ich doch, dass ich zuerst selbst in dieser gesunden Verfassung leben muss und dass andere – indem ich das mache – sich der Reise anschließen werden. Ich fühle mich auch anders gegenüber meinem Ex-Freund. Würde ich ihm gerne auf der Straße begegnen? Nein. Aber ich habe keine Angst mehr vor ihm. (Er versucht gerade, aufgrund einer Hepatitis-Erkrankung aus dem Gefängnis entlassen zu werden.) Ich fühle eher eine Art Traurigkeit, dass seine Augen und sein Herz nicht offen sind. Aber das ist jetzt Schnee von gestern. Wenn ich Groll hege, fühle ich mich schrecklich; wenn ich es als unschuldig ansehe, gibt es niemanden, gegenüber dem ich Groll empfinden könnte.

In jedem Bereich meines Lebens fühle ich mich stark (es gibt nichts, womit ich nicht fertig werden könnte). Ich bleibe gelassen (mein Kopf schwirrt nur dann, wenn ich an mir selbst zweifle) und fühle mich ausgeglichen und ganz. Ich bin stolz auf mich, empfinde Liebe für mich und habe einen optimistischen Blick auf die Welt. Ich bin Jack so dankbar dafür, dass er mir gezeigt hat, was ich schon immer wusste und gefühlt habe, aber was ich nicht wirklich glauben konnte, bis ich es in jemand anderem sah.

VII. Wir bekommen, was wir sehen

In meinem Buch *„Prevention from the Inside-Out“* (Prävention von innen heraus) erzählt Lisa (Kapitel I) ihre Geschichte, wie sie ihre Tochter vom Moment ihrer Geburt an als ein manipulatives kleines Biest betrachtete.

Ihre Tochter Bridgett quengelte und weinte von Anfang an. Binnen kurzer Zeit schrie sie ununterbrochen. Bridgett schien sich vor Schmerzen zu winden. Nach sechs Monaten fand Lisa heraus, dass ihre Tochter gegen die Muttermilch allergisch war. Dies erklärte die Schmerzen und das Weinen. Lisa wechselte zu Soja-Milch und erlangte umgehend Erleichterung – für zwei oder drei Tage herrschte Frieden, bis Bridgett ihren ersten Zahn und ihre erste Ohrenentzündung bekam. Das Schreien begann von Neuem. Von da an bekam Bridgett einen Zahn nach dem anderen und hatte immer wieder Ohrenentzündungen – mehr Weinen und Schreien. Bald lernte Bridgett zu weinen, um zu bekommen, was sie wollte. Lisa hatte das Gefühl, dass sie niemals die Gelegenheit hatte, eine Bindung zu ihrer Tochter aufzubauen; sie war zu sehr damit beschäftigt, sich gegen die Manipulationen und Boshaftigkeiten ihrer Tochter zu wehren.

Während eines professionellen Drei-Prinzipien-Langzeittrainings beschwerte sich Lisa eines Tages über ihre Tochter und ihre Beziehung zu ihr. Oberflächlich betrachtet erschien es den meisten Teilnehmern, als habe Lisa noch viel über Kindeserziehung zu lernen. Ich hörte jedoch ein tiefer liegendes Problem. Die Schlüsselfrage war, auf welche Art Lisa ihre Tochter *sah*. Seit sieben Jahren sah sie ein manipulatives, hinterhältiges kleines Luder.

Ich fragte: „Lisa, meinst du, man könnte deine Tochter auch mit anderen Augen betrachten?“

Voller Sarkasmus sagte sie: „Na klar, ich werde sie ab sofort als süßes Schätzchen ansehen.“

Plötzlich erschien ein Bild vor ihren Augen. Sie erinnerte sich daran, wie Bridgett sich aus Trotz mitten auf den Boden geworfen hatte. Lisa hatte den Wutanfall auf die Tatsache zurückgeführt, Bridgett sei ein manipulatives Biest. Plötzlich ging Lisa ein Licht auf: „Meine Güte, ich denke mir den Grund für ihren Trotz nur aus! Genauso habe ich mir eingebildet, dass sie mich ablehnt! Dabei war mir nur nicht klar, dass sie gegen die Muttermilch allergisch war. Ich weiß in Wirklichkeit gar nicht, warum sie sich so verhält."

Kurz darauf kam Lisa eine riesige Erkenntnis: „Oh, mein Gott!" Sie schnappte nach Luft. „Ich denke mir aus, was meine Tochter ist! Ich erschaffe die Illusion, dass meine Tochter eine manipulative Göre ist, und dann verhalte ich mich ihr gegenüber, *als wäre* sie es wirklich."

Lisa weinte. Sie sah plötzlich ein ganz anderes Kind.

Durch Lisas Offenbarung veränderte sich alles. Sobald sie nach Hause kam, entschuldigte sie sich bei Bridgett. Seitdem haben sie eine wundervolle Beziehung.

Dabei hatte sich nichts als Lisas Denken geändert; von „Bridgett ist ein manipulatives kleines Biest" zu „Ich denke mir aus, was Bridgett ist".

Welche Illusion wir auch immer sehen, ist genau das, was wir bekommen. Wenn wir ein manipulatives Biest sehen, bekommen wir ein manipulatives Biest. BEWUSSTSEIN greift unser Denken auf und lässt es auf diese Weise real erscheinen. Wenn wir jedoch erkennen, dass wir nur einer Illusion erliegen, ergeben sich sofort neue Möglichkeiten. Uns wird klar, dass wir uns *alles Mögliche* darüber ausdenken können, was unsere Kinder sind. Das Gleiche gilt für alle unsere Mitmenschen und jedwede Situation. Es steht uns offen. Jede Person kann auf andere Weise von uns betrachtet werden. Genauso können wir jede Begebenheit auf vielerlei Arten sehen. Jede einzelne Bewusstseinsebene präsentiert uns eine andere Linse, durch die wir sehen. Wir sind diejenigen, die diese Linse erschaffen.

Wir müssen einzig und allein erkennen, dass unsere Betrachtungsweise *von uns* kommt. Auf welche Art wir wen oder was auch immer zu einem gegebenen Zeitpunkt sehen, liegt nicht an der Außenwelt! Dies einfach nur zu erkennen, beeinflusst unsere Sichtweise schon zu einem gewissen Grad, weil sich unsere Perspektive erweitert. Wenn wir die Illusion als solche erkennen, sind wir nicht länger in der „Realität" gefangen, vielmehr eröffnet sich uns eine enorme Vielfalt an Möglichkeiten. Unmengen von Alternativen stehen zur Verfügung, doch wählen wir unbeabsichtigt immer eine bestimmte aus. Wenn wir uns jedoch zu jeder Zeit diese Vielfalt von vertikalen Möglichkeiten* bewusst machen, dann haben

* Das „vertikale Kontinuum" wird in Kapitel VIII ausführlich erörtert.

wir die Gelegenheit, unsere Sicht der Dinge ein bisschen weniger ernst zu nehmen, als wir das normalerweise tun. Neue Welten können sich vor uns auftun, so wie das für Lisa passierte.

Lisa konnte nicht verhindern, gelegentlich so etwas wie „Meine Tochter manipuliert mich“ oder „Sie ist ein Biest“ zu denken. Wenn ihr dies jedoch jetzt passiert, weiß sie, dass es sich nur um eine Denkgewohnheit handelt, die wieder einmal auftaucht, was vor allem in einem Stimmungstief vorkommen kann. Wie John Nash in dem Film *„A Beautiful Mind – Genie und Wahnsinn“* ist auch sie in der Lage, dieser Art von Gedanken den Rücken zuzukehren bzw. ihnen keinen Glauben zu schenken. Selbst als Nash erkannte, dass er paranoid-schizophrene Illusionen kreierte, konnte er damit nicht aufhören; er konnte sie noch immer sehen. Der Wendepunkt kam in dem Moment, als ihm klar wurde, dass das Kind, das er über die Jahre hinweg immer wieder sah, nicht älter geworden war. Plötzlich erkannte er die Illusionen als solche. Plötzlich wusste er, dass er der Ursprung war, dass er diese Illusionen erschaffen hatte. Plötzlich erkannte er, dass er nicht glauben musste, dass sie real waren. Er musste sie nicht für voll nehmen; daher mussten sie nicht länger sein Leben bestimmen. Deswegen konnte er, während er zwar nicht imstande war, die Illusionen zu unterbinden, *ihnen dennoch den Rücken zukehren*. Wir alle sind gleichermaßen dazu in der Lage. Auch Lisa hörte auf, jene Gedanken ernst zu nehmen und sah eine „neue“ Bridgett.

Bei einer Wanderung durch den schönen Manuel Antonio Park (im Hinterland eines malerischen Strandes in Puerto Rico), erzählte man uns, dass wir sehr wahrscheinlich Affen in den Bäumen sehen würden, wenn wir nur früh genug hingingen. Lange Zeit sah ich keine. Und das war mir egal; ich dachte, dieser Park sei wundervoll. Ich genoss einfach, durch die Schönheit dieser Landschaft zu wandern. Auf dem Weg hielt mich jemand an und fragte, ob ich irgendwelche Affen gesehen hätte. Er habe keine gesehen und sei wirklich verärgert darüber, als wenn dies eine Art persönliche Beleidigung wäre.

Anderes Denken, andere Erfahrung. Wir bekommen, was wir sehen.

Schließlich sah ich doch ein paar sehr süße, kleine Äffchen. Das war das Tüpfelchen auf dem „i“.

Erinnern Sie sich, dass wir in Kapitel VI darüber sprachen, ob Ärger notwendig ist? Was wäre, wenn wir Opfer von sexuellem Missbrauch oder Vergewaltigung geworden wären? Wenn wir es uns genauer anschauen, können wir trotz solch einer Tatsache eine Vielzahl von verschiedenen Gefühlen erleben.

Blicken wir zurück und sagen: „Es hat mein Leben ruiniert", dann beschert jene Ebene unseres Bewusstseins, die auf unserem Denken basiert, uns eine Erfahrung eines ruinierten Lebens.

Sagen wir: „Es hat mich kaputt gemacht", dann nehmen wir uns als kaputt wahr.

Denken wir: „Das war schrecklich, aber ich lasse mir dadurch mein Leben nicht ruinieren", dann erleben wir von dieser Bewusstseinsebene aus, dass es uns ganz gut geht.

Sagen wir: „Mann, ich habe wirklich daraus gelernt; ich weiß jetzt, dass ich wachsamer sein muss und ich werde besser auf mich aufpassen", dann betrachten wir wiederum eine andere Ebene und erleben dadurch ein anderes Gefühl.

Ich sage nicht, dass das Geschehene nicht eine schreckliche Sache sei oder dass der Täter nicht dafür büßen müsse. Ich sage auch nicht, eine Ebene sei besser als die andere. Ich sage nur, dass wir diejenigen sind, die mit dem Gefühl zu leben haben, das durch die Bewusstseinsebene bestimmt wird, auf der wir das Geschehene gerade betrachten, und daraus entsteht, wie wir es empfinden. Wir allein erschaffen unsere eigenen Ebenen.

Gabriela gab Drei-Prinzipien-Unterricht in der Jugendhaftanstalt in San Jose in Kalifornien. Sie traf sich mit ihrer Gruppe seit etwa vier Monaten jede Woche für anderthalb Stunden. Eines Tages kam Gabriela in die Klasse und etwas schien anders zu sein. Normalerweise wurden die Jugendlichen ganz schnell ruhig und ließen sich auf ihren Plätzen nieder, sobald sie und ihre Kollegin Celestine den Raum betraten. An diesem Tag saßen alle schon und es herrschte Stille. Der Raum war spannungsgeladen. Während der vergangenen Monate hatten sie ein harmonisches Verhältnis mit der Gruppe aufgebaut. Dies fühlte sich ganz anders an.

Gabriela schaute sich im Raum um und sah fünf neue Gesichter in der Klasse. Einige der neu hinzugekommenen Jugendlichen hatten Bandenabzeichen auf Arme und Brust tätowiert, aber einer hatte die Tätowierung sogar mitten auf der Stirn, was noch weit aggressiver wirkte. Sie war nicht zu übersehen. Er hatte eine ungemein heftige Ausstrahlung. Gabriela saß ihm genau gegenüber, ihm zugewandt, sodass sie ihn im Auge behalten konnte. Neben Gabriela saß ein Mitglied einer rivalisierenden Bande. Sie bemerkte, dass der Junge mit der tätowierten Stirn ihn direkt anstarrte, aggressiv, von oben herab, mit funkelnden Augen und ohne jemals den Blick von ihm abzuwenden.

Gabriela und Celestine fingen mit der Vorstellungsrunde an und versuchten, wie immer, für eine leichte und entspannte Atmosphäre zu sorgen. Sie fingen mit denjenigen an, die schon länger in der Gruppe waren, und baten sie, sich vorzustellen und ihr Lieblingsessen zu benennen. Die Jugendlichen nahmen willig teil – bis der Neue an die Reihe kam, der den anderen Jungen weiterhin intensiv anstierte.

„Mein Name ist Jose“, grummelte er, „und ich habe nichts weiter zu sagen.“ Das war’s.

Celestine, die neben ihm saß, ermunterte ihn zum Sprechen, aber ohne Erfolg. Spannung baute sich auf. Je mehr Celestine es versuchte, umso mehr knisterte es. Jose starrte sie mit bösen Blicken an. Dann wandte er seinen durchdringenden Blick zu Gabriela, die ihm gegenüber saß.

Gabriela überkam plötzlich Angst. Sie erwiderte seinen Blick für einen Moment und schaute dann auf den Boden. Seine Energie war zu kraftvoll, zu bedrohlich. Es schien, als sei etwas kurz davor hochzugehen.

In ihrem Inneren hörte sie eine Stimme: „Du musst ihm in die Augen sehen.“

Zwar wollte sie das nicht, aber dennoch schaute sie hoch und erwiderte fest seinen Blick. Wer konnte es länger aushalten? Gabriela dachte, es dauere eine Ewigkeit. Schließlich schaute Jose weg.

Nach dem Unterricht überlegte Gabriela, ob sie die Wachmänner bitten sollte, ihn aus der Gruppe zu nehmen. Wieder hörte sie eine innere Stimme: „Warte ab!“

Jose hatte die gleiche heftige Ausstrahlung, als er in der nächsten Woche in der Klasse erschien. Sie versuchte, mit ihm zu scherzen, aber er ging nicht darauf ein. „Wir hätten ihn aus der Gruppe nehmen sollen“, dachte sie. „Ich werde mich nach dem Unterricht darum kümmern.“

Celestine brachte immer Kekse für die Jugendlichen mit. Diese Woche waren sie einzeln in Folie eingeschweißt und die Verpackungen lagen bald überall herum. Gabriela sah eine Gelegenheit. Sie näherte sich Jose behutsam und fragte ihn freundlich: „Kann ich dich um einen Gefallen bitten?“

„In Ordnung.“

„Würde es dir etwas ausmachen, die Verpackungen von allen einzusammeln und sie dann wegzuschmeißen?“

„Kein Problem, Ma'am“, sagte er.

Gabriela war überrascht. „Danke, Jose.“

Sie saß jetzt neben ihm und gab ihren Unterricht. Andere Jugendliche redeten und machten Krach.

„Hey“, sagte er, „zeigt ihr mal ein wenig Respekt! Sie versucht, uns etwas beizubringen.“

Gabriela fiel fast vom Stuhl.

Sie drehte sich zu Jose um und sagte: „Danke.“

Jose fing an zuzuhören. Er hörte Gabriela zu, als sie über GEDANKE unterrichtete. Er hörte ihr zu, als sie erklärte, dass jeder Mensch eine GESUNDE VERFASSUNG und Weisheit in sich trage.

Nach dem Unterricht, als alle sich auf den Weg machten, sagte Gabriela „Danke, Jose. Bis nächste Woche.“

Die Zeit verging. Im Unterricht sprachen sie über GEIST, BEWUSSTSEIN und GEDANKE. Jose sagte, dass er plötzlich verstehe, auf welche Art jeder Mensch seine eigene Welt erschafft. Er hatte eine tief greifende Einsicht gewonnen. Gabriela konnte es an seiner Körperhaltung sehen. Kurz vor Ende des Unterrichts fragte er, ob sie zehn Minuten länger bleiben könnten. Jose schien wirklich interessiert zu sein. Später fing er sogar an, andere zu unterrichten.

„Ich weiß, dass ich mir das ausdenke“, sagte Jose. „Es ist nicht mein Betreuer.“

Er wurde weicher. Er fing an zu lächeln. Plötzlich hatte er Grübchen. Vorher waren seine Gesichtszüge so voller Wut und Aggression, dass Gabriela nie sein wirkliches Gesicht, sondern nur die Wut wahrgenommen hatte. Jetzt bemerkte sie, dass er ein hübscher Junge war.

„Oh, mein Gott, Jose, du hast ja Grübchen!“

Jose lächelte.

„Wer hätte gedacht, dass dieser grimmige, hartgesottene Junge mit der hässlichen Einstellung Grübchen hat!“ sagte sie zu ihm.

Jose lächelte noch mehr. „Ich musste so tun, als wäre ich von der harten Sorte, weil ich mich so unwohl fühlte“, sagte er, „aber als ich anfing, mich wohlzufühlen, konnte ich das sein lassen.“

„Ja“, sagte Gabriela. „Manchmal erschaffen wir komische Überzeugungen oder Vorstellungen darüber, was es bedeutet, ein harter Kerl zu sein und wer wir sind. Möchtest du darüber sprechen?“

„Ja“, sagte Jose. „Zu Überzeugungen steht man und für Überzeugungen stirbt man.“

„Das ist eine komische Überzeugung über Überzeugungen“, sagte Gabriela.

Jose reagierte. „Was meinen Sie damit?“

Inzwischen fühlte Gabriela eine starke, liebevolle Verbindung zwischen ihnen. „Nun, was ist eine Überzeugung oder Ansicht in Wirklichkeit?“, fragte sie.

Der Junge neben ihm rief aus: „Eine Überzeugung ist ein Gedanke.“

Jose grummelte: „Nein, es ist kein Gedanke!“

Wenn Jose sprach, verlangte er Respekt. Alle anderen hielten den Mund und hörten zu. Er stand höher in der Banden-Hierarchie. Andere Jugendliche stellten ihn nicht infrage. Aber einer von ihnen sagte: „Nun, irgendwie muss es so sein, weil du keine Überzeugung entwickeln kannst ohne einen Gedanken.“

„Nein, nein!“, sagte Jose irritiert.

Beide Jungen schauten Gabriela an. Schließlich richteten alle Jugendlichen ihre Augen auf sie. Gabriela sagte: „Er hat tatsächlich Recht, Jose. Eine Überzeugung ist nichts anderes als ein Gedanke.“

Jose zeigte aggressiv auf seine Tätowierung und sagte: „Wollen Sie damit sagen, dass Hunderte von Menschen gestorben sind, nur wegen eines Gedankens!“

„Ja.“

„Jetzt müssen Sie mal den Mund halten! Seien Sie einfach still. Ich kann mir das nicht länger anhören.“

Gabriela sagte: „In Ordnung.“

Die Gruppe saß eine Weile still da. Jose starrte auf den Boden.

Er atmete tief ein und sah zu Gabriela auf. „Okay, erzählen Sie mir mehr.“

„Eine Überzeugung ist ein Gedanke, der im Laufe der Zeit an Stärke gewinnt, weil ihm noch viele andere Gedanken beigefügt werden, die diese Idee unterstützen, und das kann sehr schnell passieren. Und weil das Ganze so überzeugend klingt, denkt man, dass es stimmt, dass es die Wahrheit ist. Aber das bedeutet nicht, dass es kein Gedanke ist. Es ist nur ein Gedanke, den Menschen sich ausdenken."

„Ich habe mir das nicht ausgedacht! Es gibt Hunderte von Menschen, die diese Überzeugung haben."

„Nur weil viele Leute dieselbe Überzeugung oder denselben Glauben teilen, heißt das noch lange nicht, dass es die Wahrheit ist. Das müsstest du doch wissen."

„Halten Sie die Klappe! Okay? Das war's! Wir sind fertig. Wir sind fertig!"

Wieder saßen sie still da. Einige Minuten vergingen.

Wieder war es Jose, der die Stille brach. „Meinen Sie, das ist wie die alte Überzeugung, dass die Erde flach ist wie eine Scheibe?"

„Ja!" sagte Gabriela. „Genau so! Zu der Zeit, als die Menschen dachten, dies sei die Wahrheit, wurden entsprechende Regeln aufgestellt, Landkarten gezeichnet und alle hielten sich daran, als wäre es eine Tatsache. Aber das war es nicht."

Jose versuchte, etwas zu begreifen. „Ich vermute, eine Überzeugung ist so lange eine Wahrheit, bis sie sich als falsch erweist."

Jose und seine Familie waren schon seit vielen Generationen Bandenmitglieder. Dies war seine Welt. Die Diskussion verunsicherte ihn.

Ein anderer Junge sagte: „Sie meint das nicht so, wie sie es sagt", und versuchte es anders zu erklären, um die Situation zu entschärfen.

Gabriela sagte: „Nein, das habe ich nicht gemeint. Ich meinte es so, wie ich es gesagt habe."

Jose sagte: „Es ist sowieso Zeit zu gehen. Bis dann."

Gabriela machte sich Sorgen um ihn. Jose schien durcheinander zu sein. Vielleicht würde sie ihm nächste Woche eine Einzelsitzung mit ihr anbieten. In der folgenden Woche aber schien es Jose prima zu gehen, er war wieder guter Stimmung. Er erzählte, dass er mit seiner Freundin darüber gesprochen habe, sich der Polizei zu stellen, weil ihr Baby Eltern brauche. Dazu war es notwendig, ihre Inhaftierung bereits jetzt hinter sich zu bringen, damit sie später für das Kind da sein konnte, wenn es älter wird und gesunden Menschenverstand und Weisheit braucht.

Jose sollte bald in einer Dauereinrichtung untergebracht werden, in der er die nächsten drei Jahre zu verbringen hatte. An seinem letzten Tag fragte er Gabriela, ob sie mit den Jungs zu Mittag essen würde.

Sie sagte: „Liebend gerne."

Bevor sie anfingen zu essen, sagte Jose: „Lasst uns beten. Wer würde gerne anfangen?"

Niemand meldete sich zu Wort, also übernahm Jose. „Ich bitte Gott um Weisheit", sagte er, „damit ich meine Strafe zu Ende absitzen kann. Ich bitte auch um Kraft für mich und alle hier am Tisch." Er betete für ihre Familien und ihre Freundinnen.

Sie fingen an zu essen. Mitten in der fröhlich lockeren Atmosphäre am Tisch lehnte Jose sich zu Gabriela hinüber. „Wissen Sie was", sagte er, „damals als ich das erste Mal zum Unterricht kam, wollte ich eigentlich kämpfen."

„Darauf war ich irgendwie gefasst", sagte Gabriela. „Ich bin nur froh, dass du nichts dergleichen gemacht hast und stattdessen auf deine Weisheit gehört hast."

„Ich musste mich damals so verhalten", sagte er.

Gabriela nickte. Zumindest war das seine Überzeugung. Es sah so echt aus, dass er keine Wahl hatte. Zu der Zeit konnte er es nicht anders sehen.

Dies war das letzte Mal, dass Gabriela Jose sah. Im Rahmen des Jugendstrafverfahrens war es den Lehrern nicht erlaubt, Kontakt mit den Jugendlichen aufzunehmen, nachdem sie die Jugendhaftanstalt verlassen hatten. Aber Gabriela denkt noch oft an ihn. Jose hatte ihr beigebracht, dass sich jeder Mensch ändern kann. Aufgrund der Art und Weise, wie sie ihn anfangs betrachtete, hatte sie ihn fast abgeschrieben und die Wachen gerufen. Aber er änderte sich – eine atemberaubende, körperliche Transformation, die sich genau vor Gabrielas Augen abspielte.

Doch hatte er sich wirklich verändert? Welcher Jose war der echte? Zuerst sah er so gemein aus und so viel älter. Als er anfing zu lächeln, wurde er ein wunderschöner Junge mit Grübchen, und Gabriela hätte das fast verpasst.

Aber nur fast.

Wir bekommen, was wir sehen. Dann handeln wir aufgrund dessen, was wir uns von Anfang an selbst ausgedacht haben.

VIII. In einem niedrigen Bewusstseinszustand ist es unklug, unserem Denken zu glauben, zu trauen oder zu folgen

Zwei Mädchen, vielleicht neun und elf Jahre alt, spielten und planschten fröhlich im Swimmingpool, als ich ankam, um ein paar Bahnen zu schwimmen. Ich beschloss, ihnen drei Viertel des Pools zu überlassen und nur im verbleibenden Teil am anderen Ende zu schwimmen.

Nach etwa zehn Bahnen spürte ich, wie etwas gegen mich prallte. Da keine Haie zu sehen waren, musste es wohl eines der Mädchen gewesen sein. „Sorry", sagte ich und schwamm weiter.

Ein paar Minuten später wurde ich erneut angerempelt. Dann noch einmal. Und noch einmal. Immer wieder stießen die Mädchen mit mir zusammen. Langsam wurde ich ärgerlich. Freundlicherweise hatte ich ihnen den größten Teil des Pools überlassen, und sie hatten nichts Besseres zu tun, als sich in meinem Bereich breit zu machen? Gewöhnlich schwimme ich für eine halbe Stunde und werde dann nicht gerne gestört. Es ist eine meditative Zeit für mich. Beinahe hätte ich aus meinem Ärger heraus etwas gesagt, als ich mich plötzlich daran erinnerte, in welchem Fachgebiet ich tätig war.

Ich schwamm weiter und mir kam der Gedanke in den Kopf: „Woher kommt es, dass ich mich jetzt gerade gestört fühle?" Das wollte ich näher betrachten.

Ich erkannte, dass ich leicht irritiert war, weil ich dachte, dass mir die Mädchen in die Quere kämen und rücksichtslos seien. „Nun haben sie schon drei Viertel des Pools für sich und sie können noch nicht einmal in ihrem Bereich bleiben!"

Das ließ mich aufhorchen. Der einzige Grund für meinen Ärger war mein Denken, dass sie rücksichtslos seien. Aber „rücksichtslos" existierte nur in meinem Kopf! Mir wurde klar, dass ich nicht wusste, ob die Mädchen rücksichtslos waren oder nicht. Ich hatte keine Ahnung, was in ihren Köpfen vor sich ging. In der Zwischenzeit – ich hatte nicht aufgehört zu schwimmen – wurde ich wieder angerempelt.

Ich dachte: „Vielleicht ist es ihnen völlig gleichgültig; möglicherweise scheren sie sich einen Teufel um andere Menschen." Ich konnte leicht erkennen, wozu dieser Gedanke führen würde, wenn man ihm denn glaubte: Wut. Wut wiegt schwerer als Ärger – Wut ist noch einmal einige Ebenen weiter entfernt von unserem WOHL-SEIN und unserer Weisheit.

Das vertikale Kontinuum der unbegrenzten Möglichkeiten schoss mir plötzlich durch den Kopf. Am unteren Ende wäre ich rasend vor Wut. Um mich so zu fühlen, müsste ich in etwa einen Gedanken haben wie: „Die Kinder stoßen mich mit Absicht an. Sie sind hinter mir her." Ja, wenn ich einen solchen Gedanken hätte und ihm wirklich glaubte, dann wäre ich rasend vor Wut. Ein gewisser Prozentsatz von Menschen wird fuchsteufelswild angesichts einer solchen Situation und wird aus diesem Gefühl heraus sogar handgreiflich.

Ich war gerade die Leiter hinabgestiegen:

------------------------------------**WOHL-SEIN**------------------------------------

↓ **Leicht irritiert & ärgerlich** – weil sie rücksichtslos sind
↓ **Wütend** – weil es ihnen völlig gleichgültig ist
↓ **Rasend vor Wut, zornig** – weil sie mir das mit Absicht antun

Wenn ich die Leiter hinabsteigen kann, könnte ich sie dann nicht auch hinaufsteigen? Plötzlich wurde mir klar: *Wenn* ich denken würde, dass die Mädchen einfach selbstvergessen waren und keine Ahnung hatten, was sie da tun, dann fühlte ich gar nichts, mein Gefühlszustand wäre sozusagen neutral. Neutral ist kein negatives Gefühl; es stört mich nicht. Das war eine interessante Möglichkeit für mich, weil es plausibel erschien. Ich rechnete nun damit, von gedankenlosen Kindern angestoßen zu werden, die in ihrem Spiel versunken waren.

Dann hatte ich den Gedanken: „Ich frage mich, was wohl dazu führt, dass sie die Welt um sich herum vergessen und keine Notiz von mir nehmen?" Plötzlich interessierte es mich, wie die Mädchen tickten. Mein Gefühl veränderte sich zu einer Art Neugier. Ich war nochmals eine Stufe im WOHL-SEINS-Kontinuum hinaufgestiegen.

Mein folgender Gedanke „Vielleicht bemerken die Kinder gar nicht, dass sie das tun?" wurde sofort von einem weiteren abgelöst: „Oh je, ich habe in der Vergangenheit Leute angerempelt, ohne es zu bemerken." Ich fühlte mich ein wenig kleinlaut und leichte Demut kam in mir auf.

Etwas höher auf dieser Leiter kam mir ein weiterer Gedanke: „Vielleicht haben ihre Eltern ihnen nie beigebracht, wie man seine Umgebung aufmerksam wahrnimmt und Rücksicht auf andere nimmt. Oder noch schlimmer, was wäre, wenn ihre Eltern sie behandelten, als wären sie Luft?“ Eine Welle von Mitgefühl durchflutete mich während meines nächsten Schwimmzugs.

„Ha!“, dachte ich. „Woher will ich das eigentlich wissen? Ich könnte mir alles Mögliche ausdenken.“ Ich lächelte unter Wasser. Plötzlich sah ich, wie amüsant es ist, dass wir durch die Welt laufen und uns alles Mögliche ausdenken. Und was immer wir uns ausdenken, beschert uns dann ein „reales“ Gefühl. Wie komisch! Es ist, als würden wir eine Rolle in unserer eigenen Seifenoper spielen (und in Wirklichkeit ist es doch eine Realityshow).

Schließlich überkam mich ein Gefühl der Dankbarkeit. „Wow“, dachte ich, „wären diese Kinder nicht mit mir zusammengestoßen, dann hätte ich nicht diese anschauliche Erfahrung gemacht, diese verschiedenen Ebenen des Bewusstseins in Aktion zu *sehen*.“ Ich war wirklich dankbar. Danke, Kinder.

Nun war ich viele Sprossen auf der Leiter emporgestiegen und befand mich weit oberhalb der WOHLS-SEINS-Markierung. Die meisten von uns würden, wenn wir die Wahl hätten, gerne „oberhalb dieser Markierung“ leben. Wir bilden uns eine Meinung über die Beweggründe anderer. Und oft ist es genau dieses Denken, das uns unterhalb der Markierung hält. Ich war gerade die Leiter hinaufgestiegen.

[Von unten nach oben zu lesen:]

↑ **Dankbarkeit** – weil diese Erfahrung mir dazu verholfen hat, das ganze Spektrum in Aktion zu sehen
↑ **Humor** – weil wir genau das erleben, was wir uns ausdenken
↑ **Mitgefühl** – weil ihre Eltern sie vielleicht wie Luft behandelten
↑ **Demut** – weil ich schon Leute angerempelt habe ohne es zu bemerken
↑ **Eine Art Neugier** – weil es mich interessiert, wie sie ticken
↑ **Neutral** – weil sie ganz selbstvergessen die Welt um sich herum nicht wahrnehmen

-------------------------------------**WOHL-SEIN**-------------------------------------

Vielleicht ist das gemeint mit „Wir erklimmen die Himmelsleiter“: Den Grad des Bewusstseins erhöhen und dem Licht näher kommen, dem Ursprung unserer GESUNDEN VERFASSUNG und unseres Wohlbefindens.

Wir sollten nicht vergessen, dass alle diese Möglichkeiten (und viele mehr) bereits zu dem Zeitpunkt existierten, als ich meinen ersten ärgerlichen Gedanken hatte; anfangs konnte ich die verschiedenen Optionen jedoch nicht sehen. Und so geht es uns ständig, egal, in welchen Umständen wir uns auch befinden. Fakt: Ich schwamm meine Bahnen und die Kinder rempelten mich an. Nichts an der Situation hatte sich geändert – außer meiner eigenen Erfahrung, die ich erschaffen hatte, indem *ich mir die Beweggründe für das Verhalten der Kinder ausdachte*.

Ich weiß, dass manche Leute sagen werden: „Das ist ja lächerlich! Man hätte den Mädchen ja nur sagen [oder sie freundlich darum bitten] müssen, sich anders zu verhalten.“ Natürlich hätte ich das machen können, aber darum geht es hier nicht. Ich hätte ihnen sagen können, sich von mir fernzuhalten oder aufzuhören, mich anzustoßen und dennoch für den gesamten Rest meiner Zeit im Becken ärgerlich bleiben können. Ich rede hier über mein eigenes Erleben; davon, was ich bekomme und womit ich zu leben habe. So kam es, dass sich mein Wohlbefinden während des Schwimmens stetig verbesserte, während mir all das durch den Kopf ging.

Meistens sehen wir zu einem bestimmten Zeitpunkt nur das, was genau vor unserer Nase ist, als wenn wir durch einen Tunnel schauen würden oder durch ein Fernglas. Wir erkennen nicht, dass es auch eine vertikale Dimension gibt – ein Kontinuum von Bewusstseinsebenen oder Wahrnehmungsstufen: Von dem Verbundensein mit unserer ursprünglich reinen Essenz bis zu den dunkelsten, schrecklichsten Gedanken an Selbstmord oder Gewalttaten. In jedem neuen Moment existiert immer das Potenzial für uns, auf einer höheren (oder niedrigeren) Bewusstseinsebene zu sein. Ist das nicht ein hoffnungsvoller Ausblick?

Der Grad unseres Bewusstseins ist immer in Bewegung, rauf und runter, runter und rauf. Egal wo wir hinsteuern, es gibt immer die Möglichkeit, mehr in einer Situation oder einem Umstand zu sehen, und ebenso wenn wir mit einem anderen Menschen konfrontiert werden.

Mir sind zwei Arten bekannt, wie es ganz leicht passieren kann, eine höhere Bewusstseinsebene zu verlieren: Wenn uns plötzlich ein niedriger

Bewusstseinszustand überkommt oder wenn wir einer Denkgewohnheit zum Opfer fallen.

***

Wenn ich von der „P“ Street zum Nantasket-Strand in der Nähe von Boston laufe, ist der Strand manchmal derart mit Steinen übersät, dass ich denke, der Sand sei für immer verschwunden. Einen Monat später komme ich zu demselben Strand und die meisten Steine wurden vom Meer weggetragen und der feine Sand ist unberührt und makellos.

Wenn wir am Strand entlanglaufen, ist uns nicht bewusst, dass wir auf kontinuierlicher Veränderung laufen. Alles, was wir sehen, ist nur ein bestimmter Zeitpunkt. Wir können uns nur auf das beziehen, was wir in diesem Augenblick vor uns sehen – es sei denn, wir verstehen was sich abspielt.

Manchmal fühlen wir uns, als wären wir unter einer Lage von gewaltigen Steinen – oder sogar Felsen – begraben. Das Gewicht ist so lähmend, dass wir uns nicht vorstellen können, frei zu sein. Zu anderen Zeiten fühlen wir uns nicht so. Wir sind uns des stetigen Wandels nicht bewusst. Wir können uns nur auf diesen einen bestimmten Zeitpunkt beziehen – es sei denn, wir erkennen was sich abspielt.

Meereswellen verschiedener Größe und Stärke tragen Steine verschiedener Größe und Form an den Strand. Genauso bringen uns unsere Gedanken Gefühle verschiedener Größe und Form, abhängig von der Qualität unserer Gedanken. Die Wellen geben; die Wellen nehmen. Genauso verhält es sich mit unseren Gedanken.

Der Strand hat keine Kontrolle über die Steine, die angeschwemmt werden. Der Strand hat keine Kontrolle über die Wellen, die sich am Ufer brechen. Der Strand kann nur auf verschiedene Arten von Wellen warten, die an Land kommen und die Steine bewegen. Und die Wellen kommen schließlich, wie schon seit Millionen von Jahren. Wir haben wenig Kontrolle über die meisten Gedanken, die uns in den Kopf kommen; sie tauchen einfach auf. Eines Tages wachen wir auf und unser Geist ist mit einer Schicht tonnenschwerer Steine überladen, von unseren Gedanken freundlicherweise zur Verfügung gestellt. Der Strand weiß nicht, wie er die Wellen zum Erliegen bringen kann; wir haben keine Ahnung, wie wir unser Denken abstellen.

Was ist der Schlüssel zu einem Leben frei von Steinen?

Es gibt keinen! Es gibt keinen Strand, der nicht ab und zu mit Steinen beladen wird. Dasselbe gilt für unsere Gedankensteine. Wir werden unter Garantie manchmal Gedanken haben, die dazu führen, dass wir uns schlecht fühlen. Wir erleben Stimmungsschwankungen und Launen; das ist natürlich.

Wir können uns jedoch klar werden, dass solche Bewusstseinszustände nichts zu bedeuten haben. Sie kommen und gehen wie die Steine am Strand. Und wenn wir sie in Ruhe lassen, dann werden sie von alleine weggeschwemmt. Und dann erscheint unsere eigene Makellosigkeit wieder.

An einem Tag sehen wir unseren Partner als das Beste, was uns jemals passiert ist. An einem anderen Tag wünschten wir, ihn niemals getroffen zu haben.

An einem Tag sehen wir einen wunderschönen, intelligenten Menschen. An einem anderen Tag erscheint dieselbe Person uninteressant oder dumm.

An einem Tag erleben wir unser Haus als warm und gemütlich und sind so glücklich, dort zu leben. An einem anderen Tag sehen wir all die Macken und die ganze Arbeit, die darin steckt und wünschten, wir könnten umziehen.

In einem Moment betrachten wir unsere Kinder als bezaubernde, liebenswerte, kleine Engel und wir sind so dankbar, sie zu haben; im nächsten Moment sehen wir sie als kleine Monster, die auf diese Welt gekommen sind, um uns zu quälen und wir wünschten, sie wären nie geboren.

An einem Tag denken wir, dass wir gut aussehen. Am nächsten Tag finden wir uns hässlich.

Was um alles in der Welt kann solch ein Phänomen auslösen?

Launen. Verschiedene Bewusstseinszustände.

In unterschiedlichen Gemütszuständen denken wir anders; mit anderen Gedanken geraten wir in verschiedene Launen oder Stimmungen. Sie sind zwei Seiten derselben Medaille. Mit jeder Gemütsänderung verändert sich auch die Betrachtungsweise, sogar die Wahrnehmung unseres eigenen Aussehens.

Könnte es so einfach sein?

Ja! Ein niedriger Bewusstseinszustand entspricht dem Denken auf einer niedrigen Bewusstseinsebene. Dieselbe Sache wird auf niedrigeren Ebenen garantiert schlechter aussehen als auf höheren Ebenen. Welche Variante ist real?

Meine Tochter Jaime, damals 23 Jahre alt, knabberte in einem Restaurant leicht an der Schale einer Habanero Chili Schote. Aus Versehen biss sie zu tief und erwischte die Samen. Ihr Mund fing an, so höllisch zu brennen, dass ihr die Tränen kamen. Sie geriet in Panik. Ihr Mund schrie verzweifelt nach Wasser. Sie brauchte unbedingt *sofort* Wasser! Es machte sie ganz wahnsinnig. Aber sie wusste auch Bescheid über Habanero Chilis. Sie wusste, dass ihr Mund nur noch schlimmer brennen würde, wenn sie wirklich Wasser trank. So schwer wie es war, nicht sämtliche Wasserkrüge in dem Restaurant zu leeren, schaffte sie es doch, der Versuchung zu widerstehen, weil sie diese Besonderheit verstand. Auf diese Weise ersparte sie sich zusätzliche Qualen.

Je niedriger die Stimmung, desto realer erscheint sie uns und umso mehr fühlen wir uns gezwungen, zur Tat zu schreiten. Wenn wir uns in einem Stimmungstief befinden, wollen wir unbedingt reagieren, jemanden anschreien oder unseren Computer aus dem Fenster schmeißen. Aber wenn wir wissen, dass wir es mit unserer Reaktion nur noch schlimmer machen, halten wir der Versuchung zu handeln stand, egal wie verzweifelt oder bedrängt wir uns in dem Augenblick auch fühlen. So wie Jaime es dank ihrer Kenntnis um die Natur der Chilis schaffte, dem zwanghaften Bedürfnis nach Wasser zu widerstehen.

Wenn wir nichts über Habanero Chilis wissen, eine essen, uns den Mund verbrennen und dann Wasser trinken, werden wir das möglicherweise nur einmal machen. Wir würden aus der sehr schmerzvollen Erfahrung lernen. Wenn wir jedoch betrachten, wie oft wir aus einer unguten Stimmung heraus agieren, scheint es, dass manche von uns nicht so leicht lernen und immer wieder nach denselben Mustern handeln.

Ich arbeite freiberuflich als Berater. Ich liebe meine Arbeit. Allerdings mag ich es nicht, wenn ich mich bei der Beratungstätigkeit beeilen muss, um meinen Lebensunterhalt zu verdienen. Dass ich mir viel Zeit bei der Arbeit nehme, ist möglicherweise zu meinem Nachteil. Glücklicherweise kommen genügend Aufträge durch persönliche Empfehlungen, meine

Bücher, Beratungen und Trainings herein. Das hält mich über Wasser. Wenn sich manchmal keine neue Arbeit einstellt, erlebe ich ab und zu angstvolle Gedanken und glaube, dass ich mich bei der Arbeit mehr beeilen muss. Aber da mir das nun einmal nicht liegt, denke ich: „Ich kann nicht glauben, dass ich das machen muss!“ Mein ganzes Arbeitsleben sieht dann schrecklich aus. Ich hatte schon Gedanken, dass ich die Beratungs- und Lehrtätigkeit aufgeben sollte, um mir „einen richtigen Job“ zu suchen, weil mir dieses Berufsgebiet keine Sicherheit bietet.

Ich habe die Angewohnheit, in einer Weise über die Vermarktung meiner Arbeit zu denken, die vielleicht nicht zu meinem Vorteil ist. Aber das stört mich nur, wenn ich bedrückt bin. Glücklicherweise bemerke ich das. Wenn ich aus einer schlechten Stimmung heraus meine Arbeit als Berater aufgäbe – nehmen wir mal an, ich träfe dann diese Entscheidung – wäre ich meine sonst so geliebte Tätigkeit los. Warte ich hingegen auf eine bessere Stimmung, erscheint meine Arbeit bald wieder perfekt. Ich kann überhaupt keine bessere Arbeit haben (auch, wenn mein Boss ein echter Sklaventreiber ist). Ich weiß, ich mache meine Sache gut, denn Menschen verändern sich in meinem Umfeld; es geht ihnen besser – nicht jedem, aber mehr als genug, um mir zu zeigen, dass ich auf dem richtigen Weg bin und eine kleine Rolle gespielt habe, dabei zu helfen, ihr Leben zu verbessern. Eine bessere Arbeit gibt es doch gar nicht! Das Wissen, dass mein Job darin besteht, Menschen zu helfen, ihr Leben zu verbessern, könnte mich kaum mehr begeistern. Ich liebe meine Arbeit nur dann nicht, wenn ich in einer niedrigen Gemütsverfassung bin. Wenn ich daraufhin reagieren würde, würde ich das später bereuen.

Angenommen der Versuch, einem Klienten zu helfen, läuft nicht so gut – wenn ich verstimmt bin, denke ich: „Oh, ich habe keine Wirkung auf Menschen. Vielleicht bin ich nicht gut genug.“ Wenn sich meine Stimmung später hebt, denke ich: „Ich konnte diesem Menschen nicht helfen. Ich frage mich, was ich übersehen habe, damit ich es beim nächsten Mal besser machen kann.“ Oder ich erkenne eine kleine Veränderung in ihm: „Es geht ihm schon ein wenig besser.“ Vielleicht geht mir durch den Kopf, dass ich anderen Menschen geholfen habe, ihr Leben auf dramatische Art und Weise zu verändern. Meine „Realität“ meiner Wirksamkeit hängt von meiner Gemütsverfassung im gegebenen Moment ab, und meine Gemütsverfassung hängt davon ab, was ich in diesem Moment zufällig gerade denke.

Möchte ich wirklich aus einem niedrigen Gemütszustand heraus zur Tat schreiten oder Entscheidungen treffen? Will ich wirklich mit meinen Kollegen, meinem Partner, meinen Kindern reden, während ich mich auf einem Tiefpunkt befinde? Ich bin in Sicherheit, solange ich weiß, dass mein Denken in einer Tiefphase nicht die Wirklichkeit zeigt und dass es sich irgendwann ändern wird – also lasse ich eine solche Stimmung vergehen, bevor ich agiere.

Was aber, wenn wir extrem depressiv sind, das Leben als absolut hoffnungslos betrachten und Selbstmordgedanken haben? Wenn wir den Zusammenhang zwischen Gedanken, Bewusstseinszuständen und unserem Erleben nicht verstehen, könnten wir die Selbstmordgedanken ernst nehmen. Es wäre schrecklich, Selbstmordgedanken zu folgen und zu spät zu erkennen: „Oh, inzwischen sehe ich das anders." Pech gehabt! Das gilt nicht nur für Selbstmord; viele Menschen werden geschlagen, erschossen, vergewaltigt oder ausgeraubt, weil der Täter aufgrund seiner Gedanken handelt, die er als real ansieht, anstatt zu verstehen: „Es erscheint mir im Moment nur so; wenn ich dieses Gefühl abwarte, dann sehe ich es später anders." Wenn im extremen Fall von Selbstmord eine Änderung des Blickwinkels stattfinden kann, dann haben wir sicherlich auch die Fähigkeit, das in allen anderen Bereichen unseres Alltags zu sehen.

Karla und Joan waren beide depressiv. Alles lief schief. Das einzige, was sie machen wollten, war sich im Bett zu verkriechen und in Selbstmitleid zu baden. Karla quälte sich üblicherweise aus dem Bett, kümmerte sich dann um ihre Arbeit, fühlte sich ganz gut, kam wieder nach Hause, und erinnerte sich daran, dass sie depressiv war, dachte, dass etwas mit ihr nicht stimme und ging wieder ins Bett. Joan hingegen hatte etwas im Hinterkopf, das ihr sagte: „Ich weiß, das wird irgendwann vorbeigehen, selbst wenn es den Anschein hat, dass ich jetzt im Moment nichts dagegen tun kann. Ich weiß, es hat in Wirklichkeit nichts zu bedeuten." Dieser Gedanke führte dazu, dass die Depression sie nicht mehr so fest im Griff hatte, auch wenn sie sie noch nicht abschütteln konnte. Am nächsten Morgen wachte sie auf und fühlte sich gut. Alles sah besser aus, obwohl sich an ihrer Situation nichts geändert hatte. Sie vergaß ihre vorübergehende Depression.

Was ist der Unterschied zwischen Karla und Joan?

Karla glaubte, sie sei wahrhaftig so, wie sie sich in einem Stimmungstief fühlte; sie glaubte, dass etwas mit ihr nicht stimme. Joan wusste, dass es sich dabei nur um ungesundes Denken handelte, was jedem ab und zu mal passiert. Für sie hatte das nichts mit ihrer Identität zu tun. Karla empfand Zeiten des Wohlbefindens als eine vorübergehende Besserung ihres sonstigen Zustandes. Joan betrachtete ihre schlechten Stimmungen als eine vorübergehende Abweichung innerhalb ihrer GESUNDEN VERFASSUNG und ihres Wohlbefindens, das verkörperte, wer sie *wirklich* war.

Der einzige Unterschied zwischen den beiden war, wie sie sich selbst in Bezug auf ihren Bewusstseinszustand sahen.

Ich parkte mein Auto für zwei Minuten, um schnell zur Post zu gehen. Nur zwei Minuten lang hatte ich die Parkuhr ignoriert. Als ich herauskam, war eine Politesse gerade dabei, einen Strafzettel an meine Windschutzscheibe zu klemmen.

„Warten Sie doch!" bettelte ich.

Aber sie hatte schlechte Laune und wollte den Strafzettel nicht zurücknehmen.

Plötzlich ließ ich meine eigene Stimmung in den Keller sinken. Aber wollte ich sie anschreien oder etwa vor lauter Entrüstung zur Polizei stürmen? Wollte ich meine Gedanken ernst nehmen, die mir sagten: „Wie ungerecht! Das werde ich nie im Leben bezahlen!"? Oder wollte ich lieber warten, bis ich mich beruhigte, meine Stimmung sich besserte und mein Denken sich änderte, um zu sehen, was meine Weisheit mir zu tun riet?

Als sich mein Bewusstseinszustand wieder gehoben hatte, dachte ich: „Ja, vielleicht war sie gemein, aber wenn ich ehrlich bin, war ich es, der die Entscheidung getroffen hat, sich nicht die Zeit zu nehmen, einen Viertel Dollar in die Parkuhr zu werfen. Okay, ein Viertel Dollar ist weniger als zehn Mäuse, aber im größeren Zusammenhang betrachtet, sind da zehn Dollar wirklich viel? Nächstes Mal weiß ich es besser." Seitdem bin ich sehr viel vorsichtiger mit Parkuhren.

Folgen wir unserem Denken während eines heftigen Stimmungstiefs, könnte es passieren, dass wir unseren Job kündigen, unsere Kinder schlagen, unsere Freunde fallen lassen, unsere Hunde treten, unsere Fäuste durch Wände (oder Schlimmeres) schlagen, unser Auto in Brand setzen, uns betrinken, in Depressionen versinken oder uns vom Leben verabschieden. All dies würden wir später bereuen, weil wir die Konsequenzen unseres Handelns zu tragen hätten. Erinnern wir uns an Jaimes Erfahrung mit den Habanero Chilis. Wir wissen, dass unser Handeln nichts Gutes bewirkt, wenn wir unserem Gefühl nachgeben würden. Die Dinge werden nur schlimmer. Also beißen wir uns auf die Zunge und sagen nichts – wir unternehmen nichts, obwohl wir eine unwiderstehliche Angriffslust verspüren. Etwas später bemerken wir, dass das Gefühl vergangen ist. Die Situation erscheint ein wenig klarer. Bald wundern wir uns, warum wir uns überhaupt so aufgeregt haben. Unsere Weisheit kommt zum Vorschein. Dann können wir sprechen. Wenn sich unser Bewusstseinszustand ändert, sieht alles anders aus. Das ist eine erstaunliche Sache.

Wir müssen es nicht glauben, wenn das Leben hoffnungslos erscheint, wenn es so aussieht, als wäre unser Partner ein totaler Idiot, wenn es scheint, als hätte es die ganze Welt auf uns abgesehen oder als hätten wir niemals Kinder haben sollen. Wir müssen es nicht glauben, denn wir wissen, dass unsere selbst erschaffene „Realität" eine vorübergehende Illusion ist, aufgrund derer man nicht handeln muss. Unser niedriges Bewusstsein lässt es einfach nur so erscheinen, als wäre es Realität. Das ist alles! Es hat nichts zu bedeuten. Es ist nur eine Veränderung der Qualität unseres Denkens im natürlichen Auf und Ab des Lebens.

Die meisten Auseinandersetzungen in dieser Welt entstehen, weil Menschen ihre Gedanken in niedriger Gemütsverfassung ernst nehmen und sich gezwungen fühlen zu handeln. Das einzige Problem ist, dass wir diesem Denken *vertrauen*, wenn wir uns so fühlen, und es *in die Tat umsetzen*. Je höher die Stimmung, desto höher ist der Grad des Bewusstseins, und umso mehr Lösungen und Möglichkeiten offenbaren sich.

Natürlich werden Dinge schlecht aussehen, wenn wir schlechter Stimmung sind. Rechnen Sie damit.

Können wir uns in einem niedrigen Zustand befinden und dennoch in GESUNDER VERFASSUNG sein? Ja! Wir können so viele ärgerliche, deprimierte, besorgte, ängstliche oder genervte Gedanken haben, wie wir wollen, solange wir wissen, dass sie nichts zu bedeuten haben. Zu wissen, dass sich unser Denken verändern wird, wenn unsere Stimmung steigt und dass die Situation schließlich anders aussehen wird, ist ein gesunder Gedanke, selbst wenn wir zu dem Zeitpunkt nicht in der Lage sind, uns aus dem Schlamassel zu befreien. Manchmal wollen wir uns einfach für eine Weile in Selbstmitleid suhlen. Das schadet uns nicht, solange wir wissen, dass es tatsächlich nichts bedeutet und vergehen wird. Somit bleiben wir in unserer GESUNDEN VERFASSUNG.

Manche Menschen sagen: „Sie sagen das alles so leicht, aber ich habe wirklich ernsthafte Probleme!"

Ich stimme völlig überein, dass die Probleme sehr wirklich und ernsthaft aussehen und sich entsprechend anfühlen. Aber das Schlüsselwort lautet: „aussehen". In einem langanhaltend niedrigen Gemütszustand kann dieses Denken möglicherweise sogar so lange andauern, dass es unsere Körperchemie beeinflussen kann [siehe Kapitel I und VI].* Und wenn sich die Chemie genügend verändert, kann eine klinische Depression entstehen, die mehr depressives Denken verursacht.

Aber es kann auch andersherum funktionieren. Dies erklärt, warum Lisa [Kapitel I und VI] in der Lage war, nach 12 Jahren ihre Antidepressiva abzusetzen. Ihr Denken hatte sich aufgrund tiefgreifender Einsichten drastisch geändert. Sie hatte erkannt, dass die Art, wie sie über sich, ihre Tochter und ihre Lebensumstände dachte, nicht der *Realität* entsprach und dass dieses Denken daher nicht ihr Leben bestimmen musste. Ihr wurde klar, dass ihre qualitativ niedrige Denkweise ein wenig andauern könnte, aber dass sie sich ändern würde. Das meinte ich zuvor mit unserem Verhältnis zu unserem Denken. Plötzlich sah sie eine andere Lisa. Dies so nachhaltig zu erkennen, veränderte ihre Körperchemie ganz ohne ihr Zutun. Sie teilte ihrem Psychiater mit, dass sie die Medikamente nicht länger benötige. Er war verblüfft, gab aber zu, dass, was immer auch passiert sei, Lisas Körper die Medikamente nicht mehr brauche. Eine ausreichend tiefe Veränderung auf Gedankenebene kann unsere Körperchemie beeinflussen.

Ich sage nicht, dass Menschen über ihren Schatten springen können, um sich aus einer Depression herauszudenken. Ich sage, dass sich die Körperchemie einer klinisch depressiven Person ändern kann, wenn sie eine Einsicht von ausreichendem Ausmaß hat. Und wenn das passiert, wird diese Person nicht länger klinisch depressiv sein. Das ist möglich. Ich habe es mit eigenen Augen gesehen.

---

* Mir ist klar, dass auch andere Dinge die Körperchemie verändern können.

Wie steht es damit, wie wir mit anderen Menschen umgehen, während diese sich in einem Stimmungstief befinden? Nehmen wir mal an, meine Partnerin sagt etwas Gemeines zu mir. Will ich das persönlich nehmen? Oder zu Herzen?

Warum würde ich das Denken meiner Partnerin in ihrem niedrigen Gemütszustand persönlich nehmen wollen? Was aus ihr spricht, ist nur ihre Laune. Warum sollte das irgendetwas mit mir zu tun haben? Ich möchte ja auch nicht, dass sie sich die Dinge zu Herzen nimmt, die ich aus einem Stimmungstief heraus sage. Es wäre schön, wenn ich ihr denselben Spielraum zugestehen könnte.

Was, wenn sie es wirklich ernst meint?

Höchstwahrscheinlich tut sie das nicht. Woher ich das weiß? Weil ich es auch nicht so meine, wenn ich aus einer schlechten Laune heraus etwas Gemeines sage. Die Dinge sehen in diesem vorübergehenden Moment einfach nur so aus.

Einige Menschen scheinen viele solcher Momente zu haben.

Soll das heißen, dass wir einfach mit allem leben müssen, was jemand austeilt, der schlechter Stimmung ist, egal wie schrecklich es ist? Nein! Wenn es wichtig genug ist, dann setzen wir uns damit auseinander – später, wenn wir uns beide beruhigen und unsere Weisheit erscheint. Was soll denn diese Eile? In einer niedrigen Gemütsverfassung erscheint es uns immer, als wenn Eile geboten wäre, aber dann scheint sogar diese Dringlichkeit vorüberzugehen.

Je schlechter die Stimmung, desto einfacher ist es zu vergessen, dass das, was wir sehen, eine Illusion ist.

***

Die andere Art, wie es uns leicht passieren kann, ein höheres Bewusstseinsniveau einzubüßen, ist einer Denkgewohnheit zum Opfer zu fallen. Eine Gewohnheit ist ein sich wiederholendes Verhalten, das von sich wiederholenden Gedanken gesteuert wird, denen wir glauben und die wir ernst nehmen. Manchmal ist dieses Denken so machtvoll, dass es Nervenbahnen in unserem Gehirn erschafft, die dazu führen, dass nachfolgende Gedanken sich ganz einfach darauf bewegen können wie Eisenbahnräder auf Gleisen.

Die meisten Menschen halten Dinge wie Rauchen, Trinken, Drogenkonsum, das häufige Wechseln von Sexpartnern oder Essstörungen mit herbeigeführtem Erbrechen für Gewohnheiten. Suchtexperten runzeln im Allgemeinen die Stirn, wenn jemand Rauchen, Trinken und Drogenkonsum „Gewohnheiten“ nennt. Ich persönlich denke, das ist ein Fehler. Eine Reihe sich wiederholender Gedanken ist der Ausgangspunkt für das Entstehen jeder Form von Abhängigkeit. Genauso sind diese sich wiederholenden Gedanken auch dafür verantwortlich, eine Sucht aufrechtzuerhalten. Wenn wir genau hinschauen, können wir erkennen, dass viele Süchtige die körperliche Abhängigkeit zwar überwinden, aber dann doch rückfällig werden. Warum ist das so? Etwa weil es eine Krankheit ist und weil Menschen dieser Krankheit ausgeliefert sind? Ich kann verstehen, warum die rein körperliche Abhängigkeit als eine Krankheit bezeichnet werden kann. Aber eine Erkrankung des Denkens? Meine eigene Logik sagt mir, dass das keinen Sinn macht. Mir erscheint es vielmehr, dass Menschen, die die körperliche Abhängigkeit überwunden haben, deshalb rückfällig werden, weil sich ihre Denkgewohnheiten nicht geändert haben. Aus meiner Sicht hilft es Abhängigen wenig, eine Sucht nicht als eine Denkgewohnheit zu bezeichnen. Gewohnheitsmäßiges Denken kann überwunden werden, wenn es als solches erkannt wird; eine Krankheit, von der wir glauben, dass sie lebenslänglich bestehen bleibt (und die nur kontrolliert, aber nicht geheilt werden kann), kann dazu führen, dass Menschen sich in ihrer Abhängigkeit gefangen fühlen.

Vielen Menschen ist nicht klar, dass auch viele andere Dinge Gewohnheiten sind. Sich Sorgen zu machen ist eine Gewohnheit. Ich rede hier nicht über einen vereinzelten, sorgenvollen Gedanken über ein bestimmtes Ereignis; ich meine damit das Sehen aller Dinge durch sorgenvolle Augen. Vielen Menschen ist nicht klar, dass Wutausbrüche eine Gewohnheit sind – hierbei ist nicht ein einzelner Wutausbruch gemeint, sondern wenn eine solche Art zu reagieren zur Normalität wird. Vielen Menschen ist nicht klar, dass andere zu verurteilen eine Gewohnheit ist. Vielen Menschen ist nicht klar, dass sich schuldig zu fühlen eine Gewohnheit ist (obwohl Menschen dies im Vergleich zu den meisten anderen Gewohnheiten eher zugeben und ihre Religion oder Kultur dafür verantwortlich machen).

Hinter jeder Reihe sich wiederholender Gedanken steckt eine treibende Kraft – eine fundamentale Überzeugung. Die Löwenzahn-Metapher

(Kapitel I) ist ein Beispiel dafür. Wir schnappen viele dieser Überzeugungen durch die Art auf, wie wir in jungen Jahren behandelt und erzogen wurden. Diese Grundüberzeugungen sind Illusionen. Unsere Angehörigen haben sie sich ausgedacht und wir haben sie übernommen. Wahrscheinlich stammen sie von der vorherigen Generation. Im Laufe der Zeit rücken wir sie vielleicht ein wenig zurecht, aber sie sind heimtückisch. Meistens beeinflussen sie uns, ohne dass wir uns dessen bewusst sind.

Hinter jeder Gewohnheit steckt auch ein angstvoller Gedanke – Angst davor, was passieren würde, wenn wir die Gewohnheit aufgäben. Solche Gedanken verankern die Gewohnheit und erschweren es uns, sie aufzugeben. Dabei ist Angst auch nur eine Illusion. Wir haben uns ausgedacht, wovor wir Angst haben! Solange wir diese Angst nicht als Illusion erkennen, wird sie uns nicht loslassen.

Denken Sie an Menschen, die die Gewohnheit haben, in ihrem Ärger zuzuschlagen, wenn etwas nicht nach ihrem Willen geht. Warum sollten sie so etwas tun? Dahinter steckt ein anderes Denken – ein grundlegender Glaube wie zum Beispiel: „Mir kommt keiner in die Quere!“ Jemand, der das Leben durch diesen Glauben betrachtet, wird dazu neigen, wütend zu werden, wenn man ihm in die Quere kommt. Dahinter liegt vielleicht ein weiterer Gedanke – ein Gedanke von Angst, vielleicht Angst davor, nicht die Kontrolle zu haben. Dahinter könnte wiederum ein Gedanke liegen, der jemanden glauben lässt, dass Kontrolle notwendig sei. Das ist alles sehr vielschichtig.

Aber macht es Sinn zu versuchen, all dieses komplizierte, verborgene Denken zu enträtseln, wenn es doch so viel leichter ist, es einfach zu überwinden, indem man es insgesamt als die Illusion durchschaut, die es ja ist?

Viele Menschen haben die Gewohnheit zu rauchen, die sie am liebsten aufgeben würden.* Was für eine Grundüberzeugung führt dazu, dass jemand raucht angesichts unbestreitbarer Nachweise, dass Rauchen der Gesundheit fürchterlich schadet? Für viele ist es: „Dadurch fühle ich mich gut“ oder „Ich kann aufhören, wann immer ich will“ oder „Krebs oder Herzbeschwerden kriege ich nicht“ oder „Es beruhigt mich“ oder „Es gibt

---

* Auch hier weiß ich, dass Suchtexperten beim Gebrauch des Wortes „Gewohnheit“ im Zusammenhang mit dem Rauchen mit der Stirn runzeln, aber das kommt möglicherweise daher, dass diesem Fachbereich derzeit das Verständnis fehlt, welchen entscheidenden Einfluss GEDANKE auf unser Erleben hat.

mir Anlass für eine Pause, die ich sonst nicht machen würde" und so weiter. Es ist wahrscheinlich, dass hinter dieser Art von Denken Angst steckt, womöglich: „Ich weiß nicht, wie es mir ginge, wenn ich nicht rauchen würde; ich würde mich nicht wohlfühlen. Was würde ich tun? Ich weiß nicht, ob ich den Tag überstehen würde." Würde dieser Gedanke nicht als als solcher erkannt und entsprechend überwunden (im Gegensatz zu mühseliger Analyse), wäre es für die entsprechende Person ungemein schwierig, mit dem Rauchen aufzuhören, selbst wenn keine körperliche Abhängigkeit bestünde.

Viele Menschen haben Essgewohnheiten, wie zum Beispiel zu viel zu essen und sich dann deshalb schuldig zu fühlen, oder zu viel zu essen, Erbrechen herbeizuführen und sich dann dafür schuldig zu fühlen. Für manche könnte die Überzeugung bestehen: „Die heutige Gesellschaft verlangt von mir, schlank zu sein, daher sollte ich nicht viel essen – aber ehrlich gesagt will ich dieses Stück Schokoladenkuchen. Ich kann's nicht ändern! Es wird mir schon nichts schaden. Wenn ich es esse, wird es mich zufriedenstellen. Es ist so viel leichter, es einfach zu essen." Die Angst dahinter mag vielleicht sein: „Alles in meinem Leben scheint außer Kontrolle; wenn ich esse, was immer ich will, dann habe ich eher ein Gefühl von Kontrolle". Dahinter mag wiederum stecken: „Mit mir stimmt etwas nicht".

Vergessen Sie nicht, dass wir uns normalerweise nicht bewusst sind, dass wir diese Überzeugungen und Ängste haben. Und wenn wir uns ihrer nicht bewusst sind, dann können wir nichts gegen sie unternehmen. Wie schon erwähnt schlage ich nicht vor, nach ihnen zu suchen, vor allem deshalb, weil diese Suche beschwerlich ist und uns runterziehen kann. Auch hier ist es besser, die Illusion als solche zu erkennen. Wenn wir jedoch den Wunsch haben, unsere eigenen Denkgewohnheiten ans Licht zu bringen – was zugegebenermaßen manchmal hilfreich sein kann – würden wir gut daran tun, uns dafür zu öffnen, etwas Neues hinsichtlich unserer Gewohnheiten zu sehen und dann still zu werden, nicht weiter darüber nachzudenken und abzuwarten, was passiert.

Margaret war die älteste Tochter von 12 Kindern. Schon als Kind wurde von ihr erwartet, das gesamte Kochen und Putzen zu erledigen und sich um die jüngeren Geschwister zu kümmern. Daher wurde sie eine großartige Köchin, Putzfrau und „Pflegekraft". Obwohl sie ihre Eltern sehr liebte, hatte sie dennoch immer das Gefühl, ihre Anerkennung zu brauchen, also wuchs sie auch mit dem Gefühl auf, sich ständig beweisen zu müssen. Das kam vor allem dann zum Vorschein, sobald sie jemand Neues kennenlernte.

Diese Art zu denken wird die Linse, durch die wir das Leben betrachten. Diese unsichtbare Linse steuert uns. Alles, was wir sehen, wird durch diese Linse gefiltert, als hätten wir immerzu eine eigenartig gefärbte Sonnenbrille auf der Nase (wie zum Beispiel gelb). Nach einer Weile käme es uns ganz normal vor, dass alles gelb erscheint. Diese Linse, durch die wir das Leben betrachten, ist der verantwortliche Übeltäter. Aber wir sehen das nicht.

Manche Menschen glauben, dass Ereignisse „da draußen" sie dazu veranlassen, in einer bestimmten Weise zu handeln. Wenn zum Beispiel ein Jugendlicher von einem anderen „gedisst" (beleidigt) wird, kann das bedeuten, dass er diesen niederknüppeln, erstechen oder erschießen muss. Ein Sexualstraftäter findet jemanden attraktiv und er muss dieser Person nachstellen. Eine Ladendiebin sieht etwas in einem Kaufhaus und muss es unbedingt haben. Wir als Außenstehende wissen, dass dem nicht so ist; die betroffene Person jedoch weiß es nicht. Für sie ist es so real, dass sie denkt, keine andere Wahl zu haben, als daraufhin zu handeln. Man sieht dies leichter in anderen als in sich selbst.

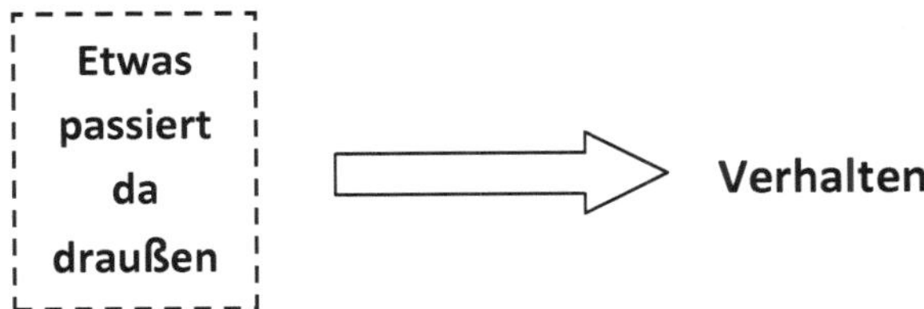

Viele von uns glauben, dass die Dinge, die „da draußen" passieren, zu bestimmten *Gefühlen* in uns führen. Stress ist ein gutes Beispiel. Wir denken, es verursacht Stress, dass wir zu viel in zu wenig Zeit zu erledigen haben. Solange wir das denken, bleiben wir im Stress stecken. Dies fühlt sich genauso „real" für uns an wie für eine Person, die sich rächen will oder die ein Verbrechen begeht.

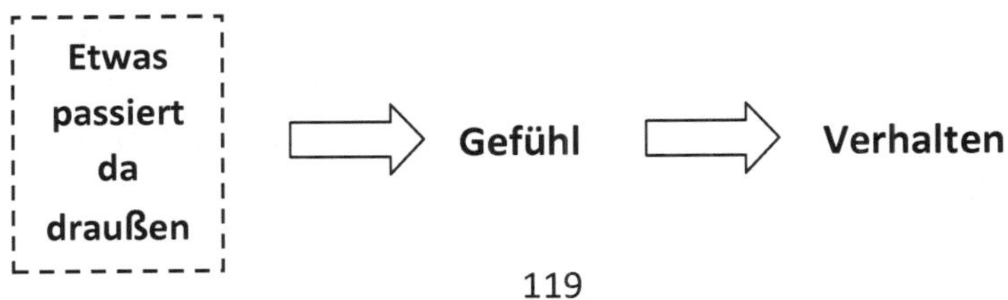

Das Gefühl ist so überwältigend, dass es uns dazu bringt, so zu handeln, wie wir es tun.

Dieses Gefühl ist eine Folge dessen, was wir über eine Situation denken. Kognitive Psychologen verstehen das. Aber viele kognitive Psychologen glauben auch, dass das, was da draußen passiert, Realität sei. Wir können jedoch über diese Realität ganz verschieden denken und Menschen können entsprechend ihre Gedanken über diese Realität ändern. Zum Beispiel: „Selbst wenn diese Person mich beleidigt hat, kann ich doch anders darüber denken." Hier werden dann Methoden wie „Positives Denken" oder „Umdeutungen" angewandt.

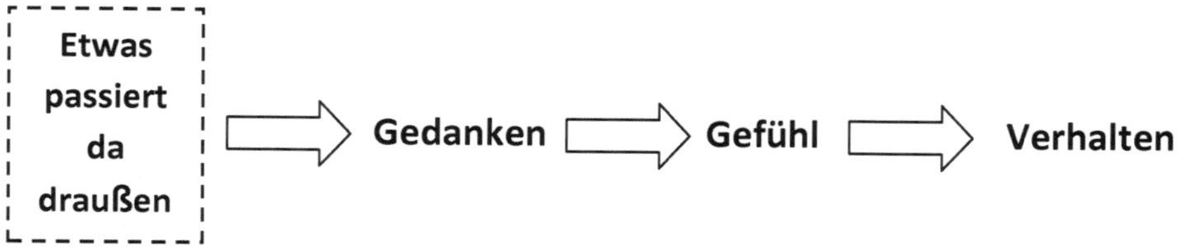

Nichts davon berücksichtigt jedoch, *wie wir eine Sache von vornherein betrachten*; dass wir das, was auch immer da draußen passiert, durch eine *Gedanken-Linse* betrachten, die unser Denken formt und lenkt. Wie wir etwas sehen kommt von dem Denken, von dem wir nicht wissen, dass wir es denken, was wiederum in unserer Linse versteckt ist. Diese Linse beinhaltet vielerlei Überzeugungen: Wie wir uns selbst sehen; was wir denken, was richtig und was falsch ist; was uns persönlich dazu bringt, etwas als richtig oder falsch zu betrachten; wie wir das Ereignis betrachten; wie wir das Ereignis in dem Licht unseres „richtig und falsch" interpretieren – und so viel mehr. Unsere Linse bestimmt die „Realität", die wir sehen. Diese Linse ist der Grund dafür, warum wir so denken, fühlen und handeln wie wir es tun. Unsere Linse ist der Übeltäter.

Zurück zu dem Beispiel: Wenn jemand auf eine Art und Weise mit uns spricht, die manche Menschen beleidigend finden würden, heißt das noch lange nicht, dass man tatsächlich beleidigt sein muss, unabhängig davon, welche Worte benutzt wurden. Vielleicht sehe ich das Gesagte von vornherein gar nicht als Beleidigung an. Wenn ich einen Menschen zum Beispiel als geistig krank sehe, würde ich mich aufgrund seiner Worte nicht angegriffen fühlen; ich würde das Gesagte seiner Krankheit zuschreiben – es hat nichts mit mir zu tun. Wenn ich sehe, dass er es gut meint und sein Bestes tut, aber durcheinander ist, dann würde ich mich nicht beleidigt fühlen; es könnte sein, dass es mir leid tut, dass er in einer solch unglücklichen Welt lebt. Ich strenge mich nicht an, solche Dinge zu denken; sie sind einfach das, was meine Linse mir mitteilt zu sehen, aber oft ist mir das nicht bewusst. Wir wären überrascht zu wissen, was so alles in unserer Linse lauert.

Stellen wir uns mal vor, diese Linse wäre ein Keks. Der Keks ist schon gebacken. Nehmen wir einmal an, er käme verbrannt aus dem Ofen. Wir könnten alles Mögliche versuchen, diesen verbrannten Keks wieder so hinzukriegen, dass er besser schmeckt. Aber es ist schwer, ihn so zu verbessern, dass er wirklich wieder gut schmeckt – es ist zu spät. Aber der Keks muss ja irgendwo gebacken worden sein. Er ist das Produkt eines *kreativen Prozesses* in der Küche. Die Linse mag der Übeltäter sein – sie steckt hinter unseren schlechten Gefühlen – aber die Antwort liegt nicht in der Linse. Es ist der kreative Prozess, der unsere Antworten birgt. Die Lösung für einen wohlschmeckenderen Keks liegt nicht im Keks; die Antwort liegt in der Küche. Die Küche könnte einen neuen, besser schmeckenden Keks backen.* Unser kreativer Prozess kann eine andere Linse erschaffen. GEIST, BEWUSSTSEIN und GEDANKE sind unsere kreativen Kräfte. Ohne es zu wollen, haben wir diese Kräfte benutzt, um die Gedanken-Linse zu erschaffen, durch die wir sehen und aufgrund derer wir dann denken, fühlen und handeln. Zu versuchen, diese Linse zu enträtseln, kommt dem Versuch gleich, einen verbrannten Keks zu retten. Unsere Macht liegt darin zu erkennen, dass der Inhalt unserer Linse eine Illusion ist, die von unserem Gebrauch der Prinzipien GEIST, BEWUSSTSEIN und

* Diese Metapher habe ich zum ersten Mal von Keith Blevens gehört – danke, Keith – und er hat sie vielleicht von jemand anderem gehört; dann habe ich es eines Tages wirklich selbst *gesehen*.

GEDANKE stammt und zu wissen, dass eine neue Linse erschaffen werden könnte oder auch gar keine. Eine neue „Realität" wird ganz automatisch erzeugt, sobald wir erkennen, dass *wir die Küche sind*.

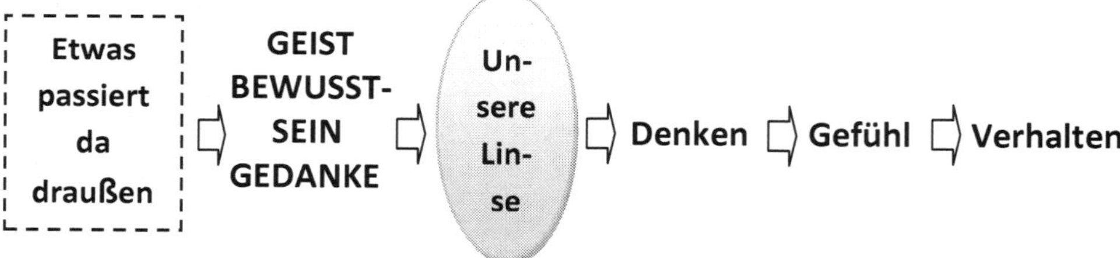

Stellen Sie sich vor, was uns entgeht, wenn unser Fokus darauf liegt, unser Verhalten zu ändern, uns eingehend mit unseren Gefühlen zu beschäftigen (die wir einzig dadurch erzeugt haben, in welcher Weise wir die Situation oder Person betrachten) oder uns darum zu bemühen, anders zu denken. Stellen Sie sich vor, wie entmutigend oder verwirrend der Versuch für Menschen sein könnte, die Linse entschlüsseln oder verändern zu wollen, anstatt ihre Herkunft zu erkennen, woher die Linse wirklich stammt, die Quelle, aus der heraus alles erschaffen wird.

Stellen Sie sich die Macht vor, die es hätte, wenn ein vermeintlicher Mörder, Vergewaltiger, Räuber, Menschenschänder oder Abhängiger verstünde, auf welche Art Gedanken funktionieren und zu sich selbst sagen würde: „Auch wenn ich mich jetzt gerade so unter Druck fühle, dies oder jenes zu tun und ich es so sehr will, weiß ich doch, dass es nur meine Gedanken sind, die mit mir reden – ich habe dieses Gefühl erschaffen, es entspricht nicht der Realität und ich muss ihm nicht glauben oder folgen."

Cristas Geschichte

Einige Menschen reagieren auf negative Art und Weise, wenn sie zum ersten Mal von den Drei Prinzipien erfahren. Möglicherweise erscheint es für manche zu ungewöhnlich oder vielleicht wollen sie keine Verantwortung übernehmen. Für andere klingt es womöglich zu einfach oder es mag noch andere Gründe geben. Cristas Reaktion war eine der heftigsten, die ich je erlebt habe. Am ersten Tag des Trainings erweckte sie den Anschein, regelrecht feindlich gestimmt zu sein. Während des zweiten Tages schien sie ein wenig sanfter zu werden, aber sie sprach nicht viel mit mir. Ich sah sie erst nach zwei Jahren wieder, als sie sich zu meiner Überraschung für einen Drei-Prinzipien-II-Kurs im Woodbury College anmeldete. Ich konnte nicht fassen, wie sie sich verändert hatte. Sie wurde eine der eifrigsten Studenten, die ich jemals hatte.

Während meines ganzen Lebens habe ich die vielen negativen Auswirkungen meiner eigenen, ungesunden Gedanken und Entscheidungen erlebt. Viele Jahre lang habe ich mich abgemüht, weil ich immer wieder Wege gegangen bin, die sich als Sackgassen und Einbahnstraßen herausstellten. Es gab unzählige Ereignisse, die in selbstzerstörerischem Verhalten endeten. Viele Jahre lang hatte ich Probleme mit meinem Selbstbewusstsein und Selbstwert. Ich habe mit vielen inneren Frustrationen gekämpft, was zu persönlicher Isolation von guten Freunden und Familienangehörigen führte. Während ich diese tagtäglichen Konflikte immer weiter lebte, fand ich Trost im Alkohol. Daraufhin hatte ich mit Alkoholismus zu kämpfen. Oft konnte ich im Spiegel nur ein hoffnungsloses, verzweifeltes Gesicht sehen.

Als ich den Anblick meines trübseligen Gesichts nicht länger ertragen konnte, wurde mir klar, dass meine Bemühungen, mein Leben zu leben, nicht denen einer gesunden Person entsprachen. Plötzlich erkannte ich, dass ich lebte, um alle anderen zufriedenzustellen. Das frustrierte mich umso mehr und ich wurde immer unglücklicher. Tag um

Tag lebte ich häufig mit dem Gefühl, gefangen zu sein, als gäbe es keinen Ausweg.

Ungefähr vor zwei Jahren erkannte ich dieses ungesunde Verhalten. Ich fühlte mich, als hätte mein Leben keine besondere Bedeutung und keinen Sinn. Das einzige Glück, das ich kannte, war die Freude Mutter zu sein, was manchmal eine außerordentliche Herausforderung darstellte. Nachdem ich mich in vielen Beziehungen versucht hatte, die damit endeten, was man offenbar als Scheitern bezeichnet (aufgrund meiner ungesunden Verfassung), wusste ich, dass endlich die Zeit für drastische Veränderungen gekommen war. Nach vorsichtiger Abwägung und einigen schlaflosen Nächten entschied ich also, wieder zur Schule zu gehen. Irgendwo war da eine Stimme, die mich nachts wach hielt und die mich mit sehr klaren und direkten Lebensanweisungen versorgte. Ich hatte keine Ahnung, dass das, was ich vernahm, die Stimme meiner ureigenen Weisheit war.

Irgendwann bei der Entscheidung, wieder zur Schule zu gehen und Situationen mit gutem Ausgang zu erleben, fing ich an zu erkennen, wie wichtig es war, mir gut zu tun und glücklich zu sein. Ich wusste nicht, wie ich das bewerkstelligen sollte. Die Menschen, die mir am meisten bedeuteten, sagten mir, dass ich das niemals schaffen würde und dass mir das Zeug fehle, dieses Ziel zu erreichen. Ich erfuhr diesen Widerstand von all meinen nahestehenden Freunden und Familienmitgliedern. Das heizte mein Bestreben nach persönlichem Erfolg an.

Da ich als erwachsene Studentin auf das Woodbury College kam, hatte ich mich immer mehr Herausforderungen zu stellen, nicht nur interner sondern auch externer Natur. In einem Vorsorge-Lehrgang lernte ich „Die Drei Prinzipien" kennen. Und hier war ich nun, mitten in einem großen Raum voller erwachsener Studenten, die Jack zuhörten, wie er über Geist, die Macht der Gedanken und unsere Fähigkeit, bewusst zu sein, sprach. Während ich in diesem Workshop saß, konnte ich nicht umhin zu denken, dass dies nur wieder eine dieser Trickkisten war, eine dieser Gehirnwäsche-Taktiken, um uns dazu zu bringen, Jacks Ansicht über eine gesunde Verfassung zu akzeptieren. Während ich Jack zuhörte, wie er über die drei Prinzipien „laberte“, wartete ich auf den Haken. Bis zum Ende des Tages fuhr Jack fort, über die drei Prinzipien zu sprechen, über die vielen Erfolgsgeschichten, über angeborenes Wohl-Sein und die Weisheit, die wir alle haben und über die Art und Weise, wie wir alle aus diesem Zustand der Ruhe und des Friedens heraus handeln können. Als Jack dies der Gruppe erklärte, konnte ich nicht anders als zu denken: „Ja klar, Jack, wenn das wahr wäre, dann würden wir alle glücklich herumlaufen, frei von Sorgen, Traurigkeit, Depression und Angst. Aber vor allem, Jack, würden wir es definitiv nicht nötig haben, hier zu sitzen und dir zuzuhören, wie du uns diese Information verkaufst.“

Seltsamerweise lösten Jacks Worte trotz meines Widerstandes Neugier in mir aus. Als ich nach dem Unterricht nach Hause fuhr, konnte ich nicht umhin, Jack Gehör zu schenken. Obwohl ich versuchte, seine Stimme zu ignorieren, konnte ich sie nicht unterbinden. Jack sagte, dass wir unsere Gedanken erschaffen, dass sie sich daher ändern können und dass ein jeder von uns mit etwas Geduld in der Lage wäre, die kleine Stimme in unserem Hinterkopf hören zu können, die uns in die eine oder andere Richtung weist. Jack bezeichnete das als „auf unsere innere Weisheit hören“. Ich verbrachte eine weitere schlaflose Nacht. Ich konnte nicht anders, als über die Stichhaltigkeit von Jacks Worten nachzudenken. Mir blieb noch ein weiterer Tag in diesem Workshop, also entschied ich, das Gesagte an mir selbst auszutesten. Unterwegs konnte ich nicht anders, als über die zahllosen Möglichkeiten nachzudenken, die sich in meiner Zukunft auftun könnten. Aufgrund der gesteigerten Neugier begann ich den zweiten Tag des Workshops also mit einer anderen Einstellung und auf einem erhöhten Bewusstseinsniveau. Am Ende des zweiten Tages fing ich an, etwas zu fühlen, was ich seit sehr langer Zeit nicht mehr gefühlt hatte. Ich hatte plötzlich ein Gefühl von Freiheit, ein Gefühl von Verantwortung, ein Glücksgefühl. Ganz unerwartet fing ich an, die von mir als Sackgassen empfundenen Straßen als Baustellen anzusehen. Meine Entscheidungen waren wie das Gelb bei der Ampel. Ich fühlte zum ersten Mal, dass ich meinen gesunden Entscheidungen mit gesunder Vorsicht folgen konnte.

Warum kamen die Drei Prinzipien genau zu diesem Zeitpunkt in mein Leben? Ich bin mir nicht sicher. Dennoch weiß ich, dass es ein wahres Geschenk war, fast als Vorbereitung dessen, was die Zukunft für mich bereithielt. Ein paar Monate, nachdem ich an Jacks Workshop teilgenommen und mich weiterhin intensiv mit den Drei Prinzipien beschäftigt hatte, wurde meine jüngste Tochter ganz unerwartet krank. Sie hatte sich mit einem lebensbedrohlichen Virus infiziert. Hannahlei war damals 15 Monate alt. Sie konnte laufen, sprechen und war voller Energie. Sie hatte wunderschönes blondes Haar und unvorstellbar blaue Augen. Ihr Wesen verzauberte alle, mit denen sie in Kontakt kam. Ihr Lächeln konnte jedes Herz erweichen. Von einem Moment zum anderen und ohne Vorwarnung wurde ihr das Leben unter den Füßen weggezogen, ohne jede Erklärung warum oder wie das passieren konnte. Die Virusinfektion führte dazu, dass Hannahlei weder laufen, sprechen, sitzen, stehen, geschweige denn ihren Kopf aufrecht halten konnte. Ihre Hände und Füße waren so verkrampft, dass sie nicht in der Lage war, die Finger zu bewegen oder die Zehen zu spreizen. Mit jedem Tag verschlimmerte sich ihr Zustand. Ärzte, Schwestern, Pflegepersonal und Spezialisten waren nicht in der Lage, eine Diagnose zu stellen oder den Zustand zu behandeln. Es war nur offensichtlich, dass sich ihr körperliches Befinden kontinuierlich verschlechterte. Was sollte ich tun? Mir waren die Hände gebunden. Ich konnte nicht mehr tun, als mein kostbares Kind in den Armen zu halten und dabei zuzusehen, wie sich seine Brust hob und senkte, um den nächsten lebensrettenden Atemzug zu ergattern. Unaufhörlich gingen mir Gedanken über ein Leben ohne Hannahlei durch den Kopf. Ich konnte nur daran denken, dass ich sie für immer verlieren würde.

Dann fiel es mir plötzlich wie Schuppen von den Augen: Die Drei Prinzipien! Sofort hatte ich einen Schimmer Hoffnung. Innerhalb von Sekunden hatten sich meine negativen Gedanken und Ängste über Hannahleis Krankheit ins Positive verwandelt. Ich fing an, jeden einzelnen Moment als kostbar zu schätzen. Und das in einer Art und Weise, die mir Kraft und Mut gab, der Krankheit mit ihr zusammen ins Auge zu blicken, aber mit einer neu entdeckten Hoffnung. Obwohl sich Hannahleis körperliche Gesundheit nicht besserte, besserte sich dennoch meine innere Verfassung. Hannahleis strahlendes Lächeln währte fort, selbst angesichts ihrer Verzweiflung. Wir fingen an, Humor in Dingen zu finden, die einst nicht lustig waren.

Nach und nach war ich in der Lage, diese verheerende Situation als ein Geschenk zu betrachten. Mein Kind litt, und das wiederum brachte unsere Familie näher zusammen. Monatelang bewegten meine beiden Kinder und ich uns auf einem schmalen Grat und waren in der Lage, diese Krise in einer Weise zu bewältigen, die es uns trotz all der körperlichen Schwierigkeiten und Beeinträchtigungen erlaubte, in gesunder Verfassung zu bleiben. Tage, die mir früher erschienen, als würde mein Leben direkt vor meinen Augen zusammenbrechen, waren nun Tage, an denen ich Kraft, Zielstrebigkeit, Gesundheit und Willensstärke aufbaute.

Heute hat Hannahlei alle klinischen Prognosen ihrer Lebensspanne überdauert. Von der Zerstörung der weißen Substanz in ihrem Gehirn hat sie sich fast vollständig erholt, mit vergleichsweise minimalen körperlichen Beeinträchtigungen und Schwierigkeiten. Vieles hat sich entgegen medizinischem Wissen seitdem regeneriert. Andererseits hat sie noch einen sehr weiten Weg vor sich, denn es sind langfristige, sogar lebenslängliche Entwicklungsstörungen und Beeinträchtigungen zurückgeblieben.

Obwohl Medikamente bei der Behandlung ihres „nicht diagnostizierbaren“ Zustandes hilfreich waren, glaube ich, dass die Verbundenheit mit innerem Wohl-Sein nicht nur dazu beigetragen hat, Hannahleis Leben zu retten. Sie war auch dafür verantwortlich, das nötige Gleichgewicht beizubehalten, welches es uns ermöglichte, diese äußerst schwierige Situation zu überstehen.

Als Folge meines Drei-Prinzipien-Trainings bin ich nun in der Lage zu akzeptieren, dass die Vergangenheit vergangen ist. Ich erkenne nun die Wichtigkeit, im Jetzt zu sein und alles zu erleben, was meine Gedanken mir anzubieten haben. Es ist schön zu wissen, dass ich die Macht habe, mein eigenes Schicksal zu erschaffen. Ich spüre, dass ich jetzt eine gesunde Verfassung derart zum Vorschein bringen kann, dass sie mir nicht nur ein tieferes Erleben von innerer Gesundheit und Frieden ermöglicht, sondern dass sie auch meiner Familie hilft, dieses Wohl-Sein auf sehr beruhigende Weise zu entwickeln.

Hannahlei, jetzt drei Jahre alt und Lindsay im Alter von acht Jahren, finden innere Stärke und Kraft in diesem neu entdeckten Zustand. Ich glaube, dass ich mein Wohl-Sein in einer Weise hervorgebracht habe, die meine Kinder sich von mir abgucken konnten. Obwohl wir manchmal noch schwierige Zeiten durchmachen, von denen wir uns früher hätten unterkriegen lassen, sind wir jetzt in der Lage, solche Probleme mit einer gesunden Perspektive und einer ganz neuen Einstellung anzugehen. Das Verständnis der Drei Prinzipien hat es uns definitiv möglich gemacht, uns nicht nur wieder mit unserem inneren Wohl-Sein zu verbinden, sondern auch in Zeiten der Not in gesunder Verfassung zu bleiben.

IX. Anderen (statt unserem Denken) zutiefst zuzuhören, gibt uns eine reichhaltigere Erfahrung

Gabriela und ich hatten ein Drei-Prinzipien-Training in Puerto Rico abgehalten, bei dem alle eine angenehm warme Atmosphäre erlebten. Am folgenden Tag gingen wir mit einigen Kursteilnehmern wandern. Die meisten kannten sich schon länger. Die Wanderung führte auf einem langen, mehr oder weniger steilen Pfad zu einem kleinen Wasserfall hinab. Dort rutschte ich auf einem Felsen aus und fiel fast hinein. Einige von uns gingen schwimmen. Alle hatten Spaß. Als wir auf unserem Rückweg aus dem Regenwald kamen, sahen wir zwei Männer aus unserer Gruppe auf dem Parkplatz stehen. Sie waren vorausgegangen und jetzt in einen hitzigen Streit verwickelt.

Der Streit eskalierte. Es sah aus, als würde es zu einer Schlägerei kommen. Das war das genaue Gegenteil all dessen, worüber wir im Training gesprochen hatten. Offensichtlich hatten sie im Handumdrehen alles vergessen, was sie gelernt hatten.

Ich habe keine Ahnung, was mich ritt, aber aus einem Impuls heraus stellte ich mich direkt zwischen die beiden Streithähne. Ich konnte die Hitze beider Seiten förmlich spüren.

„Darf ich hier mal was sagen?"

Überrascht hörten beide für einen Moment auf zu streiten. Alle Augen waren auf mich gerichtet. Gabriela hielt sich abseits und dachte: „Was macht er denn?"

Ich sagte: „Wisst ihr, wenn zwei Leute eine Meinungsverschiedenheit haben, ist es wirklich hilfreich, sich erstmal einen Schritt zurückzunehmen und dem anderen genau und zutiefst zuzuhören, bis man seine Auffassung wirklich versteht. Auf diese Art und Weise ist es viel einfacher, eine Einigung zu erreichen."

Das ist eine wahre Aussage. Ich hätte sie aber nicht äußern sollen.

Warum? Weil ich mir nicht die Zeit genommen hatte hinzuhören, was die beiden in diesem Moment wirklich hätten hören müssen. Zwar hatte ich ihnen einen Vortrag über Zuhören gehalten, aber ich selbst war in dieser Situation ein grauenhafter Zuhörer.

Nicht, dass es nicht hilfreich für sie gewesen wäre, meinem Vorschlag zu folgen. Tatsächlich waren beide Männer in dem Moment aber viel zu aufgebracht, um den Standpunkt des anderen anzuhören.

Warum hatte ich nicht gut genug zugehört? Nachdem ich nämlich dazwischen gegangen war, hatte ich plötzlich den Gedanken: „Oh je, was nun? Was mache ich hier eigentlich?“ Ich stellte mir vor, wie sie aufeinander losgingen, und ich mittendrin. Ein Hauch von Unsicherheit befiel mich – es half wahrscheinlich nicht, dass ich von einem der Männer gehört hatte, er habe einmal einen Kampf mithilfe einer Machete beigelegt. In meinem Kopf begann die verzweifelte Suche nach dem nächsten Schritt.

Wenn uns die Angst überfällt, ist es schwer, zuzuhören.

Interessanterweise hatte einer der beiden irgendwie mitbekommen, was ich vorschlug und versuchte zuzuhören, aber der andere hatte meine Worte gar nicht wahrgenommen. Er verbarg seine hitzige Haltung hinter der Aufforderung: „Okay, du hörst mir jetzt mal zu!“

Die beiden Männer stritten darum, dass einer von ihnen, ehemals Masseur, der 14-jährigen Schwester des anderen regelmäßig eine Massage gab (auf einer Liege, die immer mitten im Wohnzimmer aufgebaut wurde, das voll mit Leuten war). Angesichts dieser Situation fühlte sich ihr älterer Bruder extrem unwohl. Er bat den Masseur, damit aufzuhören, dieser machte aber weiter.

„Ich bin ein Profi und würde mich nie an deine Schwester ranmachen“, sagte er hitzig. „Es ist eine Beleidigung, dass du so über mich denkst.“

„Aber es hat mir nicht gefallen und ich hatte dich gebeten aufzuhören! Aber du hast immer weiter gemacht!“

Hin und her und hin und her.

Wir sollten nicht vergessen, dass die beiden quasi Freunde waren und gerade drei Tage in Frieden und Harmonie miteinander verbracht hatten. Davon war jetzt nichts zu spüren. Sie hörten nicht zu und waren kurz davor, sich zu schlagen.

Wäre ich bei Sinnen gewesen, hätte ich mich erstmal zurückgehalten und ein wenig gewartet, bevor ich mich eingemischt hätte. Ich hätte in meinen Kopf Klarheit einziehen lassen und eine Weile zutiefst zugehört, bevor ich eingeschritten wäre. Ich hätte mich gefragt: „Wonach verlangt diese Situation?“ oder „Was müssten die beiden genau jetzt hören?“ und dann erstmal abgewartet. Durch das Zuhören wäre mir vielleicht aufgefallen, dass sie viel zu erhitzt waren, um etwas zu hören und sich einfach erst einmal beruhigen mussten. Ich hätte möglicherweise gehört, dass sie viel zu verbissen waren und die Sache in erster Linie etwas leichter angehen mussten. Hätte ich diese Dinge seinerzeit wahrgenommen, wäre ich vielleicht trotzdem dazwischen gegangen, aber hätte eher etwas gesagt wie: „Friedlich, meine Freunde." Das hätte ihnen möglicherweise die Gelegenheit gegeben, wenigstens für einen Moment innezuhalten, um ihre Fassung wieder zu erlangen und sich daran zu erinnern, worauf es wirklich ankommt.

Stattdessen hatte ich die Dinge zwar nicht verschlimmert, aber mein Einschreiten hatte die Lage auch nicht verbessert. Der Streit wurde nicht beigelegt. Immerhin schafften wir es jedoch, die beiden Streithähne zu trennen und in verschiedenen Autos von dort weg zu bringen – Gabriela den einen und ich den anderen. Meine Worte waren nicht hilfreich, weil ich nicht gut genug zugehört hatte, bevor ich mich einmischte.

In einem „Calvin und Hobbes" Comic sitzt Calvins Mutter im Wohnzimmer und liest eine Zeitschrift. Calvin kommt nach Hause, steckt den Kopf durch die Eingangstür und ruft quer durchs Haus: „Mami! Oh MAMI!"

Seine Mutter antwortet: „Calvin, wie oft muss ich es dir noch sagen?! Du sollst nicht durch das ganze Haus brüllen. Wenn du mir etwas zu sagen hast, dann komm her und erzähl es mir."

Die Verwirrung steht Calvin ins Gesicht geschrieben. Er kommt ins Haus, läuft über den Teppich zu seiner Mutter und sagt: „Ich bin in einen Hundehaufen getreten. Was soll ich tun?"

Diese Geschichte versinnbildlicht die Qualität unseres Zuhörens, vor allem in Bezug auf unsere Kinder.

Das Hauptproblem beim Zuhören ist unser eigenes Denken. Wenn wir anderen zuhören, bemerken wir oft nicht, dass unsere Gedanken häufig abschweifen. Unsere Aufmerksamkeit verlässt die andere Person und geht in unseren Kopf. Die Person aber redet weiter, als ob wir ihr wirklich Gehör schenken würden. Unsere Gedanken wenden sich von der Person ab, der wir eigentlich zuhören sollten! Warum? Vielleicht erinnert uns das Gesagte an etwas, was unsere Person betrifft; es ist möglich, dass wir uns mit ihren Augen beschäftigen oder mit ihrer Kleidung; vielleicht fangen wir an, darüber nachzudenken, was wir später noch einkaufen müssen, und so weiter. Unser Bewusstsein folgt unseren Gedanken, wo auch immer sie hingehen. Daher sind wir uns der anderen Person nicht länger bewusst. Unser Bewusstsein hat zu dem gewechselt, was in unserem Kopf vor sich geht. Wir verlieren jeglichen Kontakt.

Als mir das klar wurde, verlor ich augenblicklich die Illusion, ein guter Zuhörer zu sein. Ich erkannte, dass ich auf einer anderen, tieferen Ebene zuhören musste. Ich lernte also, was ich heutzutage „zutiefst zuhören“* nenne. Ich fing an, es auszuprobieren und meine Fähigkeit zuzuhören verbesserte sich schlagartig. Ich fing an, viel mehr als nur die gesprochenen Worte zu hören. Zum Beispiel sagte jemand einmal zu mir: „Mein Sohn ist so gemein zu mir, obwohl ich ihm alles gebe, was er will. Ich weiß nicht, was ich machen soll.“ Ich hörte: „Wow, sie hat eine Opfer-Mentalität und sieht nicht, wie sie ihr Opfer-Denken zu ihrem Nachteil einsetzt“.

Auf welche Weise habe ich das gehört? Sie hat es nicht gesagt.

Ich weiß nur, dass ich es tief in meinem Inneren gehört habe. Aber das ist nicht so verwunderlich, wie es zunächst erscheint.

Eltern von Säuglingen sind nahezu alle Experten im Zutiefst-Zuhören. Babys können uns nicht in Worten mitteilen, was sie gerade wollen, und so werden wir Experten für Hinweise und jede Art von Zeichen, die uns mitteilen, was in ihren Köpfen vor sich geht. Wir lernen die Bedeutung der verschiedenen Arten des Weinens zu unterscheiden. Wir sind vollkommen präsent mit ihnen. Wir haben eine sehr enge Verbindung und können fühlen, was sie von uns brauchen – nicht immer, aber oft. Wenn das Kind zufrieden ist, sind wir völlig fasziniert von dem, was es uns mitzuteilen versucht. Fühlt sich das Kind unwohl oder ist es traurig, sind wir sehr neugierig herauszufinden, was vor sich geht, denn es hat noch keine Worte, um es zu beschreiben. Was wir ganz natürlicherweise mit Babys machen, bevor sie sprechen können, oder mit unseren Haustieren, um herauszufinden, was sie wollen, ist genau das: zutiefst zuhören.

---

* Andere nennen es „vertikales Zuhören“, oder in der Arbeit mit Jugendlichen habe ich es auch „extremes Zuhören“ genannt. Linda Pransky war die erste, von der ich gelernt habe, wie man wirklich zutiefst zuhört – danke, Linda.

Zutiefst zuhören bedeutet, vollkommen präsent mit einem Menschen und frei von störenden Gedanken zu sein. Daraus ergibt sich häufig eine enge Bindung.

Zutiefst zuhören bedeutet, ein Gefühl zu empfangen. Es geht darum, etwas mittels unserer Intuition wahrzunehmen.

Zutiefst zuhören ist, von der anderen Person fasziniert und neugierig auf das zu sein, was sich in ihrem Geist abspielt.

Jemandem zutiefst zuzuhören bedeutet, darauf zu hören, was diese Person wirklich auszudrücken versucht, statt nur auf die Worte zu achten.

Der einzige Weg, die wahre Bedeutung hinter den Worten anderer aufzunehmen, ist, selbst einen klaren Kopf zu haben. Wenn wir mit unseren eigenen Gedanken beschäftigt sind, dann hören wir nur uns selbst zu, anstatt unserem Gegenüber. *Unser eigenes Denken beeinträchtigt unsere Fähigkeit, zutiefst zuzuhören.* In der Tat kann nichts anderes uns davon abhalten.

Dies bedeutet, dass wir einer Person, die gerade mit uns spricht, ganz automatisch zutiefst zuhören würden, wenn wir keine Gedanken hätten. Aber es ist unmöglich, nicht zu denken. Also erlauben wir unseren Gedanken, einfach zu kommen und zu gehen, ohne ihnen dahin zu folgen, wohin sie uns vielleicht mitnehmen wollen. Darüber später mehr.

Leider vergessen wir, dass wir ein natürliches Talent zum Zutiefst-Zuhören haben, sobald unsere Kinder anfangen zu reden. Warum? Weil wir anfangen, auf ihre Worte zu hören, anstatt uns auf die Hinweise oder auf das, was sie uns wirklich mitzuteilen versuchen, einzustellen. Wir hören dann nur noch die Worte und nicht mehr, was dahinter steckt. Wir verlieren dann oft diese wahrhaftig enge Bindung. Wir vergessen, dass wir die enorme Fähigkeit haben, die Gefühle anderer wahrzunehmen und zu verstehen, worauf sie wirklich hinaus wollen. Dennoch können wir die natürliche Veranlagung, ein richtig guter Zuhörer zu sein, niemals verlieren – ob wir unseren Kindern zuhören oder irgendjemand anderem. Wir vergessen nur, dass wir dieses unglaubliche Talent haben und hören auf, es zu benutzen.

Es ist nicht meine Absicht, genau im Detail zu beschreiben, wie man zutiefst zuhören *macht*, weil es wirklich nichts zu machen gibt. Zutiefst zuhören ist einfach: Es ist die natürliche Art, wie es uns bestimmt ist zuzuhören. Würden wir unser Zuhören nicht unbeabsichtigt mit unserem eigenen Denken stören, würden wir ganz automatisch zutiefst zuhören. Daher ist es eher ein „nicht tun", ein „sich hineinentspannen". Und wenn es nichts zu tun gibt, wie kann man es dann beschreiben?

Manche Leser mögen sich wundern, wie man jemandem Aufmerksamkeit schenken kann, wenn wir nicht den Worten zuhören, die jemand äußert. Die Ironie ist, dass wir dann tatsächlich aufmerksamer sind. Wir verstehen, was unser Gegenüber sagt, aber auf einer tieferen Ebene. Das hat nichts damit zu tun, die Körpersprache zu lesen, oder mit der Technik des „Aktiven Zuhörens", bei der man das Verstandene wiederholt oder dem Sprecher das Gesagte zurückspiegelt. Solche Verfahren verstopfen meistens nur unseren Geist. Stattdessen wollen wir lieber einen klaren Kopf behalten und einfach mit einer Person *gegenwärtig sein und gespannt oder neugierig darauf*, was sie eigentlich zu sagen versucht, wie wohl die Welt dieser Person aussehen mag - wie kommt es, dass sie die Dinge auf diese Art und Weise wahrnimmt? Nichts davon hat mit den Worten an sich zu tun. Und zur selben Zeit erfassen wir irgendwie, was sie sagt; es ist nicht so, als hörten wir sie überhaupt nicht.

Warum nehme ich mir die Zeit, darüber zu schreiben, wie man anderen zutiefst zuhört, wenn dies doch eigentlich ein Buch zur *Selbst*hilfe ist? Weil diese Fähigkeit einer der Schlüssel ist, der Nähe zwischen Menschen herstellt und frischen Schwung in eine Beziehung bringt.

Überlegen Sie mal: Am Anfang einer Liebesbeziehung sind wir gewöhnlich Experten im Zutiefst-Zuhören. Wir sind vollkommen im Jetzt mit dem Gegenüber. Wir fühlen unglaubliche Nähe. Wir sind fasziniert von dem, was der andere zu sagen hat. Wir sind total neugierig auf die andere Person. Die Worte bedeuten uns nicht so viel, wir sind viel mehr an dem Gefühl interessiert. Wir achten nicht auf unsere Gedanken, um das Wesen des anderen aufsaugen zu können. Das ist perfektes Zutiefst-Zuhören!

Stellen Sie sich mal vor, wir wären überwiegend auf diese Weise mit unserem Partner zusammen. Hätten wir dann nicht wunderbare Beziehungen? Wann geht uns das verloren? Wir werden oft von Gedanken darüber abgelenkt, wie unser Partner sein sollte oder auf welche Art er oder sie handeln sollte – alles Gedanken – und wir hören nicht mehr zu.

Nehmen wir einmal an, wir wären fasziniert von dem, was jemand – oder irgendjemand – wirklich auszudrücken versucht. Ganz automatisch wären wir gute Zuhörer. Ganz automatisch würden wir uns auf die Person einstimmen und ein positives Gefühl wahrnehmen, weil Interesse oder Faszination sich einfach gut anfühlen. Das Gefühl, das wir oftmals wahrnehmen, ist eine enge Verbindung zu der Menschlichkeit dieser Person.

Stellen Sie sich vor, wie es wäre, neugierig oder vollkommen interessiert zu sein herauszufinden, wie jemand die Welt wahrnimmt. Stellen Sie sich vor, in der Lage zu sein, dieser Person solange zuzuhören, bis Sie ihre Sicht auf die Dinge wirklich verstehen, und warum es für sie sinnvoll ist, dieses oder jenes zu tun.

Je mehr unser Partner (oder jede andere Person) spürt, dass wir ein echtes Interesse an seiner Sichtweise haben, und eine enge Verbindung fühlt, umso geneigter ist er zu entspannen. Das beruhigt den Geist und inspiriert vielleicht sogar neue Einsichten.

In einem Drei-Prinzipien-Training in Ohio sprach ich darüber, auf welche Art wir jede Situation aus verschiedenen Blickwinkeln erleben können. Wenn wir etwas negativ betrachten, haben wir uns diese Sicht der Dinge unbeabsichtigt selbst ausgedacht. Plötzlich brach es aus einer Teilnehmerin heraus, wie sehr sich das alles nur wie irgendeine andere Psychologie anhöre und sie nicht sehe, wie das bei Kindern funktionieren könne.

Ich sagte: „Es hat mit Kindern funktioniert. Es funktioniert mit Kindern."

Sie schüttelte nachdrücklich mit dem Kopf. „Ich kann nicht erkennen, wie."

„Wollen Sie damit sagen, Sie glauben nicht, dass das stimmt?" fragte ich. Ich wollte ganz aufrichtig herausfinden, was sie meinte.

Als ich gerade im Begriff war, ihr einige Fallbeispiele über das Wo und Wie meiner erfolgreichen Arbeit mit Kindern zu geben, sagte sie: „Ich bezeichne Sie nicht als Lügner. Aber ich kann einfach nicht sehen, wie das gehen soll". Dann spie sie mehr Negativität aus, als ich seit langer Zeit gehört hatte.

Sie hatte rein gar nichts von dem vernommen, was ich gesagt hatte. In mir machte sich ein ungutes Gefühl breit. Ich konnte spüren, wie ich ein bisschen defensiv wurde (das passiert mir sehr selten während eines Trainings; ich muss wohl in einem Stimmungstief gewesen sein), und während sie sprach, wurde mir bewusst, dass ich dabei war, aus dieser Defensiv-Haltung heraus zu reagieren.

Ganz plötzlich fiel ich in einen Zustand des Zutiefst-Zuhörens (zugegeben, ich hatte bis zu diesem Zeitpunkt nicht wirklich zugehört) und ein überwältigendes Gefühl überkam mich.

Ich dachte: „Wow, diese Frau lebt in einer derart negativen Welt!" Sie tat mir so leid. „Sie muss so unter Schmerzen leiden, um zu denken, dass sie auf diese Art und Weise leben muss."

Eine Welle von tiefem Mitgefühl überkam mich und in dem Moment entspannte sich mein ganzer Körper. Ich sah diese Frau jetzt vollkommen anders, und was sie zu sagen hatte, beeinträchtigte mich nicht länger. Ich war dann in der Lage, so zu antworten, dass es dem Gesagten die Schärfe nahm und die Stimmung der gesamten Gruppe hob. Hätte ich geantwortet, ohne erst zutiefst zuzuhören, hätte ich in Schwierigkeiten geraten können.

Auf welche Art und Weise beginnen wir ein Gespräch mit einer Person, die wir auf einer Tagung, einer Party, bei einem Abendessen oder sonstwo kennenlernen? Fangen wir eine Unterhaltung an, um dieser Person mitzuteilen, was uns gerade beschäftigt, oder darzulegen, was wir wissen? Oder beginnen wir sie, um etwas Neues zu lernen und so viel wie möglich von der anderen Person aufzunehmen? Meistens scheinen die Menschen lieber zu reden als zuzuhören. Wir scheinen viel mehr daran interessiert zu sein, zum Ausdruck zu bringen, was wir zu sagen haben, als zuzuhören, was andere zu sagen haben. Das Problem ist, dass wir nicht zuhören, wenn wir entweder reden oder darüber nachdenken, was wir sagen wollen. Warum? Weil es unmöglich ist, einen leeren, aufnahmefähigen Geist zu haben, wenn unsere eigenen Gedanken ihn vollstopfen.

Noch einmal: Dies ist kein Geheimnis. Viele von uns erleben den Zustand des Zutiefst-Zuhörens natürlicherweise, wenn wir in der Natur sind und die Vielzahl der Geräusche durch unsere Sinne aufnehmen. Viele von uns erleben diesen Zustand ganz natürlich, wenn wir unserer Lieblingsmusik zuhören. Wir haben schon über unsere natürliche Fähigkeit des Zuhörens gesprochen, wenn wir uns verlieben oder wenn wir mit einem Baby oder Haustier gegenwärtig sind. Wir können einem Fremden oder jeder anderen Person auf die gleiche Weise zuhören. Was für eine Vorstellung! Vielleicht empfinden wir keine Liebe, aber wir werden eine bessere Erfahrung haben. Der Natur oder unserer Lieblingsmusik zuzuhören, gibt uns oft ein gutes Gefühl. Dies ist die Art von Gefühl, die wir dann aufnehmen, wenn wir einem interessanten Menschen zutiefst zuhören.

Sie fragen sich vielleicht: „Was ist, wenn die Person nicht interessant ist? Was, wenn sie langweilig ist? Oder unausstehlich? Oder gehässig?"

Gehen wir einmal davon aus, wir empfinden etwas in dieser Art. Was geht in unserem Kopf vor? Nehmen wir „langweilig" als Beispiel. Vielleicht sagen wir uns: „Oh Gott, dieser Kerl ist so langweilig! Er wiederholt sich ständig und merkt nicht, dass sich kein Mensch auch nur im geringsten dafür interessiert, was er sagt."

Uns muss eine ganze Menge durch den Kopf gehen.

Wir haben vielleicht eine versteckte Idee im Hinterkopf (unsere Gedanken-Linse), was „langweilig" für uns bedeutet. Wenn wir diese Person in der Vergangenheit schon einmal erlebt haben, erinnern wir uns möglicherweise daran, wie sie sich verhalten hat und wie wir uns dann gefühlt haben. Unsere Aufmerksamkeit mag abschweifen oder vielleicht schalten wir sogar komplett ab und stellen uns vor, woanders zu sein. Wir könnten ärgerlich werden, dass wir hier festsitzen und dieser langweiligen Person zuhören müssen. Ganz schön viel, all das im Kopf zu haben! Mit unserem Denken geht es langsam bergab und wir fühlen uns unwohl. Je tiefer wir sinken, umso unangenehmer wird es. Mit all dem im Kopf verlieren wir die Fähigkeit zuzuhören, weil dies das Gegenteil von einem klaren Geist ist. Je mehr uns durch den Kopf geht, umso weniger sind wir in der Lage zuzuhören, Punkt.

Stellen wir uns vor, anstatt diese Person als „langweilig" zu erleben, könnten wir uns dafür interessieren, aus welchem Grund sie so wirkt. Oder was es ist, das diese Person denken lässt, dass sie gut ankommt? Wie muss ihr Leben wohl sein? Wie sieht sie die Welt? Wäre das nicht interessant? Wenn wir jemandem im Hinblick auf diese Fragen zuhörten, würden wir dieselbe Person vollkommen anders erleben – wahrscheinlich hätten wir eine viel angenehmere Erfahrung. Merkt diese Person, wie sie auf andere wirkt? Und wenn nicht, warum nicht? Was nimmt sie wahr, um zu denken, dies sei das Richtige zu tun? Auf diese Fragen nach Antworten zu lauschen, wäre sicherlich interessant.

Manch ein schlauer Leser mag denken: „Ich dachte, Sie sagten, man solle über nichts nachdenken. Bedeuten solche Fragen aber nicht, dass unser Geist mit etwas beschäftigt ist?"

Oberflächlich betrachtet sieht es so aus, aber tatsächlich wollen wir noch nicht einmal diese Fragen im Sinn haben. Dies ist ein weiteres Paradox. Wir wollen kein Gespräch mit solchen Fragen oder irgendwelchen anderen Gedanken im Kopf führen. Während wir zuhören, mögen aus unserem klaren Geist heraus solche oder andere Fragen in uns aufkommen. Vielleicht fragen wir uns selbst: „Wie mag seine Welt wohl aussehen", aber dann vergessen wir diese Frage sogleich und werden einfach wieder still. Auf diese Art und Weise bekunden wir unsere Absicht, eine Antwort auf unsere Frage zu bekommen, während wir dennoch einen klaren Geist bewahren.

Was haben wir zu verlieren? Aufgrund all unserer Gedanken haben wir sowieso schon eine unangenehme Erfahrung mit der Person, die wir als langweilig ansehen.

Ironischerweise würden wir uns ganz natürlich mit anderen Menschen eng verbunden fühlen, wenn wir keine anderweitigen Gedanken hätten. Wonach wir streben, haben wir längst und wir können nur störend darauf einwirken.

Eine weitere Ironie ist, dass Zutiefst-Zuhören zu unserem eigenen Nutzen ist. Sicherlich fühlt es sich für den anderen gut an, denn wir alle lieben es, wenn andere uns wirklich aufmerksam zuhören. Aber wenn wir selbst zutiefst zuhören, ist die Zeit, die wir mit Menschen verbringen, wesentlich erfüllter. Wir haben von diesen Momenten viel mehr. Es steht nicht weniger auf dem Spiel als unsere eigene Freude und Zufriedenheit. Es kostet uns keine zusätzliche Zeit. Ebenso bleibt es uns überlassen, ob wir es machen oder nicht. Unsere Erfahrung entspricht einfach unserer Art des Zuhörens.

Eines Tages saß ich im Auto und wollte weder Musik noch meinen Gedanken zuhören. Also machte ich das Radio an und landete mitten in einer Sendung mit Dr. Joy Brown. Sie ist bekannt dafür, Anrufern während der Sendung Ratschläge zu geben, die oftmals auf gesundem Menschenverstand beruhen. Eine Frau rief an und erzählte, wie sie mit einer Freundin immer und immer wieder über dieselben Dinge in Streit geriet und dass dies die Beziehung belaste. Die gute Frau Doktor sagte so etwas wie: „Wenn Sie mit einer Freundin immer wieder über dieselben Dinge streiten, wie zum Beispiel Politik, dann vereinbaren Sie doch einfach, nicht mehr über solche Themen zu reden."

Das mag sich wie gesunder Menschenverstand anhören, aber Dr. Brown hat offensichtlich nicht zutiefst zugehört. Ich habe nichts gegen Joy Brown; ich möchte nur darauf hinweisen, dass „Ratschläge geben" lediglich ein weiterer Weg ist, Menschen zu bestärken, außerhalb ihrer selbst nach Antworten zu suchen. Das ist genauso, als wenn man sagen würde: „Wenn du auf mich hörst (weil du anscheinend nicht auf deinen gesunden Menschenverstand hören kannst), dann wird alles gut." Ratschläge sind nur dann von Nutzen, wenn die betroffene Person eine neue Einsicht gewinnt und sich ihr Denken ändert; ansonsten wird jeder Ratschlag von der „Gedanken-Linse" dieser Person abprallen.

Hätte Dr. Brown der Anruferin erst zutiefst zugehört, bevor sie Rat erteilte, dann hätte sie vielleicht gehört, was ich wahrgenommen habe: Diese Frau litt unter dem Gefühl, die enge Verbundenheit zu ihrer Freundin zu verlieren, da sie zwei verschiedene Welten sahen und sie keine Möglichkeit sah, die Differenzen zu überbrücken. Sich „einfach darauf zu einigen", nicht mehr darüber zu sprechen, spricht diese tiefer liegende Problematik nicht an.

Würden diese beiden Freundinnen lernen, wie sie einander zutiefst zuhören können, würden sie ein tieferes gegenseitiges Verständnis für die Welt der jeweils anderen entwickeln und sich sogar noch enger verbunden fühlen. Andernfalls würden Gedanken über die ungelöste Problematik die Beziehung weiter indirekt belasten. Zutiefst-Zuhören gibt Menschen eine reichhaltigere Erfahrung des Zusammenseins – ohne die Emotionen, die durch entgegengesetzte Standpunkte aufkommen.

Wenn wir einfach anderer Meinung sind, anstatt mit jemandem unter Anspannung zu argumentieren, könnten wir neugierig hinhören, um zu verstehen, was für die andere Person Sinn macht. Was könnte es sein, was diese Person die Dinge auf ihre Weise sehen lässt? Was könnte meinen Partner veranlassen, es anders zu sehen? (Oder meine Kinder, oder meine Geschäftspartner, oder meine Nachbarn oder die Kassiererin, die so gemein zu mir war?) Diese Fragen sind faszinierend, verglichen mit einem Streit aus unserer Sicht und dem Versuch, dem anderen unsere „Realität" aufzudrücken. Wir könnten unserem Gegenüber weitere Fragen stellen, um es noch besser zu verstehen. Wir wollen so weit kommen, bis wir wirklich sagen können: „Ach so, deswegen sieht diese Person es so, ich verstehe!" So hören wir hinter den Worten.

Das bedeutet nicht, dass wir zustimmen müssen; es bedeutet nur, dass wir verstehen, warum jemand zu seiner Sichtweise gelangt. Es bedeutet, dass wir solange zuhören, bis es uns völlig verständlich ist, warum eine Person diese Position vertritt, abhängig davon, wie sie die Welt sieht. Ist unser Gegenüber dann auch willens, uns auf die gleiche Art zuzuhören, und hört, warum wir die Dinge so sehen, bewahren oder entwickeln wir eine enge Verbundenheit, selbst wenn wir in einer Angelegenheit, die uns beiden wichtig ist, unterschiedlicher Meinung sind. Auch wenn die andere Person es nicht so sehen kann wie wir, sind wir doch in einer viel besseren Position, zu einer Einigung zu kommen, weil wir besser verstehen, was der andere von uns braucht. (Stellen Sie sich einmal vor, dass sich Demokraten, Republikaner, Konservative und Liberale zum Wohle der Gesellschaft tatsächlich einmal die Zeit nähmen, einander zutiefst zuzuhören.)

Eine Einigung der Gemüter ist immer besser, als sich die Köpfe einzuschlagen. Der aufmerksame Leser wird bemerken, dass ich genau dies den beiden Streithähnen vom Anfang dieses Kapitels zu vermitteln versuchte. Allerdings hatte ich zu jener Zeit nicht gut genug zugehört, um wahrnehmen zu können, was sie in diesem Moment brauchten, weil ihre Gemüter (und meines) alles andere als gelassen waren. Wenn der Geist ruhig ist, ist diese Vorgehensweise der Konfliktlösung durch Zutiefst-Zuhören besonders hilfreich bei unseren Kindern, Partnern, Arbeitskollegen, Nachbarn und allen Menschen, mit denen wir vielleicht unsere Schwierigkeiten haben. Wahrhaftig hören zu können „Ach, jetzt verstehe ich, warum mein Gegenüber das so sieht!“, erhöht die Qualität unseres Denkens – und tatsächlich auch das Denken unseres Gegenübers – bezüglich der Situation.

Und: Je mehr wir anderen zuhören, desto mehr neigen auch sie dazu, uns zuzuhören.

Als ich das nächste Mal nach Puerto Rico kam, stellte ich fest, dass sich Julias Leben (die Psychologin aus Kapitel V) merklich verbessert hatte. Sie war nicht länger depressiv. Sie war weniger gestresst. Sie arbeitete effektiver mit ihren Klienten. Dennoch verlief ihr Leben nicht glatt. Obwohl sie sehr hart arbeitete, fühlte sie sich oft schuldig, nicht genug für ihre Arbeit zu tun oder nachlässig zu werden. Als ich ihr zutiefst zuhörte, erkannte ich, dass sie in vielen Bereichen ihres Lebens nach wie vor eine Menge als

„Realität" wahrnahm (wie Dinge sind); wenn sie mehr Illusion (Schöpfungen ihres eigenen Denkens) erkennen würde, würde sich ihr Verständnis noch weiter vertiefen.

Eines Abends entschied sich Julia, ihren Urlaub um einen Tag zu verlängern. Schließlich war sie gerade in eine neue Wohnung gezogen und hatte noch sehr viel zu tun, um sie zu Ende einzurichten. Außerdem waren Gabriela und ich wieder zu Besuch. Daraufhin wurde Julia von Schuldgefühlen überwältigt.

Während wir in der Stadt bummelten, bekam sie plötzlich Hunger und sagte, sie müsse unbedingt etwas essen. Als wir endlich in einem Restaurant Platz genommen hatten, hatte sie all ihren Appetit verloren. Stattdessen hatte sie schreckliche Magenschmerzen.

Julia erzählte mir, dass ihr das oft so gehe – jedes Mal, wenn sie sich schuldig fühlte, bei der Arbeit nachzulassen. Früher hatte sie diese Schmerzen unablässig verspürt und jetzt tauchten sie nur noch alle paar Tage auf. Außerdem dauerten sie nun nur noch zehn bis fünfzehn Minuten. Die Schmerzen hörten auf, sobald sie sich daran erinnerte, dass es nur ihre eigenen Gedanken waren und dass sie diese nicht so ernst zu nehmen brauchte. Als sie darüber berichtete, bekam sie dennoch Tränen in die Augen.

„Weil sich unsere Gefühle so real anfühlen", sagte ich sanft, „erscheint das, was wir sehen, wirklich real für uns. Alle deine Gründe, dich schuldig zu fühlen, sehen in der Tat real aus – das ist die Aufgabe des Bewusstseins – aber sie sind wirklich nur eine Illusion. Du erfindest unabsichtlich deine eigenen Verhaltensstandards, denkst dir dann aus, ob du diesen Standards gerecht wirst, und dann denkst du dir auch noch aus, wie verzweifelt du darüber sein solltest, weil du ihnen nicht entsprichst. Würdest du all das wirklich als Illusion erkennen, wärst du nicht so sehr in dieser 'Realität' gefangen."

„Ja", sagte Julia, „wenn ich mit Klienten arbeite, erzähle ich ihnen das auch. Ich erzähle ihnen, dass, als ich wirklich depressiv war und zu Hause voller Selbstmitleid nur herumlag, ich mich entschied, tanzen zu gehen. Für ein paar Stunden vergaß ich dann, dass ich depressiv war. Wenn ich wieder nach Hause kam, fühlte ich mich unwillkürlich besser. Dann wurde ich wieder depressiv, aber während der paar Stunden konnte ich es vergessen."

„Hmm. So habe ich es nicht gesagt."

„Wie meinst du das?“

„Ich rede nicht darüber, etwas, das jemand als ‘real’ ansieht, für eine Weile zu vergessen. Es ist tiefer als das.“ Aus irgendeinem Grund war ich nicht in der Lage, klar genug auszudrücken, was ich meinte.

„Es *geht* um Vergessen,“ fing Julia an zu streiten, „und ich *verstehe* ganz genau, was du sagst“.

Ironischerweise hatte sie in diesem Moment ihre Magenschmerzen vergessen und wurde wieder hungrig.

„Das meinte ich mit ‘Vergessen, was man als Realität ansieht’“, sagte ich. „Wir benutzen das Wort ‘vergessen’ mit unterschiedlicher Bedeutung. Ich rede darüber, was dir gerade eben passiert ist. Plötzlich waren dir die Schuldgefühle, die du vor ein paar Minuten noch hattest, unwichtig, weil du in einen Streit über ‘Vergessen’ verwickelt warst. Du hast die Realität der Schuldgefühle vergessen, die dir eben noch Magenschmerzen bereitet haben, aber du hast dich nicht extra darum bemüht, sie zu vergessen, so wie du es gemacht hast, als du tanzen gegangen bist.“

Für Julia machte das keinen Unterschied. Sie wurde leicht gereizt.

Während ich ihr zuhörte, beschlich mich ein Gefühl: „Wenn du wirklich in aller Tiefe sehen könntest, was ich auszudrücken versuche, wärst du frei“, sagte ich.

Sie hielt in ihrer Bewegung inne und ihr Gesicht offenbarte einen Ausdruck von Angst. Was war das?

Wir verließen das Restaurant, liefen zurück zu ihrem Auto und fuhren los. Ich konnte irgendetwas weit jenseits meines Intellekts wahrnehmen, aber ich konnte nicht genau sagen, was es war.

Unterwegs kamen wir an einem Aussichtspunkt vorbei, wo sich das Mondlicht in den Wellen des ansonsten tief schwarzen Meeres spiegelte. Wir hielten an, um den wunderschönen Ausblick zu genießen.

Wir standen dort ganz still und bewunderten die Schönheit.

In dieser Stille fragte ich mich, was es wohl war, was Julia nicht sah. Ich wusste, dass das, worüber Julia stritt, nicht wirklich das Problem war; es lag tiefer. Aber was war es? Es war, als läge es mir auf der Zunge, gerade so unerreichbar. Ich wurde wieder still, leerte meinen Kopf und richtete meine Aufmerksamkeit auf den dunklen, vom Mond beleuchteten Ozean und die Sterne.

Plötzlich sah ich es! Ich hörte etwas weit über die Bedeutung ihrer Worte hinaus. Julia hatte Angst vor Freiheit.

Ich sagte Julia, was ich sah. Es berührte sie zutiefst. Sie wusste, dass es wahr war, obwohl sie es zuvor nie bemerkt hatte, jedenfalls nicht in diesem Ausmaß. Irgendwie war es für sie beruhigender, ihre alten Ausreden zu haben. Sie wusste nicht, wie ihr Leben ohne diese alte Gewohnheit aussähe und sie hatte Angst davor.

Ich sprach ein wenig über die Angst vor einer Zukunft, die nun wirklich niemand voraussagen kann – eine weitere Illusion, die wir selbst erschaffen. Dennoch hatte ich das Gefühl, dass noch mehr dahinter steckte. Ich musste noch tiefer zuhören. Mal abgesehen von altbekannten Gewohnheiten, was würde jemandem Angst vor so etwas wie Freiheit machen? Der Gedanke machte mich neugierig. „Warum hatte Julia Angst vor Freiheit?“ fragte ich mich und wurde still.

Inzwischen waren wir wieder im Auto und gerade dabei loszufahren. Wir sahen es beide gleichzeitig.

Julia hatte eine tief verwurzelte Überzeugung, derer sie sich nicht bewusst war: Der Grund für ihre Angst vor Freiheit war, dass sie nicht glaubte, dass sie es wert sei, frei zu sein.

Was für eine Erkenntnis!

Fast ihr gesamtes Leben lang hatte Julia sich schlecht gefühlt. Dies resultierte aus ihrem Denken darüber, wie man sie in der Vergangenheit behandelt und was sie alles erlitten hatte. Obwohl sie das jetzt hinter sich ließ, fühlte sie sich noch immer wertlos. Das war der Grund für ihre andauernden Magenschmerzen.

Diese neue Einsicht berührte Julia zutiefst. Es mag sogar noch tiefer liegende Gründe geben, die man erforschen könnte, aber jetzt war es erst einmal genug für sie.

Es gibt immer tiefere Ebenen des Zuhörens – anderen und uns selbst. Uns selbst zutiefst zuzuhören ist ein Zustand der stillen Besinnung. Wir fragen uns zum Beispiel: „Ich würde gerne sehen, warum ich mich hier so festgefahren fühle“. Dann vergessen wir es, lassen den Gedanken los, werden still, leben den Alltag und schauen, was kommt.

X. Wir wissen nur in dem Maße nicht mehr weiter, wie wir es denken

Alyson und ihr Sohn Mark, ein Teenager, wussten nicht mehr weiter.

Beide kamen zu einem Training, das ich auf Maui hielt. Sie wussten, dass ich *„Parenting from the Heart"* geschrieben hatte, und dachten, dass ich vielleicht in der Lage sei, ihnen bei einem Thema zu helfen, das ihnen sehr nahe ging.

Mark hatte kürzlich seinen sechzehnten Geburtstag gefeiert und seinen Führerschein gemacht. Seine Eltern schenkten ihm ein Auto. Sie baten ihn, nicht zu rasen. Er war einverstanden. Innerhalb weniger Monate wurde Mark fünfmal wegen Geschwindigkeitsüberschreitungen angehalten. Einmal platzte sogar ein Reifen auf einer Lavastein-Straße.

Das war inakzeptabel. Marks Vater wollte ihm das Auto für immer wegnehmen. Alyson, die Mutter, dachte, das sei zu hart; sie wollte zwar ein Machtwort sprechen, befürchtete aber, Mark gegen sich aufzubringen. Mark wusste, dass irgendwelche disziplinarischen Maßnahmen bevorstanden, fürchtete sich aber davor, wie diese aussehen würden. Beide wollten unbedingt eine zufriedenstellende Lösung. Beide steckten in der Klemme. Beide wollten, dass ich mich mit der Problematik befasse. Die anderen Kursteilnehmer waren einverstanden. Sie waren neugierig, wie ich mit einer derartigen Situation umgehen würde.

Ich hatte mit Alyson und Mark schon über die drei Prinzipien gesprochen – GEIST, BEWUSSTSEIN und GEDANKE – und beide hatten es interessant gefunden. Unsere persönliche Beziehung fühlte sich richtig an. Also stellte ich ein paar Fragen und hörte zutiefst zu. Es war deutlich, dass die beiden, die Mutter und der Sohn im Teenageralter, ein ausgezeichnetes Verhältnis zueinander hatten.

Alyson sagte, dass sie darüber nachdenke, Mark als Konsequenz nicht an der Aufführung des Sommermusicals mitmachen zu lassen. Mark wollte daran aber unbedingt teilnehmen.

Das machte mich stutzig. Wenn es hier um das Auto und überhöhte Geschwindigkeit ging, was hatte dann das Sommermusical damit zu tun? Wenn ich dieser Logik nicht folgen konnte, dann konnte Mark das sicher auch nicht. Das machte für mich alles nur komplizierter.

Ich war auch über Marks Verhalten verwundert. Ich fragte ihn, ob er um die Erwartungen bezüglich des Autos an ihn wisse, und er antwortete mit ja. Irgendetwas passte hier nicht zusammen.

„Das ist komisch“, sagte ich. „Ich frage mich, warum jemand, der weiß, was man von ihm erwartet, diese Erwartungen missachtet?“

„Das will ich ja eigentlich gar nicht. Das lag nur an der Situation...“, erklärte Mark.

„Also in bestimmten Situationen ist es okay, die Erwartungen zu missachten?“

„Nein, nicht wirklich, aber ...“

Ich ließ ihn für einen Moment darüber nachdenken und wandte mich an seine Mutter: „Alyson, was stört Sie am meisten an Marks Verhalten?“

Sie dachte ein wenig nach. „Eigentlich zwei Dinge. Erstens, dass es wirklich zu gefährlich ist, wenn er sich beim Autofahren nicht verantwortlich zeigt. Er könnte sich umbringen, wenn er so schnell fährt.“

Ich bat sie, einen Moment zu warten und wandte mich an Mark: „Kannst du das aus ihrer Perspektive verstehen?“

Er sagte: „Ja.“

Ich wandte mich zurück an Alyson: „Und das zweite?“

„Es ist immer wieder das gleiche mit Mark. Also ich weiß ja, dass er es gut meint und dass er ein toller Junge ist, aber oft muss ich ihn wiederholt bitten, etwas zu tun, bevor er es endlich macht, zum Beispiel seine Sachen aufzuheben, den Hund zu füttern oder ähnliches, und manchmal wird es überhaupt nicht erledigt.“

Ich fand das wiederum interessant. Ich sagte: „Okay, wenn Sie ihm so etwas immer wieder sagen müssen, klingt es für mich, als dächte er nicht, Sie meinten es ernst. Warum sollte er also glauben, dass Sie es mit dem Zuschnellfahren ernst meinen? Er muss dem nicht nachkommen, solange er nicht denkt, dass Sie es ernst meinen.“

Alyson wurde verlegen. In Marks Mundwinkeln zeigte sich der Anflug eines Lächelns.

Ich wandte mich dem Jungen zu. „Mark, du hast mir gesagt, du wüsstest, was man von dir erwartet, und was geht dann in deinem Kopf vor, wenn du so schnell fährst?“

„Eigentlich ist es gar nicht meine Absicht. Ich vergesse es einfach.“

Alyson ergriff das Wort. „Genau, er ist so völlig versunken in das, was er gerade macht, dass er einfach vergisst, das zu tun, worum man ihn bittet – nicht nur in Bezug auf das Auto, sondern in vielerlei Hinsicht, wie ich schon sagte."

„Das Problem ist dann also tatsächlich nicht das Zuschnellfahren. Das wahre Problem ist 'vergisst'. Zuschnellfahren ist ein Symptom von 'vergisst'. Aber weil es so ein gefährliches Symptom ist, müssen Sie wirklich darauf vertrauen können, dass er nicht rast, obwohl er vergisst, richtig?"

„Absolut".

Ich wandte mich an Mark. „Du verstehst schon, dass Eltern sich auf dich verlassen können müssen, wenn du in einem vermeintlich todbringenden Geschoss unterwegs bist? Deine Mutter muss sich einfach sicher sein, dass dir nichts passiert. Ist dir das klar?"

„Ja, das verstehe ich."

„Okay, Alyson, für Sie muss dieses Problem unbedingt befriedigend gelöst werden, weil es ja so gefährlich ist. Aber wenn wir dabei den eigentlichen Grund für sein Vergessen nicht betrachten, dann werden wir keine Lösung finden, richtig?"

„Das ist wahr, und was soll ich denn jetzt machen? Ich weiß ja, dass er es nicht mit Absicht tut, aber dennoch kann ich nicht mit der Sorge leben, dass ihm etwas passieren könnte. Was würden Sie machen?"

„Es ist nicht wichtig, was ich machen würde."

„Aber ich würde wirklich gerne wissen, was Sie tun würden."

Ich seufzte. „Also, ich würde wollen, dass meine Weisheit zu mir spricht. Mit dem Wissen, dass er es zwar nicht mit Absicht macht, aber zugleich mit der Gewissheit, dass es zu gefährlich ist, einfach so weiter zu machen, würde ich an Ihrer Stelle jetzt reinen Tisch machen und noch mal ganz von vorne anfangen. Aber ich würde es sehr klar machen, dass, wenn er die Geschwindigkeits- oder Sicherheitsregeln auch nur noch ein einziges Mal bricht, das Auto weg ist, basta, ohne weiteres Palaver. Wenn er das von Anfang an weiß, ist es seine Entscheidung, was er tut."

„Ja, das ist prima. Das macht es wirklich klar und es ist nicht zu hart, weil er diese neue Chance kriegt."

„Aber Alyson, wenn er jetzt noch einmal zu schnell fährt, müssen Sie diese Konsequenzen unbedingt durchziehen, okay? Ansonsten könnte das wieder zu der alten Denkgewohnheit führen, indem Sie ihn aus der Verantwortung nehmen. Denn es würde Ihnen nicht leicht fallen, konsequent zu bleiben und ihm wirklich das Auto wegzunehmen, stimmt's?"

„Ich weiß."

Mark sagte: „Das ist fair.“

Ich sagte: „Mark, wenn ich du wäre, würde ich dem nicht so schnell zustimmen. Da hängt nämlich eine ganze Menge dran, buchstäblich, denn wenn du gegen die Vereinbarung verstößt, ist das Auto weg. Nun mal wirklich: Was passiert, wenn du es vergisst? Um das Thema ‘vergisst’ haben wir uns ja noch gar nicht gekümmert.“

„Nein, ich könnte das.“

„Da bin ich mir ehrlich gesagt nicht so sicher. Ich habe bemerkt, dass die Geschwindigkeitsbegrenzung hier auf Maui ganz schön niedrig ist. Ein kleiner Moment des Vergessens und alles ist aus, und du hast die Gewohnheit, Dinge zu vergessen. Deswegen bin ich neugierig: Was geht dir durch den Kopf, wenn du etwas machen sollst, bevor du es vergisst?“

Mark dachte einen Moment nach. „Ich bin wirklich mit irgendetwas beschäftigt und sage mir dann: ‘Okay, nur eine Minute, bis ich das hier fertig habe.’“

„Und dann?“

„Dann vertiefe ich mich wieder in die Sache und denke nicht mehr daran.“

„Okay, das ist also eine Gewohnheit von dir. Ich kann sehen, dass du das nicht mit Absicht machst. Aber Tatsache ist, dass das, was du tun sollst, nicht gemacht wird. Wie ist es, wenn du Auto fährst?“

„Wie schon gesagt, das passiert nur ausnahmsweise, wenn was Besonderes ist, wenn ich zum Beispiel spät dran bin oder so.“

Alyson schaltete sich ein. „Er kommt zu spät und geht auf den letzten Drücker, weil er so vertieft in eine Sache ist, dass er vergisst, rechtzeitig loszugehen.“

„Mark, das ist also eine Entschuldigung dafür, zu schnell zu fahren?“

„Na ja, ich will ja nicht zu spät kommen“, antwortete Mark.

„Dann ist das Problem nicht nur ‘vergisst’, sondern auch ‘Ausnahmen’“.

„Ja“, sagte Mark kleinlaut.

„Okay, kannst du dich daran erinnern, was ich vorhin über das Prinzip GEDANKE gesagt habe, das unser Erleben kreiert? In diesem Fall kriegst du die doppelte Ladung. Du benutzt diese unglaubliche Gabe GEDANKE nicht nur dafür, dir selbst zu sagen, ‘Es ist wichtiger, das zu Ende zu machen, was ich gerade tue, als das zu machen, worum ich gerade gebeten werde’, und ‘Lieber zu schnell fahren als zu spät kommen’ – diese beiden

Gedanken verschaffen dir also eine 'reale' Erfahrung in deinem Bewusstsein, die wie die Wahrheit aussieht – obendrein *führen dich* diese Gedanken auch noch zu einem Verhalten, das dich letztendlich in Schwierigkeiten bringt."

Mark sagte: „Ach das meinten Sie, als Sie vorhin sagten, es sei eine Illusion."

„Ja, dein Denken täuscht dich und du fällst darauf rein, und es bringt dich dazu, dass du dabei bist, dein Auto zu verlieren. Und es fängt alles damit an, den Gedanken zu glauben, die dir in den Kopf kommen. Aber das musst du nicht! Das ist dein Schutz. Denn wenn du den Gedanken 'Ich kann das, was ich tun soll, für einen Moment aufschieben' oder 'Ich bin spät dran, also fahre ich besser schneller' nicht glaubst – wenn du solchen Gedanken erlaubst, zu kommen und gleich vorbeizuziehen, können sie dir nicht schaden. Und am Ende brauchst du nur deiner Weisheit zu lauschen, die dir mitteilt, was am besten zu tun ist. Das ist dein Bauchgefühl, das dir sagt, was richtig ist. Lass also Vorsicht walten, wenn du deinem Denken Glauben schenkst, denn am Ende verlierst du dein Auto. Klar?"

„Ja. Ich werde nicht zu schnell fahren, wenn ich mich nicht darum kümmere, was diese Gedanken mir mitteilen."

„Genau! Aber im Moment bist du es noch gewohnt, auf diese Weise zu denken, also wirst du unter Garantie solche Gedanken haben. Das musst du in nächster Zeit im Auge behalten: Das Denken, das beispielsweise dafür verantwortlich ist, mit deinem Fuß auf das Gaspedal zu drücken oder das Denken, das dich dazu bringt, ein Videospiel nicht unterbrechen zu wollen."

„Okay."

„Und Sie, Alyson, lassen sich auch von Ihrem Denken austricksen. Wissen Sie, wovon Sie sich täuschen lassen?"

„Von den zugrunde liegenden Gedanken, warum ich ihm so viel durchgehen lasse. Und ich weiß auch genau, was das ist. Ich will nicht, dass er leiden muss. Ich liebe ihn und möchte nicht, dass er irgendwelche Schmerzen erleiden muss, und ich will unserer Beziehung nicht schaden."

„Es ist auch eine Illusion zu glauben, dass klar Position zu beziehen Ihrer Beziehung schadet. Langfristig wird er es tatsächlich sehr zu schätzen wissen, weil es ihm eine wichtige Lektion erteilt."

Beide stimmten zu.

Jetzt waren beide befreit. Was sowohl der einen als auch dem anderen anfangs unvorstellbar erschien, stellte sich schließlich doch als möglich heraus. Beide bedankten sich vielmals und zogen zufrieden von dannen.

Wir stecken nicht in der Klemme, auch wenn es sich so anfühlt.

„Nicht mehr ein noch aus wissen" ist eine weitere Illusion. Wir stecken nur auf der Bewusstseinsebene fest, von der aus wir gerade alles betrachten. Warum? Weil das alles ist, was wir sehen können. Natürlich stecken wir in der Klemme, wenn wir weiter nichts sehen können. Aber wir können nur deswegen nicht mehr sehen, weil wir von einer festgelegten, begrenzten Perspektive aus schauen. Wir können nicht sehen, was uns auf einer höheren Bewusstseinsebene erwartet – noch nicht! Was immer sich dort oben befindet, bringt neue Möglichkeiten und Hoffnung. Unsere einzige Begrenzung ist das, was wir durch unser momentanes Denken sehen.

Die unglaublich schöne Luna Lodge liegt friedlich eingebettet zwischen Strand und Regenwald im Südwesten von Costa Rica. Bei einem Besuch nahm Oscar, der Wanderführer, einige von uns mit auf eine Tour zu einem Wasserfall. Es war ein kurzer, aber steil bergab führender Marsch durch den Regenwald. Ich war gerade dabei, in das kleine Becken am Fuße des Wasserfalles zu waten, als Oscar rief: „Halt!"

Er erklärte, er habe gerade einen Leguan ins Wasser flüchten sehen, als wir hinein wollten. Niemand außer Oscar hatte ihn gesehen. Er sagte, er werde versuchen, ihn mit einem Stock aus dem Wasser zu vertreiben. Machte er Witze? Ich bemerkte allerdings, dass Oscar tatsächlich nicht ins Wasser ging, um den Leguan zu fassen zu kriegen, also wollte ich es auch nicht riskieren.

Oscar zufolge können die normalerweise eher zurückhaltenden Leguane ganz scheußlich zubeißen, wenn sie sich in die Enge getrieben oder verängstigt fühlen. Fünf Minuten lang bewegte er das Wasser mit seinem Spazierstock. Es sah sicher so aus, als wäre nichts im Wasser. Mussten Leguane nicht auftauchen, um zu atmen?

Plötzlich sahen wir einen langen Schwanz an die Oberfläche kommen und wieder verschwinden. Au Backe! Offensichtlich war es kein Witz. Dann sahen wir eine Nase, die gleich wieder verschwand. Für weitere fünf Minuten bearbeitete Oscar das Wasser mit seinem Stock. Der Leguan kam heraus und schoss gleich wieder hinein. Oscar schaffte es, ihn erneut aus dem Wasser zu scheuchen, aber sogleich schoss er wieder hinein. Schließlich hatte der Leguan sich genügend verausgabt, sodass Oscar ihn am Schwanz packen konnte. Er setzte ihn auf einen Felsen. Der Leguan konnte sich vor Erschöpfung kaum bewegen. Jetzt konnten wir ins Wasser gehen.

Der Punkt ist, dass keiner von uns ihn gesehen hatte. Und wären wir dorthin gewandert und einfach hineingesprungen, hätte das böse enden können. Plötzlich hatte ich kein Vertrauen mehr in stehende Gewässer an Costa Ricas Wasserfällen. Oscar versicherte uns, dass Leguane normalerweise nie ins Wasser gehen, es sei denn, sie versuchten, vor Fressfeinden wie einem Puma oder Jaguar zu flüchten, der einzige Grund, warum der Leguan uns gebissen hätte. Das war beruhigend.

Gleichwohl konnte ich nicht fassen, wie oft Oscar Dinge sah, die wir nicht wahrnahmen – Affen, Vögel, Fledermäuse, Spinnen, Pflanzen, Bäume und Blumen aller Art – die er uns dann zeigte. Seine Sinne waren geschärft in diesem Dschungel. Wir konnten nicht sehen, was er sah. Er funktionierte auf einem viel höheren Bewusstseinsniveau als wir und nahm daher viel mehr wahr. Und weil er mehr sah, konnte er dementsprechend handeln. Wir konnten das nicht.

Bedeutet das, dass für uns nicht dieselben Möglichkeiten bestanden? Nein! Es bedeutet nur, dass wir von unserer begrenzten Perspektive aus nicht alle diese Möglichkeiten sehen konnten. Wir sehen die Dinge immer von einer stärker eingeschränkten Perspektive als es uns möglich ist. Auch wenn es schwer vorstellbar ist, können manche Menschen im Dschungel möglicherweise sogar noch mehr wahrnehmen als Oscar. Ganz sicher können Jaguare das.

Automechaniker nehmen Dinge an Autos wahr, die ich nie sehen würde. In Bezug auf Autos arbeiten sie auf einem viel höheren Bewusstseinsniveau. Wie jedoch die Autospezialisten in der Radioshow des National Public Radios regelmäßig aufzeigen, erkennen Topmechaniker oft Dinge, die andere Mechaniker nicht sehen. Aber solche Topmechaniker nehmen vielleicht beispielsweise die feinen Nuancen in einem klassischen Musikstück nicht wahr. Musiker wiederum mögen nicht unbedingt die Feinheiten in einem Gemälde sehen. Künstler sind sich möglicherweise nicht der Feinheiten der Wissenschaft gewahr. Wissenschaftler erkennen vielleicht nicht die feinen Unterschiede, die ein Heiler wahrnimmt. Heiler durchschauen vielleicht nicht die feinen Einzelheiten in der Strategie eines Basketballspiels. In mancher Hinsicht funktioniert ein jeder von uns auf einem ziemlich hohen Bewusstseinsniveau und sieht die Dinge dementsprechend. Im sonstigen Leben aber mag das vielleicht nicht der Fall sein, es kann sogar ein einziges Chaos sein. In solchen Lebensbereichen funktioniert eine Person auf einem niedrigen Bewusstseinsniveau. Jeder ist jedoch in jedem Lebensbereich in der Lage, die Dinge von einem höheren Niveau aus zu sehen, als das gerade jetzt der Fall ist.

Wenn es darum geht, die Macht des UNIVERSELLEN Prinzips GEIST in unserem Leben zu erfassen, sie zu verstehen oder sich ihrer gewahr zu werden, sind wir alle Anfänger. Sogar Gurus, Swamis, Schamanen oder andere große Freigeister dieser Welt haben seit Anbeginn der Zeit im Vergleich nur einen winzigen Bruchteil dessen gesehen, was noch alles erkannt werden kann. Dennoch hat dieser geringe Bruchteil, den sie gesehen haben, ihnen erlaubt, auf einem wesentlich höheren Bewusstseinsniveau zu funktionieren, als die meisten von uns. Unendlich viele Möglichkeiten sind im Überfluss vorhanden und erwarten uns.

Wenn wir ein Problem haben, das wir nicht lösen können, sehen wir es auf einer niedrigeren Bewusstseinsebene als möglich. Das bestätigt sich immer wieder, denn oft sehen wir später eine Lösung, die uns zuvor nicht ersichtlich war. Wir können auf ein Problem in der Vergangenheit zurückschauen, das wir damals nicht lösen konnten, und jetzt ist es gelöst. Oder wir sagen: „Wenn ich doch damals nur erkannt hätte, was ich jetzt sehe!“ Nun, zu jener Zeit konnten wir aber nun einmal nicht mehr sehen. Wir waren beschränkt auf die Bewusstseinsebene – soll heißen: Ebene unseres Denkens – von der aus wir die Dinge damals betrachtet haben. Weitere Möglichkeiten bestanden auch dann schon auf anderen Ebenen, aber wir wussten das nicht, weil wir eben in diesem Moment auf diese eine bestimmte Ebene beschränkt waren.

Diese Beschränkung ist immer eine Illusion. Es kann passieren, dass wir zu diesem Zeitpunkt vielleicht nicht in der Lage sind, die Illusion als solche zu erkennen. Wir wissen nicht, wann wir ihrer gewahr werden. Es kann morgen passieren, oder wenn wir 86 sind, oder jetzt in diesem Augenblick. Wir haben keine Ahnung. Aber wir können fast garantieren, dass ein Problem zu einem anderen Zeitpunkt anders aussehen wird. Einfach zu wissen, dass wir niemals festgefahren sind, ist beruhigend. Wenn wir uns nur eingestehen, dass es noch andere Bewusstseinsebenen gibt, bringt uns das schon auf ein höheres Niveau, weil es sich ein Stück leichter anfühlt.*

Bob Dylan sagte in dem Dokumentarfilm *„Don't Look Back"* (Schau nicht zurück) so etwas wie: „Seht mal, wir alle werden sterben. Wir verschwinden von der Erdoberfläche und die Welt dreht sich ohne uns weiter. Wie ernst du dich angesichts dieser Tatsache nimmst, bleibt dir überlassen." Weisheit! Jede Form wird schließlich wieder zu Staub. Verschwunden. Mit der Zeit zerfällt sie in ihre Einzelteile, bis nichts mehr übrig ist. Werden die Pyramiden in Ägypten in einer Million Jahren noch bestehen? In zwei Millionen Jahren? Möglicherweise nicht, und dies sind die vielleicht kräftigsten und dauerhaftesten Strukturen, die die Menschheit je auf Erden erschaffen hat. Dennoch nehmen wir uns selbst so ernst.

Maria platzte mitten in eine laufende Sitzung einer regelmäßig stattfindenden, offenen Drei-Prinzipien-Gruppe. Sie war so aufgelöst, wie Gabriela sie nie zuvor erlebt hatte. Sie weinte, schluchzte und stöhnte immer wieder: „Ich weiß, ich werde sterben. Ich kann nicht ohne ihn leben." Eine dreiviertel Stunde lang heulte und redete sie intensiv und ohne Pause – und das in einem Affenzahn. Sie sprach so schnell, dass Gabriela noch nicht einmal die Möglichkeit hatte, sie zu unterbrechen. Sie hatte gerade herausgefunden, dass ihr Mann eine Affäre hatte.

Maria jammerte: „Ich bin krank. Ich bin krank!"

Man sah es ihr an. Sie gab nicht auf sich acht. Gabriela sagte, Marias Brüste hätten praktisch aus ihrer verschlissenen Bluse herausgehangen. Sie war völlig durcheinander, innerlich und äußerlich.

„Ich bin verseucht, weil mein Mann ein Alkoholiker ist und verseucht ist", weinte Maria. „Ich bin krank und meine Kinder sind psychisch krank, weil wir alle darunter leiden. Ich bin meinem Mann verfallen. Ohne ihn werde ich sterben. Es schadet meiner Dreijährigen. Wie kann ich das meinen Kindern antun? Aber wie soll ich bei diesem Mann bleiben, der krank ist? Ich werde mich umbringen. Das ist der einzige Ausweg."

---

* Mit dieser Erkenntnis entspannt sich unser Geist. Auch nur das kleinste Gefühl von Erleichterung ist bereits ein Zeichen dafür, dass sich unser Bewusstsein erhöht hat. Damit verbessert sich gleichzeitig die Qualität unseres Denkens. Somit verbessert sich im gleichen Moment auch schon unser Erleben. (Anm. der Übers. gemäß ergänzender E-Mail des Autors)

Gabriela hörte zutiefst zu. Sie hatte Mitgefühl mit Maria und wartete, bis sie sich etwas beruhigte.

„Okay, machen wir einen Vertrag“, sagte Gabriela schließlich. „Ich erzähle Ihnen jetzt etwas. Wären Sie bereit, mir zu vertrauen, auch wenn Ihnen nicht klar ist, worüber ich eigentlich rede?“

„Ja“, wimmerte Maria.

Gabriela sprach mit ihr über angeborenes WOHL-SEIN. Während ihres kleinen Vortrages war Maria mal mehr und mal weniger aufmerksam, manchmal anwesend und manchmal nicht. Wann immer ihre Aufmerksamkeit schwand, sagte Gabriela: „Können Sie mir folgen? Ist alles okay?“

„Okay, ich bin wieder da.“ Maria fand dann irgendwie Zugang zu ihrer Aufmerksamkeit, bis sie erneut nachließ.

Die Gruppe kam zum Ende und Maria machte sich auf den Weg. Gabriela hatte keine Ahnung, ob sie sie je wiedersehen würde. In einer der darauffolgenden Wochen kam Maria erneut zu dem Gruppenmeeting. Sie war ruhiger, aber immer noch ziemlich angespannt.

„Ich versuche auszuziehen“, sagte sie. „Mein Geist ist krank“, wiederholte Maria immer wieder. „Ich habe eine Erkrankung. Meine Kinder sind psychisch krank.“

Diesmal sprach Gabriela mit ihr über die drei Prinzipien und auf welche Art unser Erleben durch unser eigenes Denken erschaffen wird.

„Ungeachtet dessen, was Sie gerade durchmachen“, sagte Gabriela, „Ihre GESUNDE VERFASSUNG ist immer in Ihnen vorhanden, und Sie benutzen die Prinzipien dazu, in Ihnen ein Gefühl von fehlender Gesundheit zu erschaffen.“

„Aber ich bin krank. Ich bin krank.“

Gabriela sah eine Möglichkeit und sagte mit einem Lächeln: „Wenn Sie mir noch ein einziges Mal sagen, Sie seien krank, schulden Sie mir eine Portion Tamale*.“

Maria sah erschrocken aus, fing dann aber an zu lachen.

Gabriela fuhr fort: „Ich möchte einfach, dass Sie diese Woche mal Ihr WOHL-SEIN zur Kenntnis nehmen. Abgemacht?“

„Ja.“

„Bis nächstes Mal.“

---

* Mit Fleisch, Käse und Zwiebeln gefüllte Maismehltasche (Anm. der Übers.)

Zwei oder drei Wochen vergingen, bis Maria wieder zur Gruppe kam. Dieses Mal wirkte sie weniger angespannt. Sie sagte nicht länger: „Ich bin krank“. Es ging ihr noch nicht großartig, aber der Fortschritt war schon zu erkennen.

„Ich muss früher gehen, weil ich meinen Sohn abholen muss“, sagte sie, „aber ich wollte euch sagen, dass ich angefangen habe, mich selbst zu entdecken und dass ich dabei bin, mich in meine Kinder zu verlieben.“

Noch ein paar Wochen vergingen, bevor sie ein viertes Mal zur Gruppe kam. Sie sah besser aus. Sie trug ein Kleid, hohe Schuhe und Make-up.

„Ich habe eine neue Wohnung für mich und meine Kinder gefunden“, sagte sie. „Und ich habe mich von meinem Mann getrennt. Ich weiß, er versucht sein Bestes, aber ich musste einfach da weg. Er verdient es, ein schönes Leben zu haben. Aber das gilt auch für mich. Ich habe solch ein Glück, dass ich meine Arbeit habe, meine Kinder und mich selbst. Ich habe in den Spiegel geschaut und gesehen, wie hübsch ich bin. Ich fange an, auf mich achtzugeben und entdecke langsam, wie schön ich bin.“

Gabriela sagte: „Manchmal, wenn sich eine problematische Situation ergibt, muss man nur abwarten – still werden, bis die Stimme der Weisheit zu einem spricht, andernfalls geht alles durcheinander.“

„Ja, ich war total durcheinander und wurde depressiv.“

„Es geht darum, die Weisheit durchkommen zu lassen. Das ist genauso, als würden wir Reis kochen. Man muss ihn in Ruhe lassen, damit er sich in der notwendigen Zeit so entwickeln kann, wie Reis es halt tut. Wenn wir dazwischenfunken und umrühren, bringen wir alles durcheinander, weil wir den natürlichen Prozess stören.“

Maria lachte. „Jedes Mal, wenn ich wieder anfange, mir all diese negativen Dinge auszumalen, werde ich mir das so vorstellen. Wenn ich mir selbst im Weg stehe, ersaufe ich genauso wie der Reis.”

Gabriela lächelte.

Als Maria ging, sagte sie: „Ich muss mich jetzt wirklich um meine Arbeit kümmern. Deswegen weiß ich nicht, ob ich nächste Woche kommen kann.“

Zwei Wochen später erschien sie strahlend. Maria schien nun die Verkörperung von Wohlbefinden zu sein, genau das Gegenteil von dem Chaos und der Verzweiflung, die sie anfangs an den Tag gelegt hatte. Dieses Mal gab sie praktisch den Unterricht. Sie arbeitete als Krankenschwester in einem Genesungsheim und sprach über Wohlbefinden und davon, anderen zu Diensten zu sein.

„Was ich mache, ist, dass ich der Person, um die ich mich kümmere, einfach meine ganze Aufmerksamkeit schenke“, sagte sie. „Ich sorge für sie und spreche mit ihnen von meinem Herzen aus. Manchmal sage ich zu Gott: ‘Dieser Mensch kann nicht länger hierbleiben’, und ich sage: ‘Es wird Zeit, ihn zu holen’ und ich sage ihnen, dass sie jetzt loslassen können. Ich sage ihnen auch, dass ich sie liebe und dann sterben sie, und ich sage: ‘Danke, Gott.’“

Sie fuhr fort: „Ich bin jetzt einfach so verliebt in meine Kinder und sehe, wie gesund, intelligent und liebevoll sie sind. Ich sage ihnen: ‘Du bist wunderschön! Du wirst dich prächtig entwickeln!’ Ich bin sogar dabei, Gewicht zu verlieren. Ich bewundere mein Gesicht und verliebe mich gerade einfach in mich selbst. Ich fahre mit meinem Auto, habe meine Arbeit und alles wird gut. Manchmal bin ich nicht so gut gelaunt, aber das ist okay.“

An diesem Unterrichtstag wurde Maria zur Lehrerin und brachte alle anderen zum Weinen.

Gabriela erlebte diese Verwandlung direkt vor ihren Augen. Dies war dieselbe Frau, die davon überzeugt war, dass sie und ihre Kinder für immer durch eine Krankheit gebrandmarkt und dem Tode geweiht seien. Dann hörte Maria etwas über angeborenes WOHL-SEIN und die drei Prinzipien und gewann Vertrauen in das Leben. Für Gabriela war das ein Wunder. Keiner hätte das voraussagen können. Es bedeutet, dass es für jeden Menschen Hoffnung gibt.

Keiner von uns weiß jemals, wie lange es dauern wird, bis sich jemand ändert oder wann es passieren wird. Wenn wir völlige Verzweiflung und Depression sehen, oder jemanden, der von seinen Problemen überwältigt ist oder sogar abscheuliche Gewalttaten begeht, sehen wir oft nicht das Potenzial für eine Änderung des Blickwinkels oder für einen Sinneswandel. Durch unsere Sichtweise erschaffen wir oft Einschränkungen für Menschen. Wir geben sie auf oder schreiben sie ab, was ihr Wachstum negativ beeinflussen kann. Dennoch besteht für jeden Menschen die Möglichkeit, sich zu ändern.

Gabriela fragte Maria: „Wie haben Sie sich so schnell geändert? Wie haben Sie das gemacht?“

Maria grinste: „Ich wollte die Portion Tamale nicht verlieren.“

Gabriela lachte.

„Nein, nicht wirklich“, fuhr Maria fort. „Als ich die Abmachung mit Ihnen traf, mein WOHL-SEIN zu sehen statt meiner Krankheit, war das sehr, sehr hilfreich.“

Selbst wenn wir uns verdammt fühlen, sind wir es nicht. Es ist einfach eine Kreation des Geistes.

Drehen wir die Zeit zurück. Gabrielas Mutter starb an Alkoholismus. Zehn Jahre lang hatte sie versucht, ihre Mutter zu überzeugen, von der Flasche zu lassen, sich Hilfe zu suchen oder irgendetwas zu machen, was ihr dabei helfen würde, sich von der Sucht zu befreien. Ihre Mutter hörte nicht zu, und das nicht, weil sie nicht wollte. Sie wollte es unbedingt. Wegen dieser Sache dachte sie von sich, sie sei eine furchtbare Mutter; es war nicht fair ihrer Tochter gegenüber, die sie so sehr liebte. Aber sie konnte sich einfach nicht aus den Fängen des Alkohols befreien.

So viele Jahre lang lebte Gabriela mit dieser Enttäuschung. Sie sah mit an, wie der Zustand ihrer Mutter sich stetig verschlechterte. Sie liebte ihre Mutter zutiefst, dennoch wurde jede Art des Kontakts immer verkrampfter. Gabriela versuchte, ihre Mutter zum Handeln zu bewegen; aber diese rührte sich nicht vom Fleck. Es bereitete ihr Schmerzen, in der Gegenwart ihrer eigenen Mutter zu sein! Was immer sie auch sagte oder tat, nichts half. Gabriela stellte fest, dass sie ihre Mutter nicht einmal mehr besuchen wollte, weil es einfach zu frustrierend und schmerzhaft war. Sie fühlte sich deswegen furchtbar schuldig.

Gabriela fühlte sich in der Klemme – bis zu dem Tag, an dem sie erkannte: Wenn alles, was sie zu tun versuchte, um ihre Mutter zu ändern, aussichtslos war, wenn sie diese frustrierende Beziehung mit ihrer Mutter nicht mehr haben wollte, wenn sie ihre Mutter von Herzen liebte und wollte, dass diese Beziehung wieder zu der ursprünglich vorhandenen Liebe zurückkehrte, würde es dann nicht Sinn machen, in dieser Beziehung wieder diese Liebe hervorzubringen? Der einzige Weg, wie das passieren könnte, war, dass Gabriela aufhörte zu versuchen, ihre Mutter ändern zu wollen und ihr stattdessen die Liebe zeigte, die sie wirklich für sie empfand.

Als Gabriela ihre Mutter das nächste Mal sah, sagte sie: „Mir ist klar geworden, dass ich all diese Jahre versucht habe, dich zu ändern, dich zum Besseren zu ändern. Das hat einen großen Keil zwischen uns getrieben. Ich wollte dich nur wissen lassen, dass ich damit jetzt aufhöre. Ich möchte, dass du weißt, dass ich dich immer lieben werde, was auch immer du tust. Und wenn wir zusammen sind, möchte ich ab jetzt einfach eine schöne Zeit mit dir verbringen."

Ihre Mutter war unendlich dankbar. Sie liebte ihre Tochter so sehr. Sie fühlte sich so schuldig und schwach.

Ab diesem Moment gewannen Gabriela und ihre Mutter ihre wundervolle Beziehung zurück. Alles kam wieder ins Lot. Gabriela hat nie herausgefunden, ob sie das Richtige getan hat, aber nichts, was sie zuvor probiert hatte, hatte funktioniert. Und jetzt hatte sie drei wunderbare, liebevolle Jahre, in denen sie ihre Mutter besucht hatte, bis sie schließlich an Alkoholismus starb.

Gabriela wusste nur, dass es sich richtig anfühlte.

Was wissen wir schon, wozu wir hier sind? Was ist unsere Bestimmung im Leben? Was wäre, wenn die Situationen, in denen wir uns in der Klemme fühlen, uns dazu dienen, etwas Neues zu lernen? Was wäre, wenn wir alle diese Schwierigkeiten durchleben müssen, um im Leben auf eine neue Ebene des Verstehens zu gelangen? Wir wissen nicht wirklich, ob das wahr ist, aber diese Möglichkeit besteht. Würden wir es jedoch auf diese Art betrachten, wären wir nicht so verzweifelt oder verängstigt angesichts all dessen, was wir durchmachen. Stattdessen wären wir neugierig und offen für die Dinge, die wir noch nicht sehen. Wer entscheidet, auf welche Weise wir es betrachten?

Sich auf immer höhere Bewusstseinsebenen zu begeben, ist wie das Erklimmen eines hohen Turmes. Je höher wir kommen, desto mehr können wir sehen. Auf niedrigeren Ebenen können wir nur sehen, was uns unmittelbar umgibt; auf höheren sehen wir das gesamte Panorama. Auf niedrigeren Ebenen haben wir eine eingeschränkte Sicht; auf höheren sehen wir mit größerer Perspektive. Von dort sehen wir einen Ausweg aus der „Verlorenheit". Das Gefühl, nicht mehr weiter zu wissen, erleben wir nur auf niedrigeren Bewusstseinsebenen, weil wir zu dieser Zeit die höheren nicht sehen können. Von einem höheren Bewusstseinsniveau aus schauen wir herab auf unser Selbst im niedrigen Bewusstseinszustand und erkennen, wie sehr wir danebenlagen. Auf niedrigen Bewusstseinsebenen wissen wir nicht, was auf höheren Ebenen ist, weil wir nicht sehen können, wie die Aussicht von dort oben ist. Aber wir können mit Sicherheit davon ausgehen, dass dort oben etwas Besseres auf uns wartet, selbst wenn wir es noch nicht sehen können.

Wir könnten unsere Arbeit verlieren und deswegen total in Panik geraten, nur um eine bessere Gelegenheit geboten zu kriegen, die wir verpasst hätten, wenn wir bei der ursprünglichen Stelle geblieben wären. Wenn wir für einen Termin spät dran sind, könnten wir den Fahrer vor uns verfluchen, der im Schneckentempo fährt, nur um an einer Radarfalle vorbeizufahren, die an der nächsten Ecke wartet. Wir wissen nie, was die Zukunft bringt! Auf höheren Ebenen gibt es immer neue Hoffnung. Wüssten wir das, würden wir uns nicht mehr festgefahren fühlen.

Eines Winters eilte meine Tochter Jamie über das College-Gelände. Sie rutschte auf dem Eis aus, fiel eine Betontreppe herunter und landete hart auf ihrem Steißbein. Es schmerzte so sehr, dass sie sich fast nicht bewegen konnte. Man brachte sie ins Krankenhaus, wo sie in der Notaufnahme landete. Sie hatte so viel zu tun und nun konnte sie nichts machen. Sie hatte große Schmerzen und bejammerte ihr Schicksal. Während des Krankenhausaufenthaltes bemerkte ein Arzt eine Schwellung an ihrem Hals, die nichts mit dem Unfall zu tun hatte. Es stellte sich heraus, dass sie einen heftig entzündeten Abszess an einem Zahn hatte, von dem sie nichts wusste. Der Arzt sagte: „Wäre die Infektion heute nicht entdeckt worden, wäre der Abszess geplatzt und hätte das Gehirn in Mitleidenschaft gezogen." Wäre sie nicht die Treppe heruntergefallen, hätte sie vielleicht ihr Leben verloren, oder wenigstens an Lebensqualität.

Was uns in einem Moment als schrecklich erscheint, kann im nächsten ein Segen sein. Man kann nie wissen!

Wenn GEIST ALLE Dinge umfasst, ist alles, was wir auf Erden und darüber hinaus sehen, Teil von dem EINEN. Trotzdem denken wir, dass wir mit unseren kleinen Gedanken feststecken. Sieht es nicht so aus, als existierte etwas Größeres als wir selbst? Eine geheimnisvolle Macht im Universum, die wir nicht sehen können? Manche Menschen nennen es eine höhere Macht, manche bezeichnen es als den SCHÖPFER, den GROSSEN GEIST oder die UNIVERSELLE INTELLIGENZ; andere nennen es reine Energie, die Lebenskraft oder auch GOTT – Menschen haben alle möglichen Namen dafür. Die Bezeichnung ist nicht wichtig. Das einzig Wichtige ist zu *WISSEN*, dass egal, wie schlimm die Dinge aussehen, es wirklich nichts zu fürchten gibt, weil wir alle Teil dieser EINEN, reinen Essenz sind. Wir sind ein winziger Teil dieser Essenz. Wir können niemals von dem EINEN getrennt sein; das ist unmöglich! Es sieht nur so aus, als wären wir getrennt. Unser Getrenntsein ist eine Illusion.

Mit Sicherheit lebe ich einen Großteil meines Lebens ohne Bewusstsein dafür, Teil dieses EINSSEINS von GEIST zu sein – bis ich mich in bestimmten Momenten wieder daran erinnere. Während ich denke, dass ich getrennt sei, fühlt es sich wirklich so an und ich werde ängstlich. Aber das ist nur meine selbsterschaffene Illusion von Angst. Das ist die Dualität des Lebens. Wir können Getrenntsein nur *denken*, wir können nicht getrennt *sein*. Wir erleben Getrenntsein nur, weil wir Gedanken haben, wir seien getrennt. Selbst wenn wir solche Gedanken nicht bewusst denken, sehen wir genau das. Aber die GESAMTHEIT ALLER DINGE zu erkennen, das Größere zu sehen, das EINSSEIN zu sehen, bedeutet zu wissen, dass all der belanglose Schrott, den wir uns so ausdenken und erleben, furchtbar erbärmlich ist im Vergleich dazu. Im größeren Ganzen gibt es nichts zu befürchten. Alles, was wir brauchen, ist Vertrauen.

Aber wie können wir Vertrauen haben, wenn wir kein Vertrauen haben? Wie können wir Vertrauen haben, wenn wir nicht einmal glauben, dass ES überhaupt existiert? Darauf habe ich keine Antwort. Ich kann nur sagen, dass die Antwort wahrscheinlich direkt vor unserer Nase liegt und wir nur zu schnell dabei sind, die Momente, in denen wir mit dieser Essenz in Berührung kommen, als glückliche Zufälle abzutun. Wir schreiben solche Momente als irreal ab.

Zwei oder drei Mal in meinem Leben erinnere ich mich, aus heiterem Himmel alles in perfekter Ordnung *gesehen* zu haben. Alles sah plötzlich perfekt aus, sogar das Herbstlaub, das wie zufällig auf dem Rasen verstreut war, sogar der Abfall, der anscheinend planlos in der Gegend herumlag. In diesen Augenblicken *sah* ich absolute Perfektion; ich sah in allem eine Ordnung. Das fühlte sich gewaltig an. Es traf mich wie der Blitz – dann war es weg. Was ich Augenblicke zuvor wahrgenommen hatte, konnte ich nicht länger sehen, egal wie sehr ich es auch versuchte. Ich hätte dieses Erlebnis ganz einfach als einen Glücksfall abtun und meinem Verstand zuschreiben können, der mir einen Streich spielte. Viele Menschen tun das. Ich jedoch nicht, da ich etwas *sah*, was ich als *WAHRHEIT* erkannte. Ich konnte noch nicht einmal in Frage stellen, ob es wahr war. Ich *WUSSTE* es einfach.

Hier ist der Clou: Selbst wenn ich falsch liege, fühlte ich mich mit diesem Wissen besser. Es war beruhigend für mich, es zu wissen. Das reicht mir.

Wenn wir kein Vertrauen haben, passiert es leicht, ängstlich zu bleiben. Oder wir könnten es ausprobieren: Haben Sie einfach Vertrauen und schauen Sie, ob es am Ende funktioniert. Ich habe das von meiner Tochter Jaime gelernt.

Von George Pransky habe ich gelernt, dass Vertrauen zu haben nicht unbedingt bedeutet, dass alles so laufen wird, wie wir es wollen; es bedeutet, *dass alles in Ordnung sein wird, egal, wie es läuft*.

Oft vergesse ich diese Wahrheit. Ich vergesse, dass alles in perfekter Ordnung ist. Ich vergesse, dass sich alles perfekt entwickelt, egal, was passiert. Aber ab und zu erinnere ich mich daran, und dann ist mir das immer wieder ein Trost. Ich fühle die unglaubliche Fülle des Lebens. Weil ich weiß, dass „in der Klemme zu stecken" eine Illusion ist. *Wir wissen nur in dem Maße nicht mehr weiter, wie wir es denken*. Diese Aussage raubt einem fast den Verstand – jedenfalls geht es mir so.

Das Leben und die Arbeit von Megin hatten sich aufgrund eines langfristigen, professionellen Drei-Prinzipien-Trainings stark verbessert. Eines Tages jedoch erzählte sie mir, wie mühsam sie es finde, ihr Haus putzen zu müssen. Sie lebte mit ihrem schon etwas älteren, gebrechlichen Vater zusammen, um den sie sich kümmerte. Fast ihr gesamtes Leben lang hatte sie Hausarbeit verschmäht und sah sie als eine unermesslich lästige Pflicht an. Wenn sie also Hausarbeit zu erledigen hatte, tat sie es voller Groll und schlecht gelaunt. Als ich ihr zuhörte, kam mir in den Sinn, dass das gesamte Leben eine Abfolge von Momenten ist, die wie auf einer Perlenkette aneinandergereiht sind. Der Moment taucht auf, vergeht und ein neuer Moment erscheint. Es ist uns überlassen, was wir aus jedem Augenblick machen. Hausarbeit kann entweder ein freudvoller Moment sein oder ein betrüblicher. Wir könnten begeistert sein bei der Vorstellung, etwas sauber zu machen. Wir könnten ihn als eine Zeit der Meditation nutzen. Wer entscheidet das? Wir tun das – abhängig davon, was wir uns selbst haben einfallen lassen. Das trifft auf Hausarbeit zu oder auch auf jeden anderen Moment.

Jeder Augenblick im Leben ist genauso schön, wie wir ihn sehen, und wie wir ihn sehen kann sich jederzeit ändern. Wir denken, wir sitzen fest.

Dann haben wir einen neuen Gedanken und sehen das, was wir als Ärgernis, Problem oder Sackgasse empfunden haben, plötzlich ganz anders.

Unser Leben wird im Kopf gelebt.

Das ganze Leben ist eine kontinuierliche Wandlung von Gedanken, ein andauernder Strom von Gedanken, die durch uns durchfließen und die sich ständig ändern und ändern und ändern. Nur im Moment erscheint es uns, als wäre der Zustand statisch, dann merken wir, dass er sich wieder geändert hat. Das ist das andere Geheimnis, wie wir verhindern können, jemals in die Klemme zu geraten: Zu wissen, dass *sich unser Denken ändern wird und dass sich damit unser Erleben ändern wird.* Eines der wichtigsten Dinge, die wir über das Leben wissen können, ist, dass es niemals von außen kommt. Es sind immer wir selbst, wir selbst, wir selbst!

Wir werden das immer wieder vergessen. Es gibt keine Seele auf Erden, die sich nicht ab und zu mal in der Klemme fühlt. Niemand, den ich kenne, ist so gut, dass er ununterbrochen in der Gegenwart bleiben kann. Jeder macht von Zeit zu Zeit niedrige Bewusstseinszustände durch. Jeder Mensch verfängt sich in seinen Denkgewohnheiten. Das scheint das Menschsein auszumachen. Ein jeder von uns denkt manchmal, es gebe keinen Ausweg.

Gelegentlich befinden wir uns in einer Zwickmühle und dann scheint es überall, wohin wir auch schauen, ein Problem zu geben. Unser Schutz liegt darin zu verstehen, wie das Leben funktioniert und zu wissen, dass wir nur dadurch eingeschränkt sind, was wir jetzt sehen können. Wir müssen nicht glauben, dass die Zwickmühle, die wir im Moment sehen, alles ist, was es gibt. Dem EINSSEIN ist es gleich, ob wir daran glauben oder nicht; wir sind so oder so Teil dieser Essenz. Daran können wir nichts ändern – wir können es nur vergessen.

Und sollten wir es eine Zeitlang vergessen – na und?

Teresas Geschichte

Teresa nahm an einem 45-Stunden-Kurs mit dem Namen „Die Drei Prinzipien und deren Anwendung in Schulen" teil, den ich im Kollegium der Thatcher Brook Primary School in Vermont während eines Schuljahres unterrichtete. Nachfolgend schrieb sie den folgenden Abschlussbericht. Ich bat sie, ihn für dieses Buch abdrucken zu dürfen.

Als ich mit diesem Kurs anfing, dachte ich, an einem Unterricht teilzunehmen, der mich „lehrte" gesund zu sein. Einige Wochen lang, vielleicht sogar Monate nach Kursbeginn, dachte ich noch immer, dass Jack mir beibringen könne, wie ich mich gesund verhalten kann. Dann, fast augenblicklich, wurde die „Lehre" ein Teil von mir. Ich fühlte es im Herzen, meiner Seele und meinem Geist. Ich fand „GNADE". Das Lexikon definiert sie so: eine Tugend, die von Gott kommt. Das ist die Definition, mit der ich mich persönlich identifiziere. Wenn ich auf mein Leben zurückblicke, habe ich viele kleine Offenbarungen durchlebt und viele lebensverändernde Erfahrungen gemacht. Es ergab sich jedoch erst dann ein perfektes Bild für mich, nachdem ich sieben Monate an diesem Kurs teilgenommen und zudem wöchentlich ein Bibelseminar besucht hatte.

Ich bin die Tochter eines alkoholabhängigen Vaters und einer sehr jungen, traurigen Mutter. Nur wenige Wochen nach der Geburt meines jüngeren Bruders erwischte meine Mutter meinen Vater mit einem anderen Mann. Mit anderthalb Jahren zogen ich, meine Mutter und mein kleiner Bruder weit weg und viele, viele Jahre lang hatten wir keinen Kontakt zu meinem biologischen Vater. Kurz darauf traf meine Mutter einen weiteren Alkoholiker, der vier Kinder aus einer früheren Ehe hatte. Wie man sich vorstellen kann, passierten mir viele schreckliche Dinge, körperlicher, emotionaler und sexueller Missbrauch eingeschlossen.

Im Alter von 15 Jahren entschied ich mich, von zu Hause auszuziehen, nachdem ich meine Mutter mit den Tatsachen des sexuellen Missbrauchs konfrontiert hatte, den sie entweder nicht bemerkte oder den sie lieber ignorierte. Ich wohnte bei Freunden, bis ich die Highschool abgeschlossen hatte. Trotz meiner Lebensumstände hatte ich sehr gute Noten in der Schule. Irgendetwas trieb mich weiter an. Etwas von innen heraus, ein Ort, den ich nicht beschreiben konnte, aber ich hatte Hoffnungen und Träume und nichts in der Welt konnte mich davon abbringen.

Ich bewarb mich an nur einer Universität: dem Trinity College, einer kleinen Mädchenschule in Burlington, Vermont. Ich war mir ganz sicher, dass ich mit Kindern und Familien arbeiten wollte! Warum? Rückblickend weiß ich warum! Es ist alles Teil dessen, was für mich vorbestimmt war und ist.

Innerhalb dieser 17 verrückten Jahre stellte ich das Leben infrage. Ab und zu badete ich in Selbstmitleid mit der Frage: „Warum ich?“ Ich fing an, mich dem Alkohol, Sex, Kaufräuschen und vielem, vielem mehr hinzugeben.

Dann, mit 19 Jahren, fast im dritten Jahr an der Uni, heiratete ich und hatte mit 20 mein erstes Kind. Während ich noch studierte, arbeitete und mein Erstgeborenes großzog, bekam ich mein zweites Baby und war noch immer voller Hoffnungen und Träume. Ich werde Lehrerin! Von innen heraus trieb mich etwas an! Mit 22 schloss ich mein Studium ab, bereit die Welt zu erobern. Mir war nicht klar, dass ich das schon getan hatte.

Mit 24 Jahren bekam ich mein drittes und letztes Kind, Trevor. Er starb im Alter von drei Monaten am plötzlichen Kindstod (SID). Irgendetwas half mir durch diese schwere Zeit. Ich hätte wählen können (ohne zu wissen, dass es eine Wahl war), depressiv zu werden und Medikamente einzunehmen, um mit den Schuldgefühlen fertig zu werden. Was hatte ich falsch gemacht? Rückblickend wusste ich damals, dass er, Studien zufolge, zu warm angezogen war. Er lag auf dem Bauch, hatte zu viele Decken etc., etc., etc. Aber etwas (ich) ließ es los. Aus meiner Traurigkeit heraus fing ich an, Gelegenheiten zu schaffen, dieses Wissen mit anderen zu teilen. Nach seinem Tod putzten wir fünf Jahre lang Autos, um Geld für das SID-Institut zu sammeln und die Aufmerksamkeit der Allgemeinheit zu wecken. Allerdings war dies mit vielen Rückschlägen verbunden.

Während dieser fünf Jahre wechselte ich oft die Stelle, war einer Scheidung gefährlich nahe, stellte einen Offenbarungseid und war meinen Kindern eine total mürrische Mutter. Gefühle von Schuld und Scham, Traurigkeit, Wut, Schuldzuweisungen, Eifersucht, Hass, Gier und Groll überschatteten mein Leben. Dann wurde ich von einem Freund in die Kirche eingeladen. Ich dachte, warum nicht? Vielleicht hilft mir das. Das war vor zwei Jahren. Ich begann zu verstehen, dass sich das Leben nicht nur um mich dreht. Auch anständigen Leuten passieren schlimme Sachen. Was uns dann ausmacht in Bezug darauf, wo wir stehen und wohin wir gehen, ist, wie wir handeln, wenn uns etwas Schlimmes passiert. Und egal, was in unserem Leben schon passiert ist, und welche Entscheidungen wir getroffen haben: Wir wissen, dass heute, in dieser Minute, in dieser Sekunde, ein neuer Anfang möglich ist.

Dann, anderthalb Jahre nachdem ich mit Gott eine Beziehung aufgenommen hatte, fing ich diesen Kurs an. Damit kam die große Wende. Ich bin die einzige Person, die kontrollieren kann, wie ich mich fühle. Wenn ich mich dazu entschließe, mich glücklich, traurig, wütend, schuldig usw. zu fühlen, bin ich es, die diese Emotionen kontrolliert. So einfach ist das. Die Dinge, die in meinem Leben in der Vergangenheit passiert sind, sind passiert. Ich kann sie nicht ändern. Sie sind meine Vergangenheit. Ich muss sie akzeptieren oder – wenn ich mir das so aussuche – kann ich mich in meinem Kopf damit beschäftigen und „mich selbst" verrückt machen. Ich kann glauben, dass Leute mich mit Absicht verletzt haben, dass sie mich ruinieren wollten, dass ich traurig sein sollte oder depressiv, dass ich das alles verdient habe etc., aber das mache ich nicht! Was mich wiederum zum nächsten Punkt bringt, dem Gelassenheitsgebet:

> Herr, gib mir die Gelassenheit,
> die Dinge hinzunehmen,
> die ich nicht ändern kann,
> den Mut, die Dinge zu ändern,
> die ich ändern kann,
> und die ***Weisheit***,
> das eine vom anderen zu unterscheiden.

Seit diesem Kurs habe ich meiner Weisheit erlaubt, die Dinge, die ich nicht ändern kann, wirklich zu akzeptieren. Das bedeutet, meiner Mutter, meinem Stiefvater, meinem Vater und meinem Mann, meinen Kindern und Freunden, meiner Familie und meinen Arbeitskollegen für all die Sachen zu vergeben, von denen ich glaubte, sie hätten sie getan, um mich zu verletzen. Jetzt ist mir klar, dass sie das taten, weil sie selbst nicht in gesunder Verfassung waren. Mir ist klar, dass die Dinge, die mir in meinem Leben passiert sind, mich nur verletzen oder beeinträchtigen können, wenn ich mich entscheide, das zuzulassen. Manchmal lasse ich es zu, dass das Verhalten anderer mich belastet. Ich sehe jedoch die Kraft, die meine Vergebung und bedingungslose Liebe anderen geben kann.

Ich glaube, dass das Leben größer ist, als jeder einzelne von uns. Ich glaube, wir alle haben eine Bestimmung im Leben. Ich glaube, dass unsere Weisheit uns helfen wird, diese Bestimmung zu finden. Ich glaube, dass wir uns selbst und anderen vergeben sollten, genauso wie Gott willens ist, uns zu vergeben. Ich glaube, wir sollten unser Bestes tun, die goldene Regel zu befolgen: „Was du nicht willst, das man dir tut, das füg auch keinem andern zu". Ich glaube, dass wenn wir diese Dinge tun können, dann können wir leben, wie es von Gott beabsichtigt war, und in meinem Verständnis sind das „Die Drei Prinzipien". Wir sind nicht perfekt, wir verhalten uns nicht immer auf die gesündeste Art und Weise, aber wenn wir uns selbst und anderen vergeben, werden wir immer unsere Gesundheit sehen!

Amen!

Danke, Jack für Deine Hilfe, meine gesunde Verfassung zu erkennen und zu verstehen, „wer" mir meine Weisheit gegeben hat.

XI. Auf den Punkt gebracht

Als ich einmal auf Reisen war, erfuhr ich, dass eine mir unbekannte Frau namens Margaret aus Pittsburgh verzweifelt versucht hatte, mich zu erreichen. Eine Freundin ihrer Tochter, die ähnliche Probleme gehabt und durch einen Drei-Prinzipien-Coach in Minnesota unermessliche Hilfe erfahren hatte, hatte mich ihr anscheinend empfohlen, so dass sie glaubte, ich könne ihr vielleicht auch helfen.

„Ich bin verzweifelt", sagte sie.

Ich fragte, was ihr Problem sei.

Es platzte aus ihr heraus, wie schrecklich depressiv sie sei und dass sie kürzlich aus einer psychiatrischen Anstalt entlassen worden sei, in die sie sich hatte einweisen lassen, weil sie selbstmordgefährdet gewesen sei und jetzt nehme sie ein Medikament ein, das wohl richtig dosiert sei, aber sie komme kaum zurecht, insbesondere wenn sie ihre Mutter treffe, die sie unregelmäßig besuche, weil sie sie als Kind gequält habe, und sie wolle unbedingt ihre Medikamente absetzen, wie die Freundin ihrer Tochter, die sich davon befreit habe und jetzt ein normales Leben lebe. Puh! Ich glaube nicht, dass sie zwischendurch ein einziges Mal Luft holte.

Ich teilte ihr mit, wie viel eine Sitzung kosten würde und dass ich nicht wisse, ob ich ihr helfen könne.

Sie sagte: „Leider könnte ich mir das nie leisten, weil ich von meiner Berufsunfähigkeitsrente lebe."

Sie klang *so* depressiv.

Ich sagte: „Okay, also, ich glaube niemandem sollte aus finanziellen Gründen Hilfe verweigert werden, deswegen wäre ich einverstanden, jetzt kostenlos mit Ihnen zu sprechen – dieses eine Mal, wenn Sie mir fünf Minuten Zeit geben und mich zurückrufen."

Sie sagte, das wäre wunderbar.

Ich unterbrach was ich gerade machte, atmete tief durch, sammelte mich und dann rief sie an. Sie begann damit, mir eine furchtbar tragische Geschichte über ihre Vergangenheit zu erzählen. Sie war davon überzeugt, dass ihre Mutter sie immer schon hasse; die Mutter habe ihr das tatsächlich viele Male gesagt. Ihre Mutter war jetzt 85 Jahre alt – Margaret war 60 – und sie besuchte sie immer wieder, um sich um ihre Mutter zu kümmern, die Margaret anscheinend nach wie vor peinigte. Margaret schämte sich immens.

Ich unterbrach sie. Ich hatte die Eingebung, dass, wenn ich nur einmal mit ihr spreche, ich ihr *die drei Prinzipien* nahebringen und den Rest dem Schicksal überlassen musste.

JP: Einen Moment mal, Margaret, wollen Sie damit sagen, dass Sie denken, dass Ihre Mutter und was sie Ihnen in der Vergangenheit angetan hat, der Grund dafür ist, dass Sie sich heute depressiv fühlen?

M: Ja.

JP: Und das ist auch die Ursache für Ihr Gefühl, Selbstmord begehen zu wollen und warum Sie sich selbst eingewiesen haben?

M: Ja – und zum Teil auch mein Vater. Er hat mich auch schlecht behandelt. Die beiden haben sich immer furchtbar gestritten.

JP: Ich kann verstehen, dass Sie das denken, da Sie als Kind so behandelt wurden und weil Ihre Mutter das noch immer tut. Aber was Sie unbedingt verstehen müssen, ist, dass es nicht stimmt.

M: [hielt inne] Was meinen Sie damit?

JP: Ich meine damit, dass Sie all Ihre Macht aufgeben, wenn Sie so denken.

M: Ich bin davon überzeugt, dass das, was ich erlebt habe, die Ursache für all meine Probleme ist.

JP: Ich weiß, und solange Sie das denken, stecken Sie damit fest.

M: Ich war bei vielen, vielen Psychotherapeuten und Psychiatern und die denken das auch.

JP: Und alles, was Sie und Ihre Therapeuten denken, hat Sie genau an diesen Punkt gebracht, wo Sie sich jetzt befinden.

M: [ruhig] Ich vermute schon. Aber ich verstehe nicht, was Sie sagen.

JP: Okay, schauen Sie mal, meine Aufgabe ist es, Menschen dabei zu helfen, zu verstehen, woher ihre Erfahrungen im Leben stammen und wie sie als Menschen funktionieren. Das scheint vielen Leuten zu helfen. Würde Sie das interessieren?

M: Wenn Sie denken, dass es mir helfen wird, ja.

JP: Aber ich muss Sie warnen, dass ich Ihnen nicht garantieren kann, dass Ihnen diese eine Sitzung helfen wird. Ich sage vor allem nicht, dass Sie Ihre Medikamente absetzen können. Ich würde Ihnen noch nicht einmal empfehlen, es auch nur zu versuchen. Wenn Sie jemals soweit sein sollten, dann werden Sie wahrscheinlich wissen, wann das der Fall ist, weil Ihr Körper sich entsprechend anfühlen wird. Wollen Sie dennoch weiter machen?

M: Ja.

JP: Okay, worum ich Sie zuerst bitten möchte, ist, sich jetzt als erstes mal von all Ihren Problemen und der Vergangenheit frei zu machen. Ich möchte, dass Sie Ihren Geist leeren. Ich möchte, dass Sie einen klaren Kopf haben, wenn Sie mir zuhören, okay? Ich will, dass Sie einfach nur ein Gefühl dafür kriegen, was ich sage und es einfach auf sich wirken lassen, ohne viel über die Worte nachzudenken. Nehmen Sie einfach nur das Gefühl wahr, okay?

M: Okay.

JP: Ich werde über DREI PRINZIPIEN sprechen, und wenn ich „PRINZIP" sage, rede ich hier nicht von einer Theorie, sondern ich meine mit „PRINZIP" eine Kraft im Universum, die existiert, ob wir nun davon wissen oder nicht. Das ist so ähnlich wie die Schwerkraft, die in der Natur existiert. Menschen wurden schon auf der Erde gehalten, lange bevor sie herausfanden, dass Schwerkraft existiert. Ich spreche also über diese Ebene. Ich sage, dass genau so, wie die Schwerkraft ein Prinzip der Natur ist, es drei Prinzipien der psychologisch/spirituellen Welt gibt. Können Sie mir folgen?

M: Ja.

JP: Lassen Sie mich zuerst eine Frage stellen, okay?

M: In Ordnung.

JP: Sie haben mir erzählt, dass Sie sich jetzt anders fühlen als damals, als Sie selbstmordgefährdet waren und auch anders als zu dem Zeitpunkt, als Sie sich selbst eingewiesen haben, richtig? Was meinen Sie, warum das so ist?

M: [dachte einen Moment lang nach] Vielleicht, weil ich nicht mehr ganz so abhängig von meiner Mutter bin wie früher.

JP: Ich dachte, Sie sagten, Sie sähen Ihre Mutter jeden zweiten Tag und dass sie Sie immer noch quält.

M: Ja, das stimmt, das macht sie. Aber früher war es die ganze Zeit und jetzt ist es nicht andauernd. [Pause] Na ja, ich nehme an, es könnte daran liegen, dass ich jetzt Medikamente nehme.

JP: Und was ist denn jetzt anders, seit Sie die Medikamente nehmen?

M: [fing eine lange Geschichte darüber an, wie ihre Mutter sich inzwischen verändert habe, aber ich unterbrach sie].

JP: Margaret, ich meine im Allgemeinen, nicht die Einzelheiten.

M: Mmm...keine Ahnung.

JP: Würden Sie sagen, dass sich Ihr Denken seit damals, als Sie selbstmordgefährdet waren, geändert hat?

M: Ja.

JP: Und das gibt Ihnen ein anderes Gefühl?

M: Ja.

JP: Und wenn Sie Ihre Mutter sehen, haben Sie dann hinterher immer genau die gleichen Gefühle?

M: Nein, in letzter Zeit sagt sie mir manchmal, dass sie Dinge, die ich für sie mache, zu schätzen weiß. Wenn sie das macht, fühle ich mich ganz gut. Aber dann macht sie mich wieder runter.

JP: Dennoch fühlen Sie sich manchmal anders als sonst.

M: Ja.

JP: Was hat sich verändert? Ich meine nicht, wie Ihre Mutter sich verhält. Ich meine in Ihnen.

M: Ich vermute, dass es mich manchmal nicht so sehr beschäftigt und ich nicht so viel darüber nachdenke, wie zu anderen Zeiten.

JP: Genau! Und würden Sie sagen, dass Sie über andere Dinge nachdenken, wenn Sie sich umbringen wollen, verglichen mit Ihrer jetzigen Gefühlslage?

M: Ja.

JP: Das sind die ersten beiden Prinzipien.

M: Was?

JP: Dass wir mit dieser unglaublichen Gabe gesegnet sind. Wir haben diese großartige Schaffenskraft. Es steht uns offen, jeden Gedanken zu erschaffen, den wir wollen. Wir erzeugen sogar Gedanken, von denen wir nicht denken, dass wir sie wollen, aber wir erschaffen sie trotzdem. Gott weiß, woher manche dieser Gedanken kommen, aber eines ist sicher, sie kommen von uns. Wir sind diejenigen, die sie denken. Können Sie mir soweit folgen?

M: Ja.

JP: Und Sie haben mir gesagt, dass Sie sich anders fühlen, richtig? Das ist das zweite Prinzip. Neben der unglaublichen Kraft GEDANKE wurden wir auch mit der unglaublichen Gabe BEWUSSTSEIN gesegnet. Ohne Bewusstsein könnten wir das Leben nicht erfahren. BEWUSSTSEIN ist die

Kraft, die uns das Leben erfahren lässt. Wären wir nicht bei Bewusstsein, würden wir nichts erleben, oder?

M: Stimmt.

JP: Jetzt hören Sie sich das an: Jedes Mal, wenn wir einen Gedanken haben, kommt dieser in Form einer Erfahrung zu uns zurück. Wenn Sie mit Ihrer Mutter zusammen sind, was denken Sie dann normalerweise am Ende?

M: Dass sie mir mein Leben zur Hölle macht.

JP: Und wie fühlen Sie sich dann?

M: Unglücklich und depressiv.

JP: Genau das meine ich.

M: Aber sie vergällt mir wirklich mein Leben!

JP: Sie verhält sich, wie sie sich verhält. Sie sagt, was immer sie sagt. Dann benutzen Sie Ihre kreative Gabe GEDANKE dazu, zu *denken*, dass ihr Verhalten Sie beeinflusst und Ihre Stimmung zerstört. Entsprechend bekommen Sie dann eine Erfahrung des Unglücks – ein Gefühl des Unglücks und der Depression.

M: Wie soll ich mich denn sonst fühlen?

JP: Ich sage Ihnen nicht, dass Sie sich irgendwie fühlen sollen. Ich sage, dass was auch immer Sie über das Verhalten Ihrer Mutter denken, genau das ist, was Sie bekommen.

M: Ich bin verwirrt. Ihr Verhalten mir gegenüber ist mies und gemein. Wollen Sie sagen, das stimmt nicht?

JP: Ich sage, es ist nur Verhalten. Wenn Sie denken, es ist mies und gemein, dann ist es so – für Sie. Dann erleben Sie es so in Form eines Gefühls. Ich sage, dass es unmöglich ist, dass jemand Ihnen Ihre Laune vermiest, außer Sie selbst! Wenn Sie keine unglücklichen Gedanken hätten, während Sie über Ihre Mutter und ihr Verhalten nachdenken, dann würden Sie sich nicht unglücklich fühlen. Ich meine, wenn Ihre Mutter Ihnen zum Beispiel einmal leid täte, weil sie solch ein trauriges Leben führt, so dass sie es an Ihnen auslassen muss, dann würden Sie die Situation anders erleben. Sie würden sich nicht unglücklich fühlen, Sie würden etwas anderes fühlen, zum Beispiel Mitgefühl.

M: Manchmal habe ich mich schon so gefühlt. Aber das ist selten.

JP: Aber es ist passiert! Selbst wenn es nur einmal vorkam, ist es passiert, und Sie hatten ein anderes Gefühl, weil Sie zufälligerweise anders dachten. Worüber ich hier spreche, Margaret, ist Ihre Freiheit. Sie haben ihr all Ihre Macht überlassen, seit Sie klein waren und Sie tun es noch immer. Wer sucht sich das denn aus, zu ihr hinzugehen, um sie zu besuchen und all die Beschimpfungen zu erdulden?

M: [kleinlaut] Ich.

JP: Das ist Ihr eigenes Denken. Sie geben sich ohne den geringsten Widerstand in ihre Hände und sagen: „Hier, mach mich unglücklich." Und sie gehorcht. Dann denken Sie: „Siehst du, das macht sie immer mit mir. Ich kann mich dem nicht entziehen." Dann fühlen Sie sich unglücklich. Das ist so sicher wie das Amen in der Kirche!

M: Oh mein Gott!

JP: Was?

M: Habe ich das wirklich selber gemacht – jahrelang? Das kann ich fast nicht ertragen.

JP: Genau das haben Sie gemacht. Aber Sie sind nicht allein damit. Die meisten von uns glauben, dass die äußere Welt uns beeinflusst. Und das ist auch nicht Ihr Fehler. Sie haben es so gesehen. Sie wussten es nicht besser. Sie konnten nicht mehr sehen, als Sie sehen konnten. Und soll ich Ihnen noch etwas sagen?

M: Was denn?

JP: Auch Ihre Mutter konnte nicht anders. Sie konnte nur sehen, was sie sehen konnte. Ihr Denken suggerierte ihr, Sie auf eine bestimmte Art zu sehen, sich deshalb auf eine bestimmte Weise zu fühlen und sich aufgrund dessen auf eine bestimmte Weise Ihnen gegenüber zu verhalten. Genau wie Sie hat Ihre Mutter das ihr Bestmögliche getan, wenn man in Betracht zieht, wie sie die Dinge sah.

M: Mann, das haut mich irgendwie um. Ich weiß nicht, was ich jetzt denken soll.

JP: Das müssen Sie auch nicht. Es ist gut, nicht zu wissen. Das bedeutet, dass alles möglich ist. Vergessen Sie nicht: Wenn Sie sich Ihr Denken genauer anschauen, dann können Sie sehen, dass es sich ändert und damit ändert sich Ihr Erleben. Sie haben mir erzählt, dass Sie sich nicht immer gleich gefühlt haben. Das ist passiert, weil sich Ihr Denken gewandelt hat. Unser Denken ändert sich ständig und mit jedem neuen Gedanken bekommen wir eine neue Erfahrung. Wie jetzt gerade: Sie sind perplex. Ich nehme an, Sie fühlen sich jetzt gerade nicht unglücklich, oder?

M: Nein, gerade nicht.

JP: Aber als Sie anriefen. Sehen Sie? Anderes Denken, andere Erfahrung, andere Gefühle. Fragen Sie sich nicht auch, wie ernst wir unser momentanes Erleben einer bestimmten Situation oder Person überhaupt nehmen sollten? Sobald uns ein neuer Gedanke kommt, wird sich diese Erfahrung ändern. Vielleicht sind wir nicht sofort in der Lage, einen neuen Gedanken hervorzubringen, der unser Erleben verändert, aber unser Denken wird sich schließlich ändern – garantiert. Wenn wir wissen, dass ein neuer Gedanke kommen und uns damit eine andere Erfahrung vermitteln wird, warum sollten wir dann auch nur an einer grässlichen Erfahrung festhalten wollen und sie zu unserem Leben machen?

M: [seufzt fast] Ich soll also mein Denken ändern?

JP: Also nein, Moment mal. Haben Sie Kontrolle über all die Gedanken, die Sie denken?

M: Meinen Sie, ich sollte das?

JP: Nein, meine ich nicht. Wie schon gesagt kommen uns die meisten Gedanken ganz unwillkürlich in den Sinn. Wir haben zumeist keine Kontrolle darüber. Wir können nur eine Sache kontrollieren.

M: Und die wäre?

JP: Was wir aus dem machen, was uns in den Sinn kommt. Wie ernst wir das Denken nehmen. Wie nahe wir es uns gehen lassen. Ob wir es uns zu Herzen nehmen oder ob wir den Gedanken unberührt vorbeiziehen lassen. Wieviel Bedeutung wir ihm in unserem Leben beimessen.

M: Zum Beispiel?

JP: Zum Beispiel wenn ich denke: „Ich bin dumm," was ab und zu passiert. Ich glaube es nicht.

M: Das passiert mir andauernd. Aber ich glaube es. Meine Mutter hat das immer zu mir gesagt und irgendwann habe ich angefangen, es zu glauben.

JP: Genau das meine ich. Der einzige Unterschied ist, dass ich es nicht glaube, wenn ich einen solchen Gedanken habe – ich denke nicht wirklich, dass ich dumm bin, also erlebe ich es auch nicht so. Sie haben den Gedanken, glauben ihn und fühlen sich dumm. Ob wir unserem Denken glauben oder nicht, hängt ganz alleine von uns selbst ab. Der nächste Gedanke bestätigt uns entweder in unserem Denken oder er hebt es auf. Nur darüber haben wir Kontrolle. Sie haben keine Kontrolle darüber, was Ihre Mutter zu Ihnen sagt oder welche Gedanken Ihnen darüber in den Sinn kommen. Sie haben nur die Kontrolle darüber, wie Sie es auffassen.

Wie ich schon sagte, Sie haben die Macht Ihrer Mutter überlassen, obwohl Sie diejenige sind, die bestimmt, welche Erfahrung Sie machen.

M: Ohhhh! Ich verstehe.

JP: Und wir haben noch nicht einmal über das dritte Prinzip gesprochen: Woher stammen denn diese beiden uns gegebenen Fähigkeiten GEDANKE und BEWUSSTSEIN? Irgendwo müssen sie ja herkommen. Sie gehören uns nicht allein. Es sind universelle Kräfte. Sie stammen von etwas, das wir universellen GEIST nennen. Die dem Leben zugrundeliegende Intelligenz. Die Lebensenergie. Eine Lebenskraft, die uns das Leben ermöglicht und die viel größer ist als wir, wirkt durch uns und verleiht uns diese Kräfte. Wir können uns glücklich schätzen, dass wir nicht unserem eigenen Denken ausgeliefert sind. Wären wir frei von Gedanken, würde diese Lebenskraft, diese Energie, dieser Geist immer noch durch uns durchfließen.

M: Sprechen Sie über Gott?

JP: Also, ich nenne ES vielleicht so, allerdings können die Interpretationen oder Vorstellungen dessen, was Menschen als Gott verstehen, ziemlich beschränkt sein.

M: Ich weiß. Ich habe immer noch einen katholischen Gott vor Augen, der mich stark verurteilt. Ich denke, Gott muss mich für etwas bestraft haben. Ich bitte ihn immerzu, mich davon zu befreien, aber er hört mich nicht.

JP: Woher wollen Sie wissen, dass er nicht zuhört? Wer weiß, vielleicht hat er Sie zu mir geschickt. Aber das ist der Grund, warum ich es stattdessen lieber GEIST nenne, denn all unsere Konzepte zusammengenommen sind viel zu begrenzt. GEIST ist viel größer als all das. Ich weiß nur, dass es eine gewaltige Kraft in uns und in allem anderen ist und dass wir nur ein winzig kleiner Teil davon sind, aber dennoch schenkt sie uns automatisch eine GESUNDE VERFASSUNG, Liebe, Wohlbefinden und inneren Frieden. Und wenn es möglich wäre, keine Gedanken zu haben (was wahrscheinlich nicht der Fall ist; aber dennoch können wir dem näher kommen, als wir es tun), dann wären wir all das. Es bestätigt sich, denn wenn unser Geist sich klärt oder beruhigt, erleben wir es. Ohne unsere Gedanken sind wir also, was und wer wir *wirklich* sind! Das Einzige, was uns in die Quere kommen kann, ist unser Denken. Wir können uns von diesem reinen, unbelasteten Zustand nur selbst wegdenken. Nur *wir* können ihn verunreinigen, und das tun wir mit unseren Gedanken, so dass wir eine entsprechend belastete Erfahrung machen. Aber das ist auch nur eine Illusion. Wir können nicht wirklich davon getrennt sein, denn ES ist alles, was existiert. ES vergeht niemals. *Wonach Sie suchen, haben Sie bereits!* Genau wie die Sonne hinter den Wolken. Selbst während eines gewaltigen Schneesturms haben Sie vollkommenes Vertrauen, dass die Sonne noch da ist, selbst wenn Sie sie im Moment nicht sehen können. Und wenn Sturm und Wolken vorbeiziehen, können Sie die Sonne wieder sehen. Die Sonne war nicht wirklich weg, oder? Die Wolken lassen es nur so aussehen, als wäre die Sonne verschwunden, und wir werden davon getäuscht. Aber sie ist immer da. Immer. Immer. Und genauso ist es in uns. Dieser wunderschöne Teil von uns – in uns allen – ist wie die Sonne und er ist immer für uns da, selbst wenn es nicht so aussieht.

M: Wow, was Sie da eben gesagt haben – alles, was Sie mir eben gesagt haben – konnte ich richtig fühlen. Ich habe so sehr nach Hoffnung gesucht. Ich hatte niemals Hoffnung. Aber das macht mir zum ersten Mal Mut.

JP: Genau, wenn unser Geist niemals zerstört werden kann und unser reiner Geist – unsere Seele – diese Qualitäten hat und sich uns offenbart, sobald unser negatives oder geschäftiges Denken aufhört – wie Wolken, die weiterziehen – erzeugt das automatisch Hoffnung.

M: Ja, das sehe ich jetzt. Oh Gott, ich kann nicht glauben, dass ich mir das so lange angetan habe. Ich kann nicht glauben, was ich mir all die Jahre lang angetan habe.

JP: Ja, das kann einen ganz schön demütig werden lassen. Aber Sie könnten Ihre Kraft GEDANKE auch dazu gebrauchen, sich jetzt dafür fertigzumachen.

M: [lacht]

JP: Das wäre eine Art zu denken, die Sie nur runterzieht und die Sie vom Fluss der reinen Essenz GEIST abschneidet.

M: Wow, ich kann nicht glauben, dass mir das noch nie jemand gesagt hat. Ich kann nicht glauben, wie viele Psychologen und Psychiater ich hatte, die nichts anderes wollten, als dass ich meinen Problemen immer tiefer auf den Grund gehe. Ich dachte, das müsste so sein.

JP: Wenn Sie eine Wunde haben, stochern Sie dann darin herum, um sie zu heilen?* Oder erlauben Sie dem natürlichen Heilungsprozess, von

* Eine weitere Metapher von George Pransky. Nochmals vielen Dank, George.

innen heraus zu heilen? Der gleiche natürliche Prozess vollzieht sich, um unsere so genannten psychologischen Probleme und Traumata zu heilen. Uns werden Gedanken über das Trauma in den Kopf kommen, aber wenn wir ihnen keine Bedeutung geben – wenn wir ihnen einfach erlauben vorbeizuziehen und die damit verbundenen Gefühle wahrnehmen, sie aber durch uns hindurchgehen lassen – dann können sie uns keinen Schaden zufügen. Mit der Zeit werden diese Gedanken leichter und sie werden uns weniger vereinnahmen. Gerade eben noch hatten Ihre Gedanken Sie im Würgegriff, aber nur, weil Sie Ihren traumatischen Gefühlen erlauben, zu Ihnen zu sagen: „So ist mein Leben. Das bin ich." Sie denken sich das aus. Es ist eine Illusion.

M: Wow! Das ergibt so viel Sinn. Diese Psychologen und Psychiater wollten immer nur, dass ich noch tiefer in den Schmerz gehe und das hat mir nie geholfen. Es schien mich nie irgendwohin zu führen. Ich habe das Gefühl, dass dieses eine Gespräch heute mich weiter gebracht hat als all die Sitzungen zusammen, die ich über die Jahre hinweg bei all den anderen hatte.

JP: Aber auch die Welt der Psychologie trifft keine Schuld. Sie wissen nichts davon – noch nicht. In ihrer Ausbildung hat man ihnen beigebracht, auf die zugrunde liegenden Probleme zu schauen. Viele hören davon, worüber wir gerade sprechen und denken, das sei verrückt. Manche fühlen sich sogar angegriffen. Sie sagen: „Es kann nicht so einfach sein! Menschen und ihre Probleme sind viel komplizierter." Aber es *ist* so einfach. Das Einzige, was einen Menschen komplex macht, ist der kreative Inhalt seines Denkens. Manche Psychologen sagen sogar, was wir lehren sei gefährlich. Es scheint jedoch so vielen Menschen zu helfen. Ich weiß nicht, was die Psychologen davon halten. Vielleicht denken sie, dass wir Leute täuschen oder sie mittels eines Tricks dazu bringen, sich wohlzufühlen.

M: Ich denke, dies wird einen großen Unterschied für mich machen.

JP: Nur noch eine Sache, denn ich denke, dass Sie für heute gut versorgt sind, aber ich hatte gerade die Eingebung, ich sollte Ihnen ein kurzes Stück aus einem meiner Bücher vorlesen, nämlich ein Gespräch, das ich mit Lisa hatte, einer Frau, die in einer ähnlichen Situation war wie Sie. [Ich las ihr das Folgende vor:]

Lisa: Meine Mutter [Stiefmutter] hat mich wie Dreck behandelt. Sie hat mich gehasst.
JP: Lass mich das mal richtig verstehen, deine Mutter hat keine Mühen gescheut, dich schlecht zu behandeln?
L: Ja.
JP: Sie wollte dir wehtun?
L: Ja.
JP: So als wäre sie jeden Morgen aufgewacht mit der Frage: „Was kann ich heute tun, um Lisa zu verletzen?"
L: Hmm.
JP: Letzten Endes, woher weißt du, was sie dachte in Bezug auf dich?
L: Es hat sich angefühlt, als wenn ich ihr im Weg stand.
JP: Woher weißt du das?
L: Es war die Art, wie sie sich mir gegenüber verhielt. Ich konnte nichts richtig machen! Sie sagte mir, ich könne keine Kleidung waschen, weil ich die Waschmaschine kaputt mache. Ich könne keine Kartoffeln schälen, weil ich zu viel von der Kartoffel verschwende. Ich habe mein ganzes Leben damit gelebt.
JP: Aber weißt du denn, was dahinter steckte?
L: Was meinst du?
JP: Ich meine, was der Beweggrund dafür war, dass sie solche Sachen zu dir gesagt hat?
L: Das weiß ich nicht.
JP: Moment mal, du hast gesagt, dass sie dir mit Absicht wehtun wollte. Ist das nach deinen Worten nicht genau ihr Motiv gewesen?
L: Na ja, ich denke –
JP: Du kommst daher, ihre Beweggründe zu erfinden und leidest dann unter den Konsequenzen dessen, was du dir ausgedacht hast.
L: Hmm.
JP: Okay, okay. Gehen wir mal vom Schlimmsten aus. Nehmen wir an, sie ist wirklich jeden Morgen aufgestanden und sagte: „Wie kann ich Lisa heute verletzen?" – was ich be-

zweifle, aber sagen wir mal, das war so – denkst du, sie wusste, was sie tat?
L: Was meinst du?
JP: Hätte sie irgendetwas dagegen tun können, angesichts ihres Denkens?
L: Ich weiß nicht – ich meine, nein – ich kann nicht – [tiefer Schmerz überkam sie]
JP: Ich fühle wirklich mit dir. Es muss so schwer gewesen sein, damit aufzuwachsen. Aber kannst du ihre Unschuld sehen? Und deine? Stell dir dich mal vor, als kleines Baby weinend in deinem Bettchen und deine Mutter, die das nicht ertragen konnte. Hättest du etwas dagegen tun können? Hättest du irgendetwas anders machen können?
L: [seufzt tief, fasst sich ans Herz] Es fühlt sich an, als hätte ich diesen tiefen Schmerz in meinem Herzen.
JP: Das tut mir wirklich leid. Was siehst du denn jetzt?
L: [Ganz plötzlich ging ihr ein großes Licht auf] Oh mein Gott! Ich habe mich gerade zum ersten Mal selbst gesehen! Es fühlte sich an, als wenn ein Teil von mir hinter mir gestanden hätte, mit dem Gesicht abgewandt und ich konnte sie nie ganz sehen, und plötzlich, oh mein Gott, habe ich mich einfach umgedreht und mich selbst zum allerersten Mal gesehen! Ich habe mich nur angeschaut und mir wurde klar, dass ich mir für alles die Schuld gab. Es tut mir so leid, dass ich das getan habe. Ich werde mich nie wieder auf die gleiche Weise sehen. Genau wie mit Bridgett werde ich mich selbst nie wieder auf die gleiche Art und Weise sehen.
Draußen auf dem Parkplatz sagte Lisa, kurz bevor sie sich auf den Weg machte: „Auf Wiedersehen, ich gehe zurück zum Hotel …“, dann hielt sie inne, drehte sich um, schaute mich an und sagte erstaunt: „… mit mir selbst!“ Sie kam zu mir zurückgerannt und sagte: „Oh mein Gott, Jack! Ich werde nie mehr allein sein! Endlich habe ich mich selbst!“

M: Wow, das war wirklich bedeutsam für mich. Ich kann das so gut nachvollziehen. Vielen, vielen Dank!

JP: Sie könnten frei sein, so wie Lisa. Nicht, dass ihr diese alten Gedanken nicht mehr länger in den Sinn kämen, weil sie derartig tief verwurzelte Gewohnheiten sind. Aber sie ist frei, denn sie weiß, dass sie die Gedanken nicht beherzigen und sich nicht von ihnen beherrschen lassen muss. Und sie ist frei, weil sie weiß, dass sie wirklich ein GESUNDER, weiser Mensch ist, wenn sie sich von diesem Denken, das vergeht, nicht beeinflussen lässt. Und das ist sie. Und das sind auch Sie, Margaret.

M: Vielen, vielen Dank. Ich bin so dankbar. Ich kann nicht glauben, dass mir das bis jetzt niemand gesagt hat.

All das sieht für mich jetzt so einfach aus – bis ich es manchmal vergesse, um mich dann wieder daran zu erinnern. Das Wichtigste ist Einfachheit. Darin liegt die Kraft, die uns wahrhaftig ermächtigt: Zu sehen, dass der SCHÖPFER uns mit bestimmten unabdingbaren Gaben ausgestattet hat und dass wir diese nach freiem Willen einsetzen können. Wir entscheiden, welchen Dingen wir Macht geben, ob bewusst oder unbewusst.

Fassen wir zusammen:

1) Uns wurde *die Fähigkeit gegeben, zu erschaffen*, die Gabe, dass wir in unserem eigenen Geist alles Mögliche mittels unserer Kraft GEDANKE erschaffen können. Dies ist eine überwältigende, wundervolle Gabe: die Macht der Schöpfung – das *Prinzip GEDANKE*.

2) Uns wurde *die Fähigkeit gegeben, alles zu erleben*, was immer unsere Gedanken erschaffen. Dies ist die Gabe *BEWUSSTSEIN*. Mittels dieses Prinzips können wir uns auch des Prinzips GEDANKE bewusst sein, auf welche Weise es funktioniert und wie wir es in jedem Moment einsetzen. Wir haben die Macht, unser Denken sowie die daraus resultierenden Gefühle, die wir erschaffen, als „Realität" oder als Illusion zu sehen. Das ist Macht!

3) Uns wurde *eine Quelle gesunder Schöpfung* mitgegeben. *GEIST* umfasst ALLE Dinge und gibt uns ALLES. Doch zeigt sich die reine Essenz und das EINSSEIN von GEIST in uns als unsere spirituelle Essenz, unsere SEELE. Welchen Namen wir dem auch immer geben, beinhaltet all dies ganz automatisch inneren Frieden, Wohlbefinden, eine GESUNDE VERFASSUNG sowie Weisheit. Dadurch haben wir, neben den Fähigkeiten, alles erschaffen sowie es erleben zu können, in uns also auch eine natürliche Quelle der gesunden Schöpfung. Wir müssen gar nichts tun, um sie zu

bekommen, weil sie immer schon in uns präsent ist. Dieser Urquell nährt uns. Alles, was wir tun können, ist, ihn frei in uns fließen zu lassen oder ihn (mit unserem Denken) zu blockieren.

Uns wurde auch *ein Weg des gesunden Erschaffens* gegeben. Dieser Weg ist ein klarer Geist. Unser typisches, alltägliches Denken muss nur abschalten, dann erscheinen unsere GESUNDE VERFASSUNG und Weisheit ganz von alleine – weil sie tatsächlich nie abwesend waren. Die Wolkendecke öffnet sich, der Himmel klart auf, die Sonne kommt heraus. Sie war immer da.

Uns wurden auch *die Mittel* gegeben, *das durch uns Erschaffene ständig selbst überwachen zu können: Unsere Gefühle und Emotionen*. Dieser Mechanismus der Eigenkontrolle ist absolut verlässlich und funktioniert ohne Ausnahme. Gefühle wie Wohlbefinden, Liebe, Mitgefühl, Demut, Humor und Dankbarkeit teilen uns mit, dass wir unserer GESUNDEN VERFASSUNG und Weisheit nahe sind. Emotionen wie Niedergeschlagenheit, Ängstlichkeit, Besorgnis oder Wut teilen uns mit, dass unser Denken vom Weg abgekommen ist und wir ihm nicht vertrauen können. Es mag sein, dass wir uns unserer Gedanken nicht bewusst sind oder vielleicht entgeht es uns sogar, dass wir denken, aber wir könnten uns immer bewusst sein, was unsere Gefühle uns mitteilen und entsprechende Anpassungen vornehmen.

Das Leben besteht aus Bewusstseinsebenen. Manchmal sind wir oben; manchmal sind wir unten. Aber das Einzige, was uns dazu bringen kann, uns entweder oben oder unten zu befinden, ist die Art und Weise, wie wir unsere kreative Gabe GEDANKE *benutzen*. Und das erleben wir dann in unserem Bewusstsein. Das ist die Einfachheit. Würden wir nicht einen einzigen Gedanken denken, bliebe nichts als unsere reine Essenz, die uns alles gibt, was wir je brauchen. Manche Ebenen sind der reinen Essenz von GEIST näher als andere. Wir haben den freien Willen, WOHL-SEIN oder Trübsal zu erschaffen, Frieden oder Krieg, Glück oder Leid, Liebe oder Hass. Wir benutzen unsere kreative Macht GEDANKE dazu zu entscheiden, welche Wahl wir für uns selbst treffen und unser Bewusstsein bringt uns dann das Erlebnis dessen, was immer wir erschaffen.

Je mehr wir dem Leben erlauben, durch uns zu fließen, anstatt unser Denken gegen uns einzusetzen, desto mehr wird unser Leben ein Ausdruck von Frieden, Liebe und Wohlbefinden sein. Nahezu alle Menschen, die ich kenne, hätten gerne mehr davon in ihrem Leben, neben gesunden

Beziehungen und weniger Stress. Wie schaffen wir das? Indem wir verstehen, wie es wirklich funktioniert. Nach meiner Erfahrung läuft alles, was ich in diesem Buch geschrieben habe, auf zwei Dinge hinaus:

1) Menschen erhöhen ihr Wohlbefinden in dem Maße, in dem sie verstehen, dass ihre Probleme, Schwierigkeiten oder Stress *niemals* von den äußeren Umständen kommen, sondern lediglich davon, auf welche Weise sie ihr Denken benutzen.

2) Menschen erhöhen ihr Wohlbefinden und ihren innen Frieden in dem Maße, in dem sie sich selbst erlauben, sich mittels eines klaren Geistes von ihrer GESUNDEN VERFASSUNG und ihrer Weisheit leiten zu lassen.

Je mehr wir erkennen, dass unser Erleben aus unserem Inneren stammt, umso mehr werden die Dinge, die wir uns wünschen, auch tatsächlich in unserem Leben erscheinen. Je mehr selbst erschaffene Illusionen wir sehen, anstatt sie als „Realität" wahrzunehmen, umso weniger werden wir von diesen Illusionen kontrolliert – Illusionen, die wir unbeabsichtigt selbst erschaffen und mit denen wir dann leben. Je mehr wir unserer Weisheit erlauben, uns den Weg zu weisen, anstatt auf unser typisches persönliches, analytisches, gewohnheitsmäßiges oder Schlechte-Laune-Denken zu hören, umso mehr werden wir auf Kurs unserer GESUNDEN VERFASSUNG bleiben und nicht vom Weg abkommen.

Das erscheint nicht so schwierig, oder?

Wir haben die Fähigkeit, Begrenzungen zu sehen oder unendliche Möglichkeiten. Es liegt allein an uns.

Was für ein Geschenk!

Und es gehört Ihnen. Und mir. Und jedem Menschen.

Ich weiß nicht, wie Sie das sehen, aber ich würde es sicherlich lieber für meinen inneren Frieden einsetzen und für den Frieden in der Welt, als gegen mich oder andere.

Das Ende. Und ein neuer Anfang

Abschließende Zusammenfassung

1. Unser Denken ist unser Leben.
2. Weisheit ist immer verfügbar, um uns zu leiten, vorausgesetzt wir kennen den Zugang dazu.
3. Wenn sich das Denken eines Menschen nicht ändert, kann er sich nicht ändern.
4. Wenn unser Kopf frei wird, erscheint unsere Weisheit.
5. Wir müssen uns nicht aus unseren Problemen herausdenken (oder ins Glück hinein).
6. Das Gefühl ist entscheidend und es ist absolut verlässlich.
7. Wir bekommen, was wir sehen.
8. In einem niedrigen Bewusstseinszustand ist es unklug, unserem Denken zu glauben, zu trauen oder zu folgen.
9. Anderen (statt unserem Denken) zutiefst zuzuhören, gibt uns eine reichhaltigere Erfahrung.
10. Wir wissen nur in dem Maße nicht mehr weiter, wie wir es denken.

***

Weitere Informationen auf Englisch finden Sie auf Jack Pranskys Website
www.healthrealize.com
sowie auf der Website der *Three Principles Global Community, Inc.*
www.3PGC.org
sowie auf www.threeprinciplesmovies.com

Deutschsprachige Informationen und Coaches/Berater finden Sie hier:
www.dreiprinzipien.org
www.katjasymons.de
www.praxis-martin-sturm.de
www.andreawolansky.com/home

Die deutschsprachige Facebook-Gruppe „3Ps Deutschland“ finden Sie unter dem folgenden Link:
https://www.facebook.com/groups/631358300228077/

Printed in Poland
by Amazon Fulfillment
Poland Sp. z o.o., Wrocław